엔트리로 만들고 아두이노 조이스틱 실드로 즐기는 12가지 게임

# 엔트리와 아두이노로 만나는 게임 학교

# 엔트리와 아두이노로 만나는
# 게임 학교

ISBN 978-89-314-6917-2

독자님의 의견을 받습니다.

이 책을 구입한 독자님은 영진닷컴의 가장 중요한 비평가이자 조언가입니다. 저희 책의 장점과 문제점이 무엇
인지, 어떤 책이 출판되기를 바라는지, 책을 더욱 알차게 꾸밀 수 있는 아이디어가 있으면 팩스나 이메일, 또는
우편으로 연락주시기 바랍니다. 의견을 주실 때에는 책 제목 및 독자님의 성함과 연락처(전화번호나 이메일)를
꼭 남겨 주시기 바랍니다. 독자님의 의견에 대해 바로 답변을 드리고, 또 독자님의 의견을 다음 책에 충분히 반
영하도록 늘 노력하겠습니다.

이메일 | support@youngjin.com

주소 | (우)08507 서울특별시 금천구 가산디지털1로 128 STX-V타워 4층 401호 (주)영진닷컴 기획1팀

https://www.youngjin.com/

파본이나 잘못된 도서는 구입하신 곳에서 교환해 드립니다.

**STAFF**

**저자** 로니킴 | **총괄** 김태경 | **기획** 최윤정 | **내지 디자인·편집** 강민정 | **표지 디자인** 김유진
**영업** 박준용, 임용수, 김도현 | **마케팅** 이승희, 김근주, 조민영, 김민지, 김도연, 김진희, 이현아
**제작** 황장협 | **인쇄** 제이엠

이 책은 엔트리와 아두이노(조이스틱 실드)를 사용하여 게임을 개발하는 방법을 전반적으로 다룹니다. 엔트리의 기초부터 자주 사용하는 패턴으로 게임의 기능을 구현하는 방법까지 배울 수 있으며, 반복되는 패턴을 사용하여 쉽게 게임을 개발하는 방법을 다루기 때문에 대중성과 다양성 면에서 장점이 있습니다.

또한, 예제 파일을 제공하여 실제로 게임을 쉽게 만들어 볼 수 있도록 안내하며, 엔트리의 주요 기능인 블록을 사용하여 애니메이션을 쉽게 다루며 게임 개발자가 가져야 할 기술을 종합적으로 다룹니다.

초보자부터 중급 수준의 게임 개발자까지 다양한 수준의 독자들이 쉽게 따라 할 수 있는 내용과 12개 게임 프로젝트를 제공하므로, 게임 개발을 시작하려는 사람이라면 반드시 읽어 보면 좋은 책입니다. 게임 코딩을 시작하는 방법은 다음과 같습니다.

### ① 게임 개발 도구 선택

가장 먼저 해야 할 일은 게임 개발 도구를 선택하는 것입니다. 게임 개발 도구에는 유니티, 언리얼엔진, 게임메이커 스튜디오, 컨스트럭트 등이 있으며, 이 책은 복잡한 코딩 없이 게임을 쉽게 만들기 위해 엔트리 블록 코딩 도구를 사용합니다.

### ② 프로그래밍 언어 학습

게임을 만들기 위해서는 적어도 하나 이상의 프로그래밍 언어를 학습해야 합니다. 게임 개발에 많이 사용되는 언어로는 C++, C#, Java, Python 등이 있습니다. 이 책은 블록형 프로그래밍 언어인 엔트리를 이용해 퍼즐 맞추듯 누구나 쉽게 코딩할 수 있습니다.

### ③ 기초 학습

엔트리를 시작하면 기초 블록에 대한 이해와 사용 방법에 대해 학습해야 합니다. 상단 메뉴, 실행 화면, 오브젝트 목록, 블록 꾸러미, 블록 조립소 등 기초적인 개념을 익히고, 이를 활용하여 간단한 프로그램을 만들어 보는 것이 좋습니다.

### ④ 게임 엔진 패턴 학습

게임 개발 엔진마다 다양한 기능과 개발 방식이 존재합니다. 이 책에서 소개하는 엔트리에서 자주 사용하는 구성과 배경 패턴 등 기초적인 개념을 익히고, 이를 활용하여 간단한 프로그램을 만들어 봅니다.

### ⑤ 게임 제작

학습한 내용을 바탕으로 책에서 소개하는 12개 게임을 제작해 보는 것이 중요합니다. 간단한 게임부터 복잡한 게임까지 다양한 게임을 만들어 보며 경험을 쌓아 나갑니다.

# 이 책의 구성

게임 실행 화면과 함께 만들고자 하는 게임에 대해 설명합니다.

실습에 필요한 예제파일과 완성파일을 확인합니다. 예제파일은 게임에 필요한 오브젝트와 변수, 신호 등이 기본적으로 설정되어 있습니다. 예제파일을 기반으로 게임을 만들어 완성파일과 비교해 봅니다.

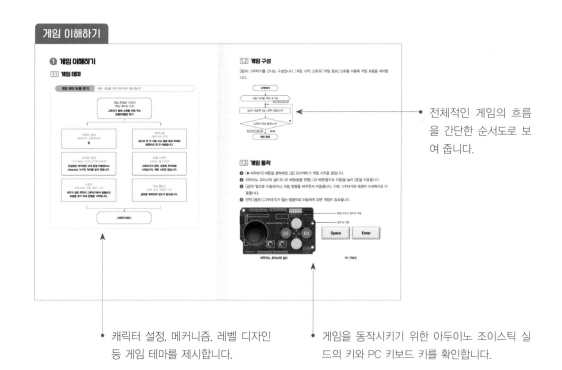

전체적인 게임의 흐름을 간단한 순서도로 보여 줍니다.

캐릭터 설정, 메커니즘, 레벨 디자인 등 게임 테마를 제시합니다.

게임을 동작시키기 위한 아두이노 조이스틱 실드의 키와 PC 키보드 키를 확인합니다.

### 구조 이해하기

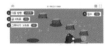

#### ② 구조 이해하기

그루터기 건너기 게임의 오브젝트는 10개입니다. [곰], [그루터기 1], [그루터기 2], [그루터기 3], [그루터기 4], [그루터기 5], [그루터기 6], [그루터기 7], [그루터기 타로 구성되며, [배경], [다시하기] 오브젝트는 공통으로 사용하는 구성으로 1장을 참고합니다.

#### 2.1 속성

**변수 속성**

**함수 속성**

함수 속성은 오브젝트 동작을 실행할 때 사용됩니다. 지정된 번호에 따라 블록 코딩을 합니다. 예를 들어, [곰] 오브젝트는 함수 4개로 구성되며, 함수 이름은 [오브젝트, 이름 + 함수 동작 설명]으로 이루어집니다.

곰 오브젝트

❶ **이동 방향**: [곰]의 오른쪽, 왼쪽 값을 저장합니다. [곰]의 방향 바꾸기, 앞으로 이동, 애니메이션을 위해 사용합니다.

❷ **곰 x좌표**: [곰]의 가로 위치를 저장합니다. [곰]은 세로로 이동하지 않기 때문에 y값을 저장할 필요는 없습니다. [곰]이 그루터기 위에 있는지, [그루터기]가 있는 곳으로 이동했는지 판단할 때 사용합니다.

❸ **그루터기 x좌표**: [그루터기]의 가로 위치를 저장합니다. [곰]이 [그루터기] 위에 있는지, [그루터기]가 없는 곳으로 이동했는지 판단할 때 사용합니다.

❹ **함수**: [곰]이 [그루터기]로, 정상적으로 이동하면 함수를 저장합니다.

**신호 속성**

❶ **게임 시작**: [시작하기] 버튼을 선택하면 [게임 시작] 신호를 각 오브젝트에 보내어 게임 시작을 알립니다.

❷ **게임 종료**: 게임이 종료되면 게임을 다시 시작해야 합니다. 이때 [다시하기] 오브젝트를 실행하기 위해 사용합니다.

❸ **그루터기 이동**: [그루터기 이동] 신호를 받아 [그루터기] 8개 오브젝트가 아래쪽으로 이동할 때 사용합니다.

#### 2.2 오브젝트 역할

**곰 오브젝트**

[곰]은 오른쪽, 왼쪽으로 이동하면서 [그루터기]를 건넙니다. 움직이는 애니메이션을 위해 이미지 5개로 구성되며, 의반 이미지는 [곰]이 [그루터기]를 밟지 않으면 떨어뜨는 이미지로 사용됩니다.

[곰]은 아두이노, 조이스틱 실드의 버튼1이나를 누르면 [곰]이 바라보고 있는 방향으로 이동하고, 버튼2를 누르면 [곰]이 바라보고 있는 방향의 반대 방향으로 모양을 바꾼 후 앞으로 이동합니다. 오른쪽 모양이라면, 왼쪽 모양으로 바꾼 후 앞으로 이동합니다. 또한, PC의 스페이스 또는 엔터 키를 이용해서 동작을 제어할 수 있습니다.

**그루터기 오브젝트**

[그루터기]는 [곰] 이동 방향으로 이동할 때 [그루터기]가 아래쪽으로 내려오면서 [곰]이 [그루터기]를 이동하는 효과를 줍니다. [그루터기]는 특별한 애니메이션 효과를 사용하지 않기 때문에 이미지 1개만 사용합니다.

> 본격적인 코딩에 앞서, 게임에 필요한 오브젝트 모양과 역할, 변수, 함수의 구성을 알아봅니다.

### 함수 블록 코딩하기

#### ③ 함수 블록 코딩하기

블록 코딩은 오브젝트 3개로 구성되며, 함수 15개를 사용합니다. 아래 그림의 빨간색 숫자는 오브젝트 고유 번호, 파란색 숫자는 함수 번호, 초록색 글상자는 신호, 하늘색 글상자는 오브젝트 특색깔, 빨간색 점선은 블록 코딩의 흐름을 나타냅니다. 코딩된 오브젝트 번호 순서대로 진행합니다.

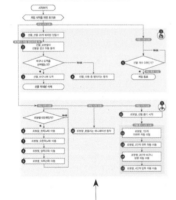

**[이동, 게임 시작] 함수**

[▶시작하기] 버튼을 클릭하면 게임 안내 메시지를 1.5초 동안 표시하고 [벽돌 개수]를 36으로 설정합니다. 게임 시작 전에 벽돌을 만드는 동작이 필요합니다. 따라서 1번 함수(벽돌_게임 시작)로는 벽돌 36개로 화면을 만들어 표시하고, 벽돌을 화면에 표시하면, [게임 시작] 신호를 보내 게임을 시작합니다.

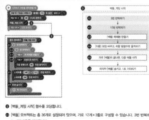

❶ [벽돌_게임 시작] 함수를 코딩합니다.

❷ [벽돌] 오브젝트는 총 36개로 설정되어 있으며, 가로 12개×3줄로 구성할 수 있습니다. 3번 반복하기는 세로 3줄을 의미합니다.

❸ 12번 반복하기는 가로 12개[벽돌] 개수를 의미합니다. [벽돌] 36개를 만들 때 3×12=36번 반복합니다.

❹ [벽돌] 복제본을 만들기 시작합니다.

❺ [벽돌]을 5개 모양으로 바꾸면서 오른쪽 이동 방향으로 "40"만큼 이동해서 벽돌을 만듭니다.

> 함수별 순서도와 엔트리 블록 이미지를 참고해, 실제 동작을 위한 함수 블록을 코딩해 봅니다.

> 코딩을 시작하기 전에 함수의 전체 동작 순서도를 확인합니다.

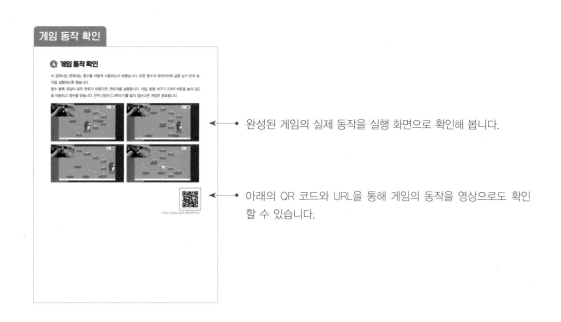

완성된 게임의 실제 동작을 실행 화면으로 확인해 봅니다.

아래의 QR 코드와 URL을 통해 게임의 동작을 영상으로도 확인
할 수 있습니다.

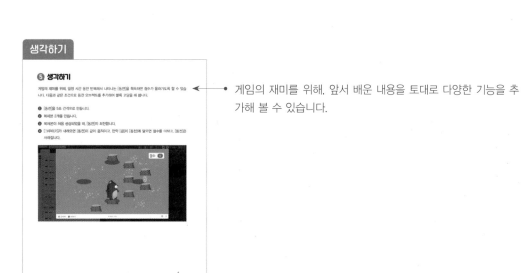

게임의 재미를 위해, 앞서 배운 내용을 토대로 다양한 기능을 추
가해 볼 수 있습니다.

# 1장

# 엔트리 × 아두이노 게임 만들기

이 책에 소개하는 게임은 게임 테마(콘셉트, 캐릭터, 세계관, 스토리, 메커니즘, 레벨 디자인, 밸런스, 그래픽/사운드)에 따라 디자인되어 있습니다. 이 장에서는 엔트리 기초부터 시작하여 자주 사용하는 패턴을 사용하여 게임의 기능을 구현하는 방법을 배웁니다. 게임 코딩을 하기 전 자주 사용하는 신호 및 변수, PC 키보드 및 아두이노 조이스틱 실드 조작 패턴, 제한 시간 오브젝트 패턴, 다시 하기 오브젝트 패턴, 복제본 만들기 패턴, 무한으로 움직이는 배경 패턴 등을 학습해야 합니다.

# ① 엔트리 12개 게임

게임은 ❶ 메모리 버튼 게임, ❷ 그루터기 건너기 게임, ❸ 벽돌 깨기 게임, ❹ 선물 뽑기 게임, ❺ 타조 런 게임, ❻ 지렁이 키우기 게임, ❼ 에어 하키 게임, ❽ 롤링 스카이 게임, ❾ 드래곤 슈팅 게임, ❿ 몬스터 슈팅 게임, ⓫ 바다에 쓰레기가 떨어지면 슈팅 게임, ⓬ 해적선 맞추기 게임으로 구성되어 있습니다. 주어진 함수를 코딩하다 보면 게임이 완성되는 것을 확인할 수 있습니다.

메모리 버튼 게임

그루터기 건너기 게임

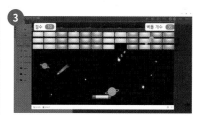

벽돌 깨기 게임

선물 뽑기 게임

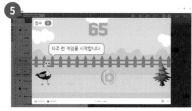

타조 런 게임

지렁이 키우기 게임

에어 하키 게임

롤링 스카이 게임

드래곤 슈팅 게임

몬스터 슈팅 게임

바다에 쓰레기가 떨어지면 슈팅 게임

해적선 맞추기 게임

## 1.1 게임 디자인의 시작

코딩을 시작하기 전 게임을 어떻게 만들지 구체적인 고민이 필요합니다. 테마, 콘셉트 디자인, 캐릭터 설정, 세계관, 스토리, 게임 규칙, 레벨 디자인, 밸런스를 생각해서 게임을 만들어야 시행착오를 줄일 수 있습니다.

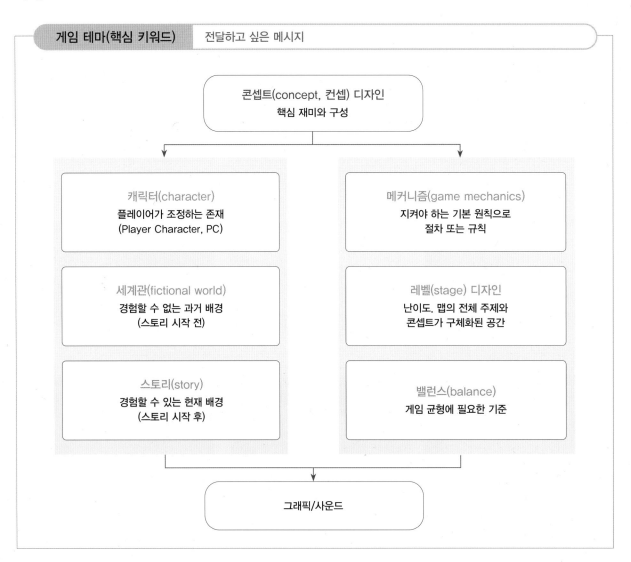

게임 테마(핵심 키워드)　전달하고 싶은 메시지

콘셉트(concept, 컨셉) 디자인
핵심 재미와 구성

캐릭터(character)
플레이어가 조정하는 존재
(Player Character, PC)

메커니즘(game mechanics)
지켜야 하는 기본 원칙으로
절차 또는 규칙

세계관(fictional world)
경험할 수 없는 과거 배경
(스토리 시작 전)

레벨(stage) 디자인
난이도, 맵의 전체 주제와
콘셉트가 구체화된 공간

스토리(story)
경험할 수 있는 현재 배경
(스토리 시작 후)

밸런스(balance)
게임 균형에 필요한 기준

그래픽/사운드

### 테마(메시지)

게임에서 전달하고 싶은 메시지 혹은 주된 생각을 의미하며, 핵심 단어(키워드) 또는 긴 문장일 수 있습니다. 게임 전체를 하나로 묶고 모든 오브젝트를 포함하는 개념입니다. 게임에서 한결같은 이미지와 목표를 제시합니다.

| 번호 | 게임 제목 | 테마 |
|------|-----------|------|
| 1 | 메모리 버튼 게임 | 기억력 상승! 빛과 소리로 순서를 기억하는 두뇌 개발 게임. 버튼 게임을 하면 두뇌 개발이 될까? |
| 2 | 그루터기 건너기 게임 | 신체 조절 능력과 판단력을 키워라! 손가락의 한계에 도전하고 판단력을 높이는 그루터기 건너기 게임을 해 보자. 버튼 게임을 하면 판단력이 좋아질까? |
| 3 | 벽돌 깨기 게임 | 가끔 아무것도 생각하지 않고 넋이 나간 것처럼 멍하니 있을 때가 있다. 벽돌 깨기는 멍 때리기에 좋은 두뇌 휴식 게임이 될까? |
| 4 | 선물 뽑기 게임 | 선물 뽑기 달인이 되어 가상 세계 속 방을 탈출하라. |
| 5 | 타조 런 게임 | 진정한 자유란 무엇인가? 지금까지 이런 타조는 없었다. 저것은 우사인 볼트인가 새인가? 타조야. 이제 한번 날아 보렴. |
| 6 | 지렁이 키우기 게임 | 우주 지렁이가 되어 전쟁에서 승리해서 영웅이 되자. |
| 7 | 에어 하키 게임 | 신체 조절 능력과 순발력을 키워라! 에어 하키 절대강자가 되자. |
| 8 | 롤링 스카이 게임 | 드래곤으로부터 납치된 공주를 구출하고 세상을 지켜라. |
| 9 | 드래곤 슈팅 게임 | 지구의 운명을 건 최후의 반격. 살아남아라! 전쟁은 지금부터다. |
| 10 | 몬스터 슈팅 게임 | 헌터가 되어 몬스터를 토벌하고 경복궁을 지켜라. |
| 11 | 바다에 쓰레기가 떨어지면 슈팅 게임 | 해양 쓰레기 문제, 얼마나 심각하며 어떻게 해결할 수 있을까? |
| 12 | 해적선 맞추기 게임 | 해적 공격에서 타이타닉호를 지켜라. |

## 콘셉트 디자인(핵심)

콘셉트 디자인(핵심)은 재미와 구성을 의미합니다. 게임을 만들 때 기초적인 생각이 필요하며, 다른 사람에게 "이 게임은 어떤 게임이다"라고 설명할 수 있는 개념입니다.

예를 들어, 메모리 버튼 게임에서 게임 소재는 버튼, 테마는 두뇌 개발, 콘셉트 디자인은 반짝이는 불빛 순서를 기억해 버튼을 누르는 것입니다.

## 캐릭터 설정

플레이어가 조정하는 존재(Player Character, PC)를 의미합니다. 일반적으로 캐릭터는 가상 인물로, 게임의 스토리를 엮어 나가는 주인공입니다. 게임을 선택하고 진행할 때 플레이어에게 게임 속 캐릭터는 플레이어를 대신하는 아바타입니다.

넓게 보면 캐릭터는 플레이어 캐릭터(PC)와 논플레이어 캐릭터(NPC)로 구분됩니다. 게임의 등장인물이자 고유한 성격, 인격을 가지고, 사람이나 특정 형태 또는 의인화한 형태의 상징적 존재일 수 있습니다. 사람, 동물, 몬스터, 보스, NPC 등을 포함합니다.

예를 들어, 그루터기 건너기 게임에서 플레이어가 조정하는 캐릭터는 곰이고, 몬스터, 처녀귀신, 해적선은 플레이어가 조정하지 않지만 캐릭터에는 포함됩니다.

| 곰 | 타조 | 지렁이 | 잠수부 | 드래곤 |

## 세계관(과거 배경)

경험할 수 없는 과거 배경으로, 스토리가 시작되기 전을 의미합니다. 시간적 배경, 공간적 배경, 사상적 배경으로 구분할 수 있습니다.

① **시간적 배경**: 스토리에서 사건 순서나 사건이 일어난 시점을 의미합니다. 예를 들어, 해적선 맞추기 게임의 시간적 배경은 해적이 출몰하는 대항해 시대입니다.

② **공간적 배경**: 스토리에서 세계를 구성하는 모든 공간을 의미합니다. 예를 들어, 바다에 쓰레기가 떨어지면 슈팅 게임은 태평양의 거대 쓰레기 지대를 배경으로 합니다.

③ **사상적 배경**: 스토리에서 사람들이 어떤 생각을 하고 있는지를 의미합니다. 예를 들어, 몬스터 게임은 던전에서 귀신, 좀비, 도깨비가 현실 세계로 나타나는 현상을 사람들이 알고 있음을 배경으로 합니다.

## 스토리(현재 배경)

경험할 수 있는 현재 배경으로, 스토리가 시작된 후를 의미합니다. 인물과 시간, 공간의 배경 그리고 사건이 있는 이야기의 연속입니다. 따라서 '누가, 언제, 어디서, 무엇을, 어떻게'가 스토리의 기본 구성이 됩니다. 예를 들어, 바다에 쓰레기가 떨어지면 슈팅 게임의 스토리는 '잠수부는 올해 봄, 태평양에 있는 쓰레기 섬에서 환경을 지키기 위해 쓰레기를 줍는다'입니다.

| 스토리(현재 배경) | 경험할 수 있는 현재 배경(스토리 시작 후) |
|---|---|

| Who(누가) | When(언제) | Where(어디서) | What(무엇을) |
|---|---|---|---|
| 캐릭터(등장인물) | 시간 | 장소 | 사건 |

## 메커니즘(규칙, 절차)

게임에서 지켜야 하는 기본 원칙으로 절차 또는 규칙을 의미합니다. 게임의 근간이자 핵심입니다. 플레이어가 게임에서 제시하는 목표를 달성하기 위해 할 수 있는 것과 할 수 없는 것을 정의하고, 동작을 실행하면 어떤 일이 발생하는지를 설명합니다.

예를 들어, 그루터기 건너기 게임에서 곰은 앞으로 한 칸 또는 뒤돌아서 한 칸 이동할 수 있습니다. 그루터기가 없는 방향으로 이동하면 게임은 종료됩니다.

## 레벨 디자인(난이도, 맵 디자인)

게임 난이도를 의미합니다. 맵 디자인이라고도 하며, 맵의 전체적인 콘셉트가 구체화된 공간입니다. 아이템, 몬스터, 배경 등의 게임 시스템에 지형이나 장애물 등의 환경 요소를 결합하고, 오브젝트를 배치하고, 특정 위치에서 몬스터가 나타나도록 하는 디자인을 의미합니다. 몬스터 공격 패턴이나 동작 패턴을 결정할 수 있으며, 레벨(장면)마다 다양한 배경을 넣을 수도 있습니다.

예를 들어, 에어 하키 게임은 {장면1}, {장면2}로 구성되며, {장면1}에서 게임 플레이어를 선택하면, 선택한 플레이어에 따라 {장면2}에서 게임이 진행되도록 레벨을 디자인했습니다. 롤링 스카이 게임은 {장면1}에서 초급, 중급, 상급, 지옥급 난이도를 결정하도록 게임 난이도를 디자인했습니다.

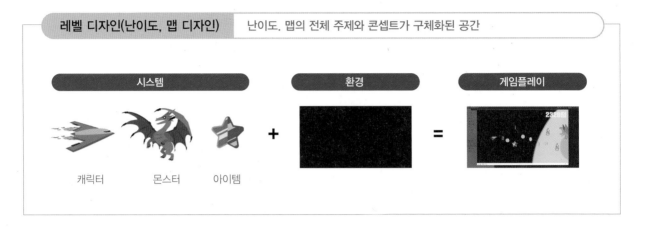

## 밸런스(균형, 보상, 적절한 수준)

게임 균형에 필요한 기준을 의미합니다. 게임 내의 수치를 균형있게 조정해서 적절한 수준으로 만듭니다. 예를 들어, 그루터기 건너기 게임에서는 동전을 획득하면 추가 점수가 올라갑니다. 몬스터 슈팅 게임에서는 폭탄 3개를 사용해 화면에 보이는 모든 몬스터를 한번에 처리할 수 있습니다. 하지만 폭탄 개수가 무한정이라면 플레이어가 총 대신에 폭탄만 던져 몬스터를 너무 빨리 처리할 수 있게 되어 게임이 시시할 수 있습니다. 반대로 폭탄 개수를 1개로 고정하면 폭탄이 금방 떨어져서 총만으로 게임을 진행해야 하며, 이에 따라 난이도가 올라가게 됩니다. 따라서 적절한 밸런스를 맞추는 것이 중요합니다.

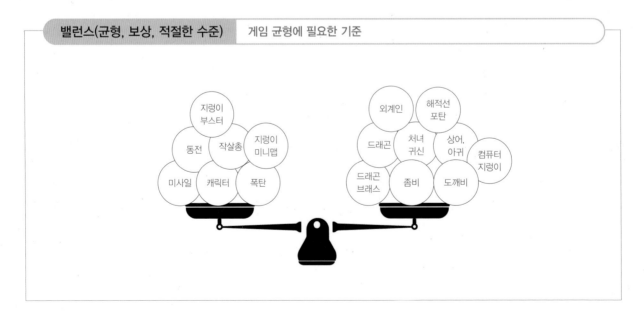

# ② 엔트리 시작하기

엔트리는 교육용 프로그래밍 언어 플랫폼입니다. C, 자바, 파이썬 등과 같은 텍스트 코딩이 아닌, 블록형 언어를 조립하는 그래픽 기반의 프로그래밍입니다.

## 2.1 엔트리 설치하기

엔트리를 시작하기 위해서는 엔트리 홈페이지(https://playentry.org/)에서 설치 프로그램을 다운로드받고 실행하여 설치합니다.

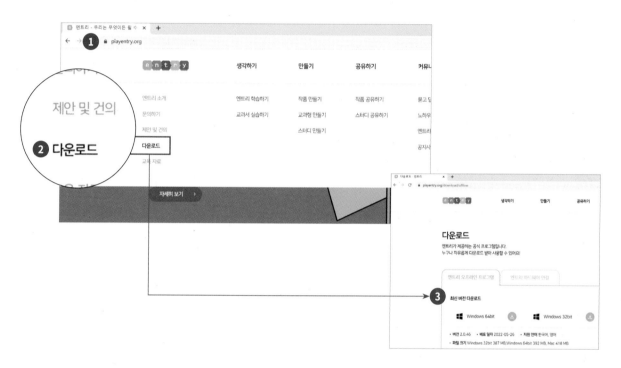

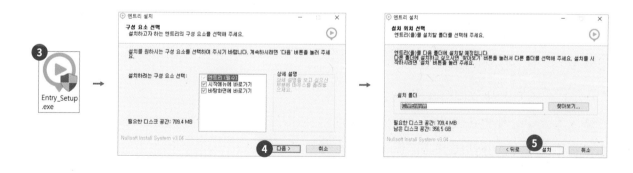

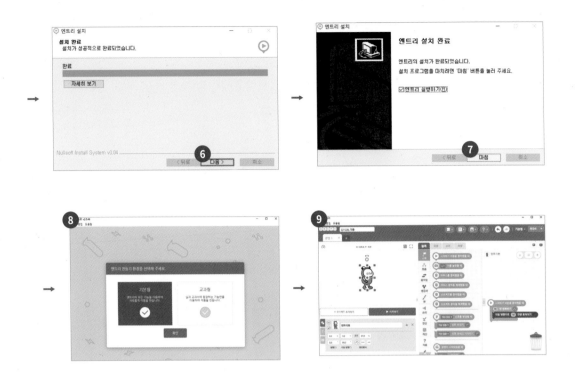

① 엔트리 홈페이지에 접속합니다.

② [다운로드] 메뉴를 클릭합니다.

③ 다운로드 화면에서 파일을 다운로드 후 실행합니다.

④ 구성 요소 선택 화면이 나타납니다. [다음] 버튼을 클릭합니다.

⑤ 설치 위치 선택 화면이 나타납니다. 설치할 폴더를 선택한 후 [설치] 버튼을 클릭합니다.

⑥ 엔트리 설치 화면이 나타납니다. 설치가 완료되면 [다음] 버튼을 클릭합니다.

⑦ 엔트리 설치 완료 화면이 나타납니다. "엔트리 실행하기"를 선택한 후, [마침] 버튼을 클릭합니다.

⑧ 엔트리가 자동으로 실행됩니다. 기본형으로 설정하고 [확인] 버튼을 클릭합니다.

⑨ 엔트리 실행 화면이 나타납니다. 엔트리 설치가 모두 끝났습니다.

## 2.2 엔트리 구성

엔트리 코딩을 하기에 앞서, 화면 전체 구성에 대한 이해가 필요합니다. 엔트리는 다음과 같이 상단 메뉴, 실행 화면, 오브젝트 목록, 블록 꾸러미, 블록 조립소로 구성됩니다.

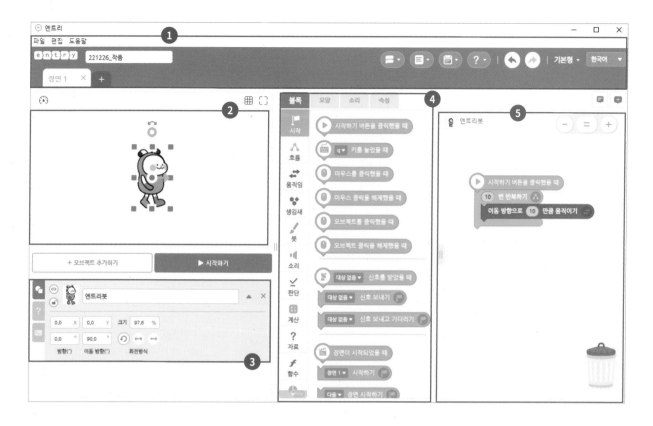

❶ **상단 메뉴**: 파일, 편집 메뉴와 아이콘 메뉴 버튼(새로 만들기, 저장하기 등)이 제공됩니다.

❷ **실행 화면**: [▶시작하기] 버튼을 클릭하면 엔트리가 시작되는 화면입니다.

❸ **오브젝트 목록**: 엔트리에 추가할 수 있는 사람, 동물, 식물, 탈것, 건물, 음식, 환경 등의 오브젝트를 의
  미합니다. [+오브젝트 추가하기] 버튼을 클릭하여 원하는 오브젝트를 선택하고 추가할 수 있습니다.

❹ **블록 꾸러미**: 블록, 모양, 소리, 속성으로 구성됩니다.

  – **블록**은 시작, 흐름, 움직임, 생김새, 붓, 소리, 판단 등으로 구성됩니다. 오른쪽, 왼쪽으로 이동하거나
    소리를 출력하는 등 다양한 명령어를 블록 코딩할 수 있습니다.

  – **모양**은 [모양 추가하기], [새로 그리기]로 구성되며, 엔트리에서 제공하는 오브젝트 이미지 외에 사
    용자가 원하는 이미지 파일을 불러올 수 있습니다. 또한 이미지를 직접 그리거나 편집할 수도 있습
    니다.

  – **소리**는 엔트리에 제공하는 소리 외에도 사용자가 원하는 소리 파일을 불러올 수 있습니다.

  – **속성**은 변수, 신호, 리스트, 함수로 구성됩니다. 변수는 게임값을 저장할 때 사용하고, 신호는 다양
    한 신호를 보내어 게임의 흐름을 제어합니다. 리스트는 여러 개의 값을 저장할 수 있으며, 함수는
    반복적으로 사용되는 블록을 쉽게 사용할 수 있게 해 줍니다.

❺ **블록 조립소**: 블록을 조립하는 영역입니다. 오브젝트가 어떻게 행동하게 할지 결정할 수 있습니다.

## 2.3 엔트리 좌표

본격적으로 블록 코딩을 하기 전, 엔트리 좌표(위치)에 대한 이해가 필요합니다.

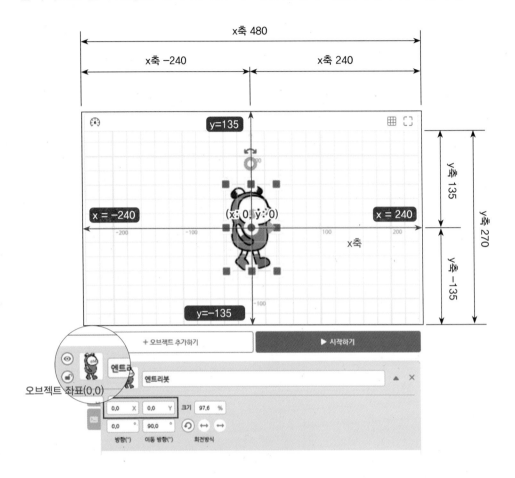

❶ x축의 길이는 480, y축의 길이는 270입니다.

❷ 화면 중앙 좌표는 x: 0, y: 0입니다.

❸ x축 0에서 왼쪽 끝까지 이동하면 −240, 오른쪽 끝까지 이동하면 240입니다.

❹ y축 0에서 위쪽 끝까지 이동하면 135, 아래쪽 끝까지 이동하면 −135입니다.

## 2.4 엔트리 오브젝트

오브젝트는 명령어로 움직일 수 있는 대상으로, 엔트리봇 친구들, 사람, 동물, 식물, 탈것, 건물, 음식, 환경, 물건, 판타지, 인터페이스 배경으로 구성됩니다. 다음 그림과 같이 오브젝트 설정은 위치, 크기, 방향, 회전 방식으로 구성됩니다. [+오브젝트 추가하기] 버튼을 클릭하면 다양한 종류의 오브젝트를 추가하여 게임을 구성할 수 있습니다.

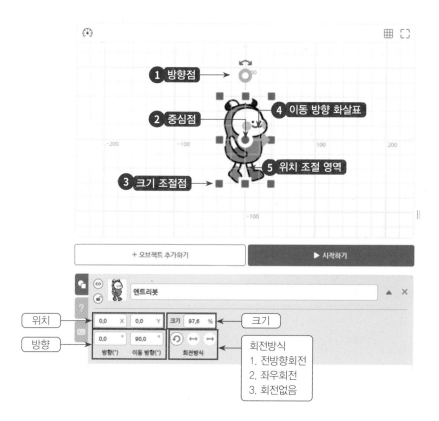

❶ **방향점**: 오브젝트를 회전시킬 수 있습니다.

❷ **중심점**: 오브젝트의 위치와 회전의 기준점이 됩니다.

❸ **크기 조절점**: 오브젝트의 크기를 바꿀 수 있습니다.

❹ **이동 방향 화살표**: 오브젝트 이동 방향을 의미합니다.

❺ **위치 조절 영역**: 오브젝트를 마우스로 옮겨 원하는 위치에 배치할 수 있습니다.

# ③ 아두이노 조이스틱 실드

## 3.1 아두이노란?

오픈 소스 기반인 아두이노(이탈리아어: Arduino, 아르두이노)는 단일 보드 마이크로 컨트롤러로 완성된 보드와 관련된 개발 도구 및 환경을 말합니다. 엔트리는 아두이노와 연결하여 LED 켜기, 모터 제어하기, 스피커로 소리 출력하기 등 다양한 피지컬 컴퓨팅을 실행할 수 있습니다. 본 도서에서는 엔트리 게임을 위해 조이스틱 실드를 사용합니다.

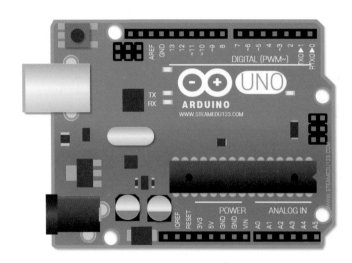

## 3.2 아두이노 조이스틱 실드란?

아두이노 조이스틱 실드는 아두이노와 결합하여 오브젝트를 위쪽, 아래쪽, 오른쪽, 왼쪽으로 제어하며, 4개의 버튼을 이용해 다양한 동작을 실행할 수 있습니다.

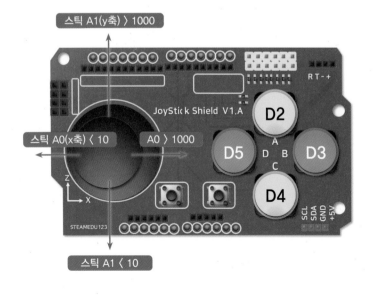

| | A0 | 왼쪽/오른쪽(x축) |
|---|---|---|
| 스틱 | A1 | 위쪽/아래쪽(y축) |
| | D2 | 12시 버튼 |
| | D3 | 3시 버튼 |
| 버튼 | D4 | 6시 버튼 |
| | D5 | 9시 버튼 |

# 3.3 아두이노 연결하기

아두이노 실드는 다음과 같이 엔트리와의 연결 과정을 진행해야 사용할 수 있습니다. PC와 아두이노를 USB 케이블로 연결합니다.

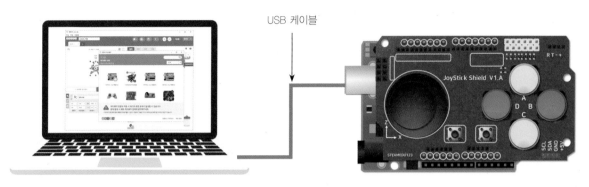

USB 케이블

PC                  아두이노 Uno + 조이스틱 실드

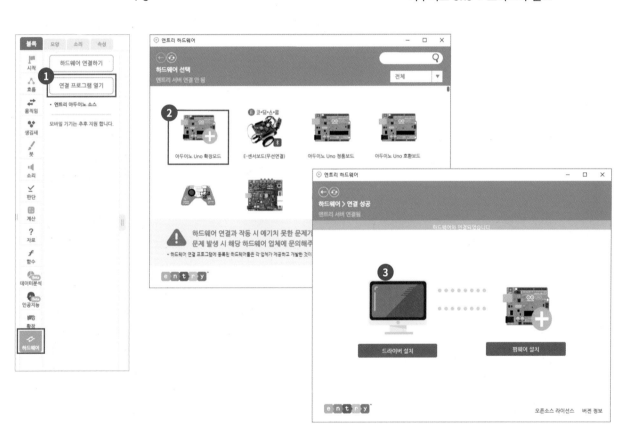

❶ 엔트리에 접속해 [하드웨어] – [연결 프로그램 열기]를 선택합니다.

❷ 엔트리는 다양한 종류의 보드와 연결할 수 있습니다. [아두이노 Uno 확장 보드]를 선택하면 아두이노 Uno와 결합한 아두이노 조이스틱 실드를 사용할 수 있습니다.

❸ 연결이 완료되면 [연결 성공] 메시지를 확인할 수 있습니다. 정상적으로 연결되지 않는다면, [드라이버 설치]를 눌러서 설치합니다. 연결이 완료되더라도 창을 닫으면 엔트리와 아두이노 연결이 끊어집니다. 따라서 이 창은 연결이 완료된 후에도 계속 유지해야 합니다.

# 자주 사용하는 구성

엔트리 게임 코딩을 시작하기 전 알아 두면 편리한 패턴을 소개합니다. 12개의 게임을 만들 때 공통으로 사용하는 블록 및 패턴으로, 이를 알면 전체 구조를 쉽게 이해하고 빠르게 코딩할 수 있습니다. 따라서 다음의 패턴은 반드시 이해하고 게임 코딩을 시작하길 바랍니다.

📁 예제파일 : 자주 사용하는 패턴 구성.ent

## 4.1 자주 사용하는 변수 및 신호

❶ **제한 시간 변수**: 게임 시간을 저장하는 변수입니다. 예를 들어, 65, 64, 63 ⋯ 0과 같이 변수에 −1을 저장하여 시간 카운트에 사용할 수 있습니다.

❷ **점수 변수**: 게임의 점수를 저장하는 변수입니다.

❸ **게임 시작 신호**: 게임을 시작하는 신호입니다. 시작하기 버튼을 클릭했을 때, 게임 안에 있는 오브젝트를 숨기거나 게임을 시작하기 위한 초기 변수를 설정하는 데 사용됩니다.

❹ **게임 종료 신호**: [다시하기] 버튼을 표시할 때 사용하는 신호입니다. 제한 시간이 0이 되거나 게임 중 오브젝트에서 게임 종료 신호를 보내면 게임이 종료됩니다.

## 4.2 PC 키보드 및 아두이노 조이스틱 실드 조작 패턴

본 책에서는 아두이노 조이스틱 실드를 사용하며, 아두이노 조이스틱 실드가 없어도 PC 키보드를 사용하며 게임을 진행할 수 있습니다. 하지만 아두이노 조이스틱 실드가 있다면 좀 더 생동감 있는 조작감을 느낄 수 있습니다.

### PC 키보드 조작 패턴

아두이노 조이스틱 실드가 없다면 키보드를 이용해 게임을 제어할 수 있습니다. PC 키보드 위쪽 화살표 키, 아래쪽 화살표 키, 오른쪽 화살표 키, 왼쪽 화살표 키를 제어하기 위해서는 다음과 같은 패턴을 사용합니다.

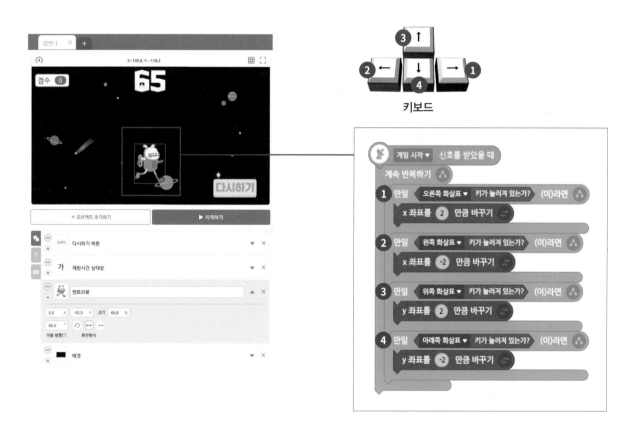

❶ PC의 [오른쪽 화살표 키]를 누르면 오브젝트의 x좌표를 "2"만큼 움직입니다.

❷ PC의 [왼쪽 화살표 키]를 누르면 오브젝트의 x좌표를 "-2"만큼 움직입니다.

❸ PC의 [위쪽 화살표 키]를 누르면 오브젝트의 y좌표를 "2"만큼 움직입니다.

❹ PC의 [아래쪽 화살표 키]를 누르면 오브젝트의 y좌표를 "-2"만큼 움직입니다.

아두이노와 연결이 되어 있다면, 조이스틱 실드의 방향 키 및 버튼을 사용할 수 있습니다. 아두이노 조이스틱 실드 스틱 조작을 위해서는 다음과 같은 패턴을 사용합니다. 참고로 PC의 조작 키도 함께 동작하도록 코딩되어 있습니다.

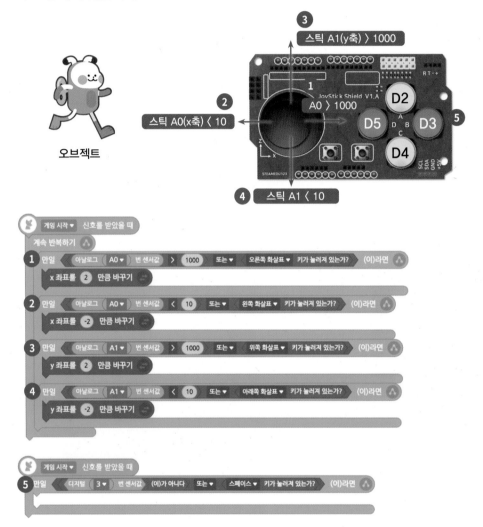

❶ [오른쪽 방향 조이스틱](A0〉1000) 조작 또는 PC의 오른쪽 화살표 키를 누르면 x좌표를 "2"만큼 움직입니다.

❷ [왼쪽 방향 조이스틱](A0〈10) 조작 또는 PC의 왼쪽 화살표 키를 누르면 x좌표를 "−2"만큼 움직입니다.

❸ [위쪽 방향 조이스틱](A1〉1000) 조작 또는 PC의 위쪽 화살표 키를 누르면 y좌표를 "2"만큼 움직입니다.

❹ [아래쪽 방향 조이스틱](A1〈10) 조작 또는 PC의 아래쪽 화살표 키를 누르면 y좌표를 "−2"만큼 움직입니다.

❺ D3 버튼을 누르거나 PC의 스페이스 키를 누르면 오브젝트 행동이 실행됩니다.

## 4.3 제한 시간 오브젝트 패턴

제한 시간을 사용하면 게임을 할 때 몰입감과 긴장감을 높일 수 있습니다. 제한 시간은 글상자를 사용해 표시할 수 있습니다.

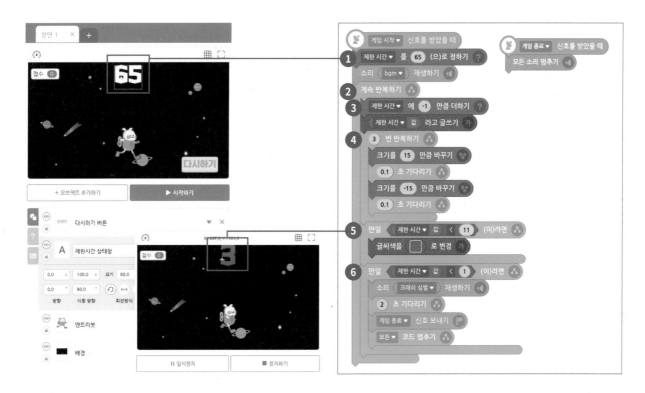

❶ 제한 시간의 기본값과 배경 음악을 설정합니다. 기본은 65초로 설정되며, 원하는 시간으로 변경할 수 있습니다.

❷ [계속 반복하기]를 이용해 65초에서 0초가 될 때까지 반복해서 다음 블록을 실행합니다.

❸ 제한 시간에 "−1"을 더해서 65, 64, 63…0초로 만들고 글상자에 이를 표시하는 동작을 합니다.

❹ 글자가 커지고 작아지는 애니메이션 효과를 줍니다.

❺ 제한 시간이 10이라면, 글자 색을 빨간색으로 바꾸어 게임 종료 시간이 얼마 남지 않았음을 알립니다.

❻ 제한 시간이 0이라면, (소리 재생) 및 [게임 종료] 신호를 보내 [다시하기] 버튼을 표시합니다.

## 4.4 다시하기 오브젝트 패턴

[게임 종료] 신호를 받으면 [다시하기] 버튼이 표시됩니다. [다시하기] 버튼을 클릭하면 게임을 다시 시작할 수 있습니다. [게임 종료] 신호는 제한 시간이 0일 때 신호를 실행합니다.

❶ 게임이 시작되면 [다시하기] 버튼 오브젝트의 모양을 숨깁니다.

❷ [게임 종료] 신호를 받았을 때 오브젝트의 위치를 중앙으로 이동하고 크기를 "100"으로 정합니다. 다른 오브젝트와 겹쳐서 화면에서 보이지 않는 문제를 해결하기 위해 (맨 앞으로) 위치를 정하고 모양을 보이게 합니다.

❸ 중앙에 표시된 [다시하기] 버튼을 마우스로 클릭하면 게임을 처음부터 다시 실행합니다. [처음부터 다시 실행하기]는 [시작하기 버튼을 클릭했을 때] 신호를 받아서 실행되는 동작과 같습니다.

## 4.5 복제본 만들기 패턴

똑같은 오브젝트를 매번 반복해서 코딩하는 것은 매우 번거롭습니다. 예를 들어, 10개의 똑같은 몬스터 오브젝트가 있다면 블록을 10번 코딩해야 합니다. 이때, 블록 코딩이 잘못되었다면 몬스터 오브젝트 블록을 모두 수정해야 하는 문제가 생깁니다. 이러한 문제를 복제본 만들기로 해결할 수 있습니다. 다음과 같이 [총알]을 발사할 때 반복해서 생성되는 오브젝트를 복제본 만들기를 이용하면 쉽게 동작을 구현할 수 있습니다.

📁 예제파일 : 자주 사용하는 패턴 구성(복제본).ent

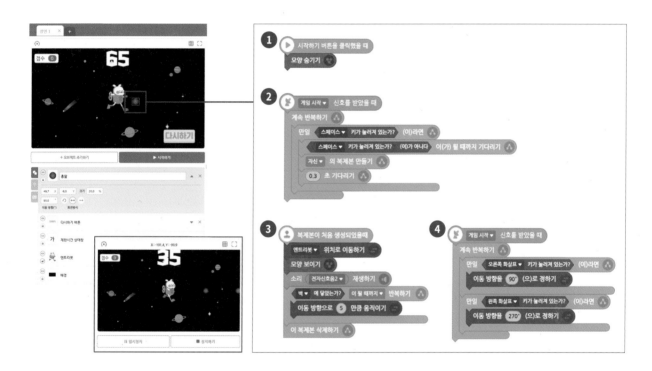

❶ [시작하기] 버튼을 클릭했을 때 [총알] 오브젝트를 숨깁니다.

❷ [게임 시작] 신호를 받았을 때, PC의 스페이스 키가 눌렸다면 자신(총알)의 복제본을 0.3초 간격으로 만듭니다.

❸ 복제본이 처음 생성되었을 때, 총알 위치를 엔트리봇 위치로 이동하고 모양을 보여 줍니다. 총알 소리를 재생하고, [총알] 복제본이 벽에 닿을 때까지 이동 방향으로 "5"만큼 이동합니다. 만약 [총알] 복제본이 벽에 닿으면 이를 삭제합니다.

❹ [엔트리봇]이 오른쪽, 왼쪽을 바라보고 이동하므로, [총알]도 [엔트리봇]이 바라보고 있는 방향으로 변경해야 합니다. 따라서 오른쪽 화살표 키를 누르면 이동 방향을 90도로 정하고, 왼쪽 화살표 키를 누르면 이동 방향을 270도로 정합니다.

# ⑤ 무한으로 움직이는 배경 패턴

게임의 효과와 재미를 높이기 위해 배경을 움직일 수 있습니다. 예를 들어, 달려가는 효과를 표현할 때 오른쪽에서 왼쪽으로 배경이 움직일 수 있습니다.

## 5.1 가로로 움직이는 무한 배경

가로로 움직이는 무한 배경은 [배경1], [배경2]로 구성됩니다. [배경1]이 왼쪽으로 움직이면, 이어서 [배경2]가 움직이면서 표시되는 원리입니다.

📁 예제파일 : 움직이는 배경 패턴 구성(가로배경).ent

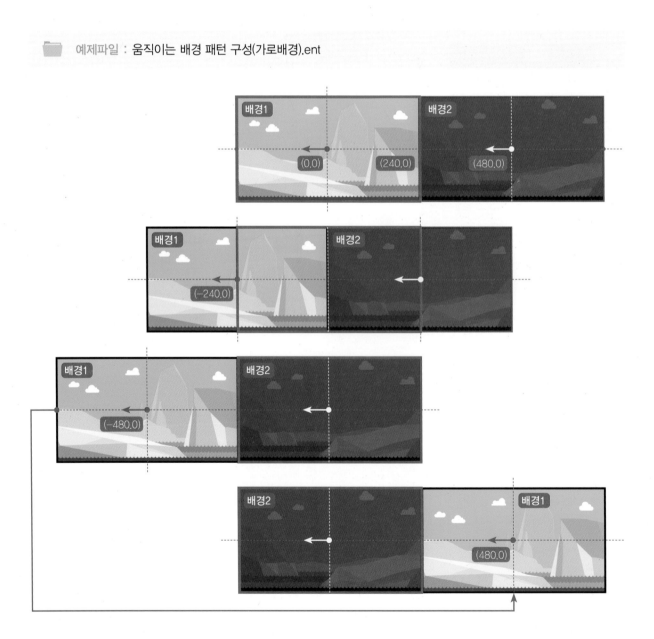

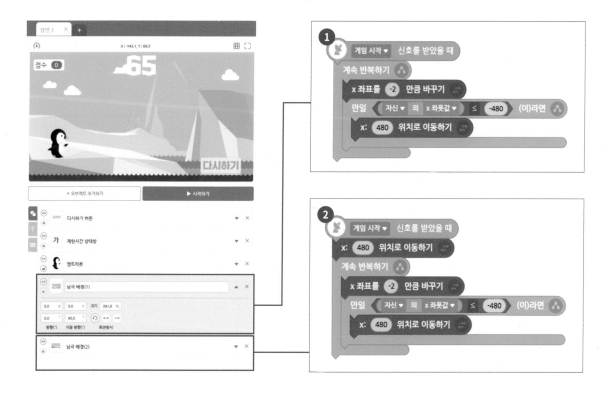

❶ [게임 시작] 신호를 받으면 [남극 배경(1)]은 (0,0)에서 x축으로 "–2"씩 이동합니다. 중심 좌표(0,0)를 기준으로 x좌표가 "–480"이 되면, 배경의 중심 좌표를 "480"으로 바꿉니다.

❷ [게임 시작] 신호를 받으면 [남극 배경(2)]는 중심점의 위치를 x축 "480"으로 이동합니다. (480,0)에서 x축으로 "–2"씩 계속 반복하여 이동합니다. x좌푯값이 "–480"이 되면, 배경의 중심 좌표를 "480"으로 바꿉니다.

## 5.2 세로로 움직이는 배경

세로로 움직이는 무한 배경은 [배경1], [배경2]로 구성됩니다. [배경1]이 아래쪽으로 움직이면, 이어서 [배경2]가 움직이면서 표시되는 원리입니다.

📁 예제파일 : 움직이는 배경 패턴 구성(세로배경).ent

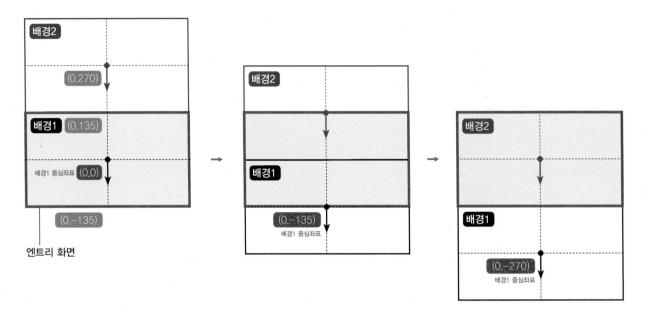

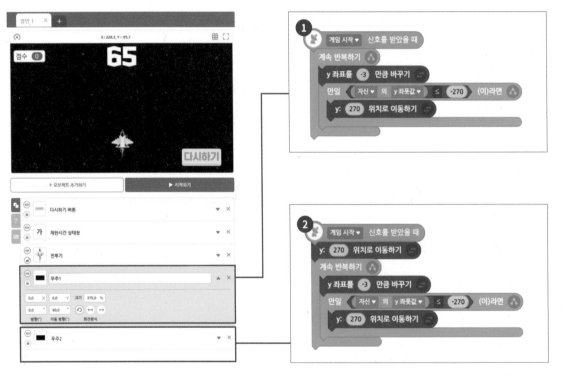

❶ [게임 시작] 신호를 받으면 [우주1] 배경은 (0,0)에서 y좌표가 "−270"이 될 때까지 y축으로 "−3"씩 이동합니다. 만일 [우주1] 배경이 "−270"까지 이동하면, [우주1] 배경을 y좌푯값 "270"으로 이동합니다.

❷ [게임 시작] 신호를 받으면 [우주2] 배경은 (0,270)으로 이동합니다. [우주2] 배경은 (0,270)에서 y좌표가 "−270"이 될 때까지 y축으로 "−3"씩 이동합니다. 만일 [우주2] 배경이 "−270"까지 이동하면, [우주2] 배경을 y좌푯값 "270"으로 이동합니다.

# 5.3 무한 움직이는 배경

무한으로 움직이는 배경은 [배경1], [배경1 복제본], [배경2], [배경2 복제본]으로 구성됩니다 예를 들어, 벽돌 깨기 게임은 조이스틱 이동 방향에 따라 배경이 함께 무한으로 움직입니다. 지렁이 키우기 게임도 가로/세로로 움직이는 무한 배경을 사용합니다. 또한, 고정된 크기를 확대해서 제한된 공간을 이동하는 방법으로 배경을 구성할 수 있습니다.

예제파일 : 움직이는 배경 패턴 구성(무한배경).ent

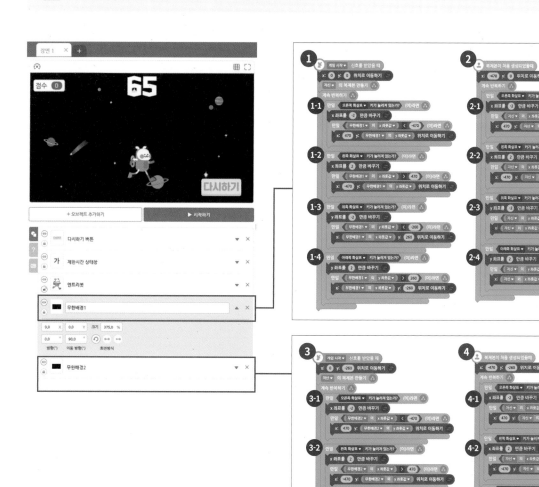

다음과 같이 무한 배경을 위해서는 4개의 배경 화면이 필요합니다. 무한 배경에서 복제본을 생성하여 [무한배경1-1], [무한배경1-2 복제본], [무한배경2-1], [무한배경2-2 복제본]을 만듭니다. 4개의 배경은 블록 코드가 동일합니다. 다만 시작하는 중심위치가 (0, 0), (-470, 0), (-470, -260), (0, -260)으로 다르게 설정합니다.

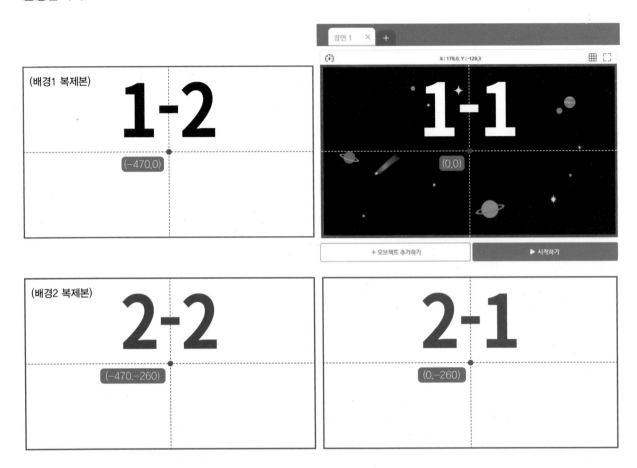

배경은 화살표 키의 반대 방향으로 이동합니다. 이는 화살표 키와 같은 방향으로 배경이 움직이면 화면이 정지한 것처럼 보이기 때문입니다. 따라서 오른쪽 화살표 키를 누르면 배경 방향은 왼쪽으로 이동하여 오브젝트가 움직이는 효과를 줍니다.

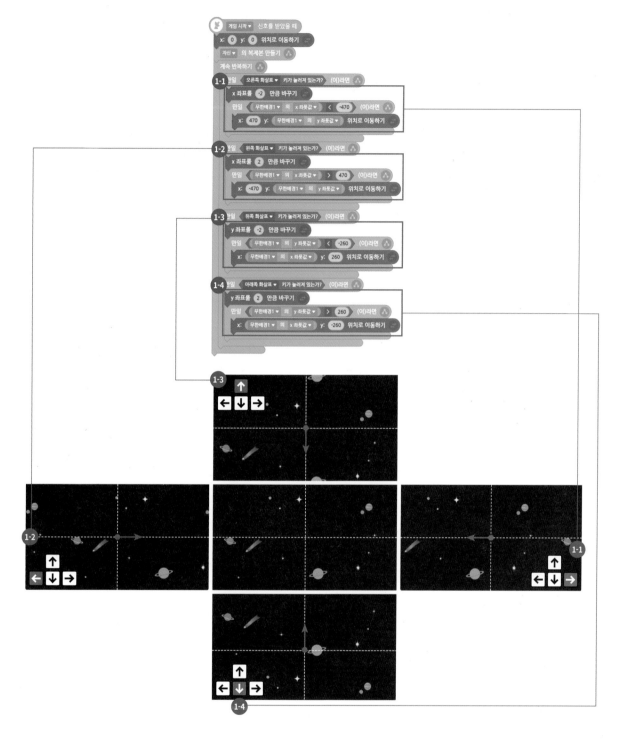

**1-1** 오른쪽 화살표 키가 눌리면, x축으로 "−2"만큼 배경이 움직입니다. 만일 x좌표가 "−470"보다 작으면 중심 좌표를 x축 "470" 및 현재 y좌푯값으로 이동합니다.

**1-2** 왼쪽 화살표 키가 눌리면, x축으로 "2"만큼 배경이 움직입니다.

**1-3** 위쪽 화살표 키가 눌리면 y축으로 "−2"만큼 배경이 움직입니다. 만일 y좌표가 "−260"보다 작으면, 중심 좌표를 y축 "260" 및 현재 x좌푯값으로 이동합니다.

**1-4** 아래쪽 화살표 키가 눌리면 y축으로 "2"만큼 배경이 움직입니다.

## 2장

# 메모리 버튼 게임 만들기

메모리 버튼 게임은 버튼 4개를 기억하여 맞히는 아케이드 퍼즐 게임입니다. 정해진 규칙 내에서 정해진 동작으로 주어진 조건을 완료하는 단순한 게임입니다. 패턴이 순서대로 표시되면, [버튼]을 기억하고 있다가 아두이노 조이스틱 실드의 버튼을 선택하여 맞힙니다. 패턴이 틀리면 게임이 종료됩니다.

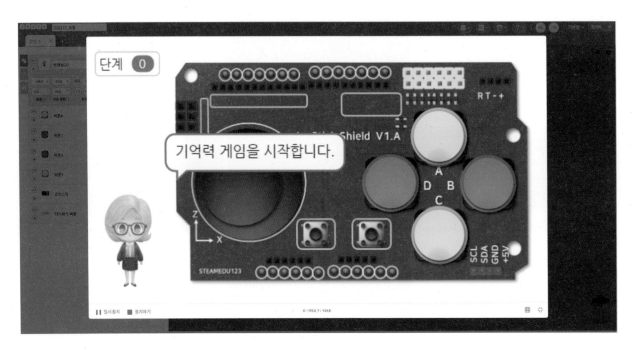

📁 예제파일 : 메모리 버튼 만들기(예제).ent
완성파일 : 메모리 버튼 만들기(완성).ent

# 1 게임 이해하기

## 1.1 게임 테마

**게임 테마(두뇌 개발)** 버튼 게임을 하면 두뇌 개발이 될까?

**게임 콘셉트 디자인**
(핵심 재미와 구성)
기억력을 향상시켜 주는 두뇌 훈련 게임

**캐릭터 설정**
(플레이어, 논플레이어)
아두이노 조이스틱 실드 버튼

**메커니즘**
(절차 또는 규칙)
네 개의 버튼에 불이 들어오는 순서를 기억해서 누릅니다.

**세계관 설정**
(과거 배경-시간적, 공간적, 사상적)
친구들과 기억력 게임을 합니다.

**레벨 디자인**
(난이도, 맵 디자인)
성공할수록 레벨이 높아져 기억해야 할 횟수가 1회, 2회, 3회 계속 늘어납니다.

**스토리**
(현재 배경-인물, 배경, 사건)
가장 똑똑하다는 걸 증명하기 위해 게임을 시작합니다.

**게임 밸런스**
(균형, 보상, 적절한 수준)
버튼이 틀리면 처음부터 다시 시작합니다.

**그래픽/사운드**

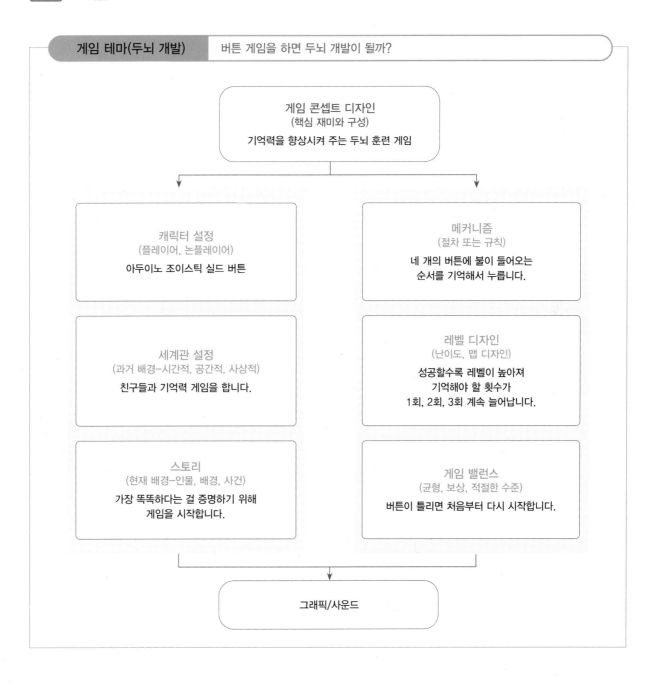

**게임 구성**

출제된 문제를 기억하고 있다가 버튼을 눌러 정답을 맞히는 구성입니다. [게임 시작] 신호와 [게임 종료] 신호를 이용해 게임 흐름을 제어합니다.

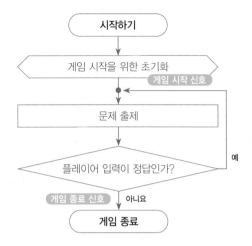

## 1.3 게임 동작

❶ [▶시작하기] 버튼을 클릭하면, [선생님] 오브젝트가 게임 시작을 알립니다.

❷ 자동으로 버튼이 눌립니다.

❸ 눌린 버튼을 기억하고 있다가, 사용자는 1,2,3,4 버튼을 누릅니다.

❹ 만약 잘못된 버튼을 누르면 게임은 종료됩니다.

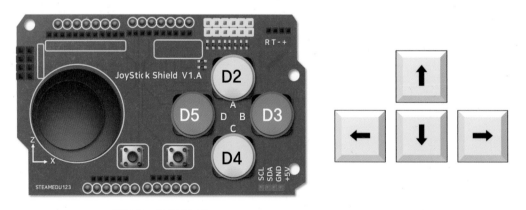

아두이노 조이스틱 실드                    PC 키보드

# ② 💬 구조 이해하기

메모리 버튼 게임의 오브젝트는 5개입니다. [선생님], [버튼 1], [버튼 2], [버튼 3], [버튼 4]로 구성되며, [다시하기] 오브젝트는 공통으로 사용하는 구성으로 1장을 참고합니다.

## 2.1 속성

### 변수 속성

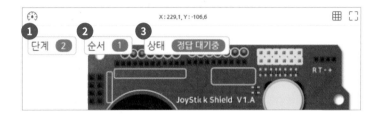

❶ **단계**: 1, 2, 3, 4와 같이 게임의 단계를 저장하는 변수로, 정답을 맞히면 다음 단계로 넘어갑니다.

❷ **순서**: 리스트에 저장된 문제와 정답을 위해 사용합니다.

❸ **상태**: "문제 출제 중", "정답 대기 중"으로 구분하며, "문제 출제 중"일 때는 자동으로 버튼이 눌립니다. "정답 대기 중"일 때는 사용자가 버튼을 입력할 때까지 기다립니다.

### 신호 속성

❶ **게임 시작**: [▶시작하기] 버튼을 선택하면 [게임 시작] 신호를 각 오브젝트에 보내어 게임 시작을 알립니다.

❷ **게임 종료**: 게임이 종료되면 게임을 다시 시작해야 합니다. 이때 [다시하기] 오브젝트를 실행하기 위해 사용됩니다.

❸ **문제 출제**: 단계별로 문제를 출제할 때 사용합니다. 예를 들어 3단계이면, [버튼]이 자동으로 3번 무작위로 표시됩니다.

❹ **다음 단계**: 정답을 맞히면 다음 단계로 넘어가서 다음 문제를 출제할 때 사용합니다.

❺ **1번/2번/3번/4번 신호**: [버튼 1/2/3/4]를 눌렀을 때 버튼 누른 효과를 표현하기 위해 사용합니다.

리스트 속성은 문제와 정답을 저장할 때 사용합니다. 버튼 패턴을 무작위로 만들어서 [문제] 리스트에 저장하고, 사용자 입력을 [정답] 리스트에 저장해서 이 둘을 비교합니다. 만약 [문제] 리스트와 [정답] 리스트가 일치한다면 다음 단계로 넘어갑니다.

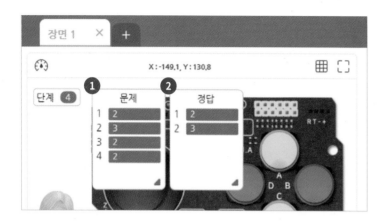

❶ **문제:** 출제된 [문제]를 저장하는 리스트입니다.

❷ **정답:** 사용자가 입력한 버튼 값이며, [정답]을 저장하는 리스트입니다.

함수 속성은 오브젝트 동작을 실행할 때 사용하며, 지정된 번호에 따라 블록 코딩을 합니다. 예를 들어, [선생님] 오브젝트는 함수 4개로 구성되며, 함수 이름은 (오브젝트 이름 + 함수 동작 설명)으로 이루어집니다.

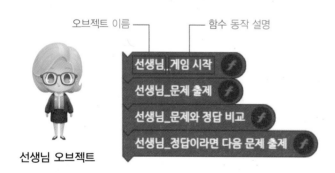

## 2.2 오브젝트 역할

### 선생님 오브젝트

[선생님]은 문제를 출제하고 아두이노 조이스틱 실드의 버튼 또는 PC 키보드 입력을 비교해서 정답을 판단합니다. 만약 정답이면 다음 문제를 출제합니다. 애니메이션 효과를 위해 이미지 10개를 사용합니다.

### 버튼 1 오브젝트

[버튼 1]은 아두이노 조이스틱 실드의 D2 버튼을 사용하며, 버튼을 클릭하여 출제된 문제를 맞힙니다. PC의 [위쪽 화살표 키]로 대신 사용할 수 있습니다.

### 버튼 2 오브젝트

[버튼 2]는 아두이노 조이스틱 실드의 D3 버튼을 사용하며, 버튼을 클릭하여 출제된 문제를 맞힙니다. PC의 [오른쪽 화살표 키]로 대신 사용할 수 있습니다.

### 버튼 3 오브젝트

[버튼 3]은 아두이노 조이스틱 실드의 D4 버튼을 사용하며, 버튼을 클릭하여 출제된 문제를 맞힙니다. PC의 [아래쪽 화살표 키]로 대신 사용할 수 있습니다.

### 버튼 4 오브젝트

[버튼 4]는 아두이노 조이스틱 실드의 D5 버튼을 사용하며, 버튼을 클릭하여 출제된 문제를 맞힙니다. PC의 [왼쪽 화살표 키]로 대신 사용할 수 있습니다.

# ③ 함수 블록 코딩하기

블록 코딩은 오브젝트 5개로 구성되며, 함수 12개를 사용합니다. 아래 그림의 빨간색 숫자는 오브젝트 고유 번호, 파란색 숫자는 함수 번호, 초록색 글상자는 신호, 빨간색 점선은 블록 코딩의 흐름을 나타냅니다. 코딩은 오브젝트 번호 순서대로 진행합니다.

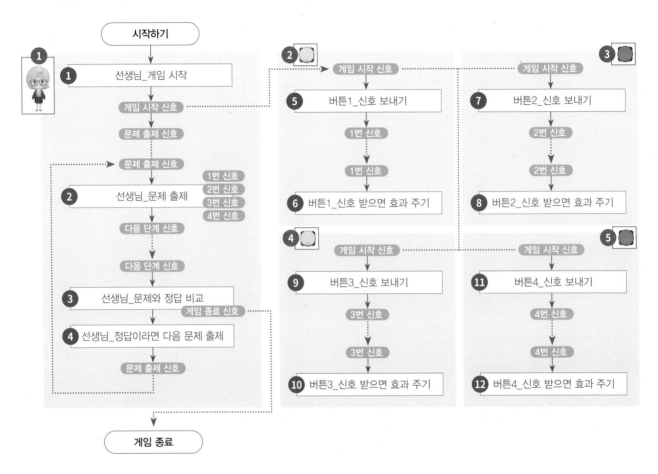

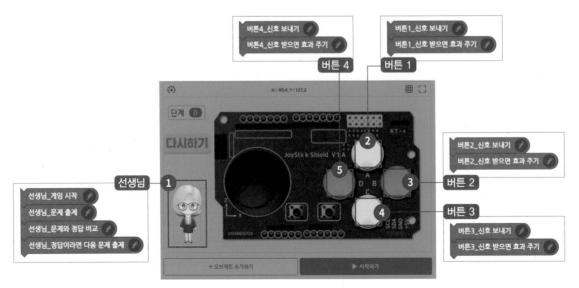

## 3.1 선생님 오브젝트

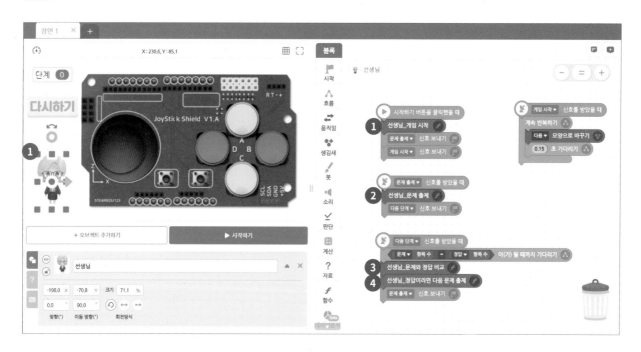

### [선생님_게임 시작] 함수

1번 함수(선생님_게임 시작)는 [▶시작하기] 버튼을 클릭하면 게임이 시작되면서 처음 호출되는 함수입니다. 초기화 동작을 실행합니다.

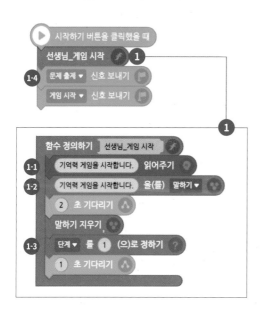

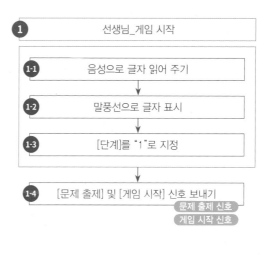

❶ [선생님_게임 시작] 함수를 코딩합니다.

❶-❶ 음성으로 글자를 읽어 줍니다.

43

**1-2** 말풍선으로 글자를 표시합니다. 음성으로 글자를 모두 읽어 줄 때까지 기다립니다. 2초 뒤에 말풍선이 사라집니다.

**1-3** [단계]에 "1"을 저장합니다. 예를 들어, [단계]에 저장된 게임 1단계는 문제 출제에서 버튼이 1번 자동으로 눌리는 것을 의미합니다.

**1-4** 초기화 동작 후 [문제 출제]와 [게임 시작] 신호를 보내 게임을 시작합니다.

## [선생님_문제 출제] 함수

2번 함수(선생님_문제 출제)는 무작위 패턴을 출력합니다. 1~4번 버튼을 자동으로 눌러 문제를 출제합니다.

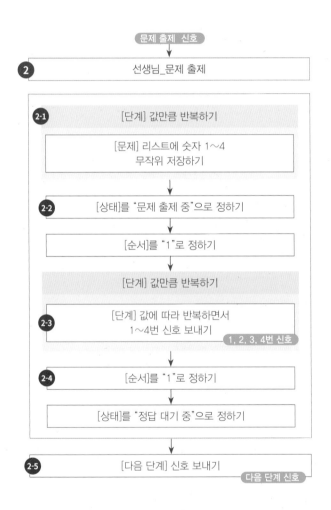

**2** [선생님_문제 출제] 함수를 코딩합니다.

**2-1** [단계]에 저장된 값만큼 반복하면서 1~4 사이의 무작위 숫자를 [문제] 리스트에 추가합니다. 예를 들어, [단계] 값이 "1"이면 1번 반복하고, 버튼을 1, 2, 3, 4 중 무작위로 선택하여 [문제]에 추가합니다.

**2-2** "문제 출제 중"으로 [상태]를 변경하고, [순서]를 리스트 처음인 1로 정합니다. 예를 들어, [단계] 값이 4이면, 1부터 4까지 [문제] 리스트 값을 [순서]에 차례대로 저장합니다. 아래 그림에서 순서 1은 [버튼 2], 순서 2는 [버튼 3], 순서 3은 [버튼 2], 순서 4는 [버튼 2]를 의미합니다.

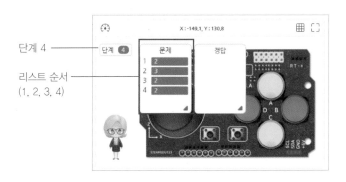

**2-3** [단계] 값만큼 반복하면서 무작위로 생성된 패턴 번호를 화면에 있는 버튼에 표시합니다. 예를 들어, [문제] 리스트 1번 순서에 "2"가 저장되어 있다면, [2번 신호]를 보내어 [버튼 2]가 눌리는 효과를 줄 수 있습니다.

**2-4** [문제] 리스트에 저장된 값만큼 버튼을 눌러 표시한 뒤, [순서]를 처음인 "1"로 정합니다. 문제 출제가 완료되었으니 [상태]를 "정답 대기 중"으로 변경하고 사용자 입력을 기다립니다.

**2-5** [다음 단계] 신호를 보냅니다.

## [선생님_문제와 정답 비교] 함수

3번 함수(선생님_문제와 정답 비교)는 [문제] 리스트와 [정답] 리스트의 값을 비교하는 함수입니다.

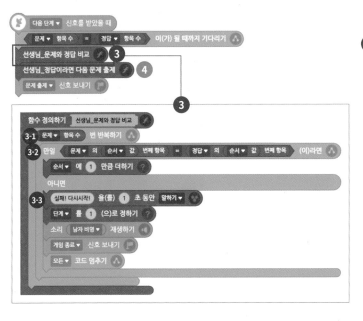

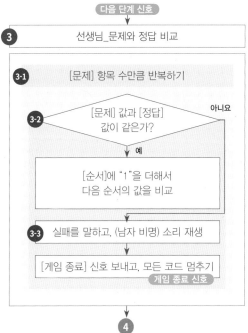

❸ [선생님_문제와 정답 비교] 함수를 코딩합니다.

❸-❶ [문제] 리스트의 항목 수와 [정답] 리스트의 항목 수가 같을 때까지 기다렸다가 두 리스트의 항목 수가 같아지면, [문제] 리스트의 항목 수만큼 반복하는 동작을 수행합니다. 예를 들어, [문제] 리스트의 항목 수가 4이면 4번 반복합니다.

❸-❷ 만약 [문제]와 [정답]의 리스트 값이 같다면, [순서]에 "1"을 더해서 다음 순서의 값을 비교합니다. 예를 들어, [문제] 1번 값이 2이고, [정답] 1번 값이 2라면 버튼 1개가 같다고 판단합니다. 다음 버튼을 비교하기 위해 [순서] 값에 "1"을 더해서 [문제] 2번 값과 [정답] 2번 값을 비교하는 동작을 합니다.

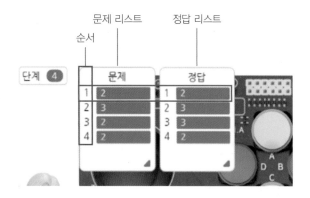

❸-❸ 만약 [문제]와 [정답]의 리스트 값이 같지 않다면, "실패! 다시 시작!"을 말하고, [단계]를 "1"로 정합니다. 게임을 종료한 후 [다시하기] 버튼을 표시합니다.

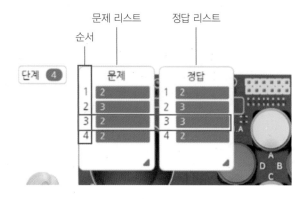

## [선생님_정답이라면 다음 문제 출제] 함수

4번 함수(선생님_정답이라면 다음 문제 출제)는 다음 단계를 시작하는 함수입니다. [문제]와 [정답] 리스트 항목이 모두 일치했으니, 다음 단계 동작을 수행합니다.

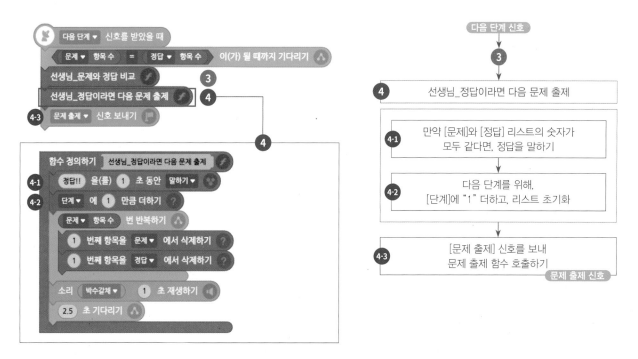

④ [선생님_정답이라면 다음 문제 출제] 함수를 코딩합니다.

④-1 [문제] 리스트와 [정답] 리스트를 순서에 따라 모두 비교한 후, 리스트 항목이 모두 같다면, 정답이라고 말합니다.

④-2 다음 단계를 위해 [단계]에 "1"을 더합니다. 예를 들어, 단계 3에서 문제를 모두 맞혔다면 단계 4로 넘어가기 위해 [단계]에 "1"을 더합니다. 또한 새로운 문제 출제를 위해 리스트에 있는 값들을 모두 삭제하여 초기화합니다.

④-3 함수가 종료되면, [문제 출제] 신호를 보내어 [선생님_문제 출제] 함수를 실행하여 다음 단계의 문제 출제를 시작합니다.

## 3.2 버튼 1 오브젝트

### [버튼1_신호 보내기] 함수

5번 함수(버튼 1_신호 보내기)는 패턴을 입력하는 함수입니다. [게임 시작] 신호를 받으면 반복 실행합니다.

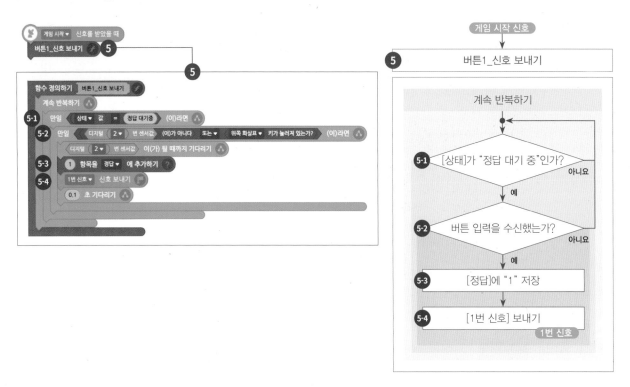

**5** [버튼1_신호 보내기] 함수를 코딩합니다.

**5-1** 만일 [상태] 값이 "정답 대기 중"이라면 다음 블록을 실행하고, 그렇지 않다면 블록 실행 없이 무한 반복합니다.

**5-2** 아두이노 조이스틱 실드의 D2 버튼 또는 PC의 위쪽 화살표 키가 눌리면 다음 블록을 실행합니다. D2 버튼은 게임의 버튼 1을 의미합니다.

**5-3** [버튼 1]이 눌리면 [정답]에 숫자 "1"을 저장합니다.

**5-4** [1번 신호]를 보내어 다음 함수를 실행합니다.

## [버튼1_신호 받으면 효과 주기] 함수

6번 함수(버튼1_신호 받으면 효과 주기)는 애니메이션 효과를 표현하는 함수입니다. [1번 신호]를 받으면 반복 실행합니다.

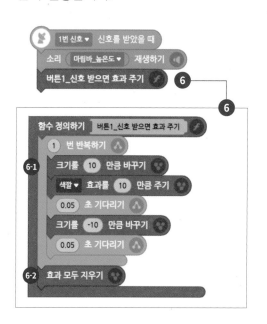
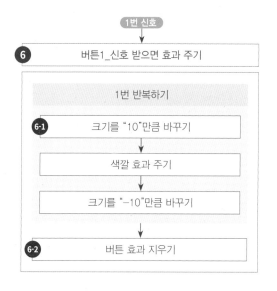

**6** [버튼1_신호 받으면 효과 주기] 함수를 코딩합니다.

**6-1** [1번 신호]를 받았을 때, 버튼이 눌린 효과를 주기 위해 크기를 "10"만큼 바꾸고 색깔 효과를 "10"으로 설정합니다. 이후 크기를 "-10"만큼 바꾸어 버튼이 눌린 효과를 줄 수 있습니다.

**6-2** 앞에서 설정한 버튼 효과를 모두 지웁니다. 효과 지우기를 하지 않으면, 색깔 값이 유지되어 원래 색깔로 돌아가지 않습니다.

## 3.3 버튼 2 오브젝트

### [버튼2_신호 보내기] 함수

7번 함수(버튼 2_신호 보내기)는 패턴을 입력하는 함수입니다. [게임 시작] 신호를 받으면 반복 실행합니다.

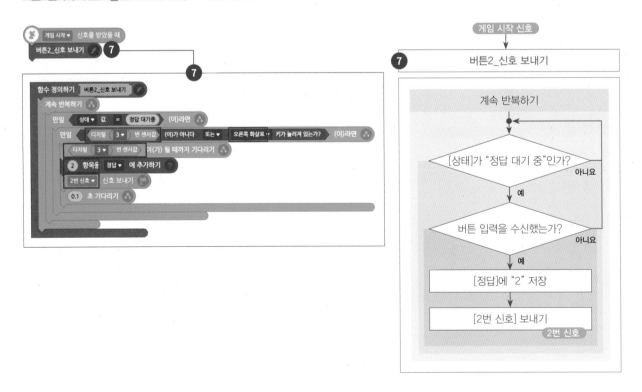

50

❼ [버튼2_신호 보내기] 함수를 코딩합니다. [버튼2_신호 보내기] 함수는 [버튼 1_신호 보내기] 함수와 코드가 동일합니다. 단, 눌리는 버튼 및 키, 정답 리스트, 보내는 신호는 다음과 같이 변경합니다.

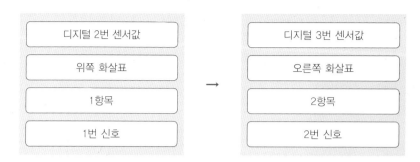

## [버튼2_신호 받으면 효과 주기] 함수

8번 함수(버튼 2_신호 받으면 효과 주기)는 애니메이션 효과를 표현하는 함수입니다. [2번 신호]를 받으면 반복 실행합니다. [버튼2_신호 받으면 효과 주기] 함수는 [버튼1_신호 받으면 효과 주기] 함수와 코드가 동일하므로, 코드를 복사하여 사용합니다.

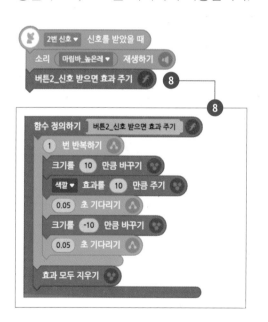

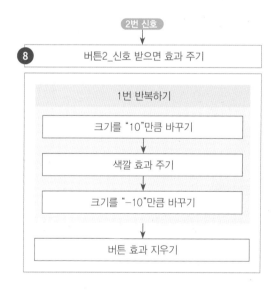

## 3.4 버튼 3 오브젝트

### [버튼3_신호 보내기] 함수

9번 함수(버튼 3_신호 보내기)는 패턴을 입력하는 함수입니다. [게임 시작] 신호를 받으면 반복 실행합니다.

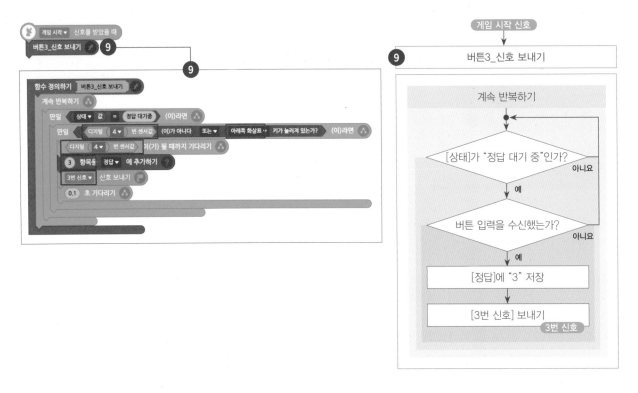

❾ [버튼3_신호 보내기] 함수를 코딩합니다. [버튼3_신호 보내기] 함수는 [버튼 1_신호 보내기] 함수와 코드가 동일합니다. 단, 누르는 버튼 및 키, 정답 리스트, 보내는 신호는 다음과 같이 변경합니다.

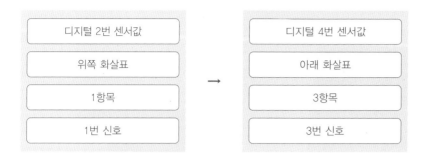

## [버튼3_신호 받으면 효과 주기] 함수

10번 함수(버튼 3_신호 받으면 효과 주기)는 애니메이션 효과를 표현하는 함수입니다. [3번 신호]를 받으면 반복 실행합니다. [버튼3_신호 받으면 효과 주기] 함수는 [버튼1_신호 받으면 효과 주기] 함수와 코드가 동일하므로, 코드를 복사하여 사용합니다.

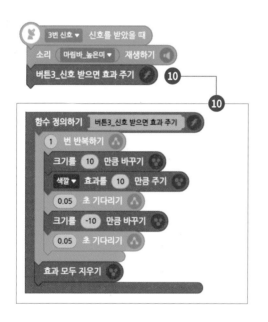

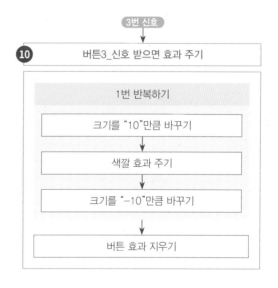

## 3.5 버튼 4 오브젝트

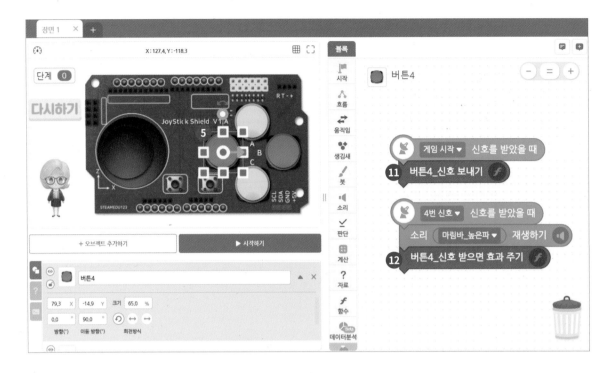

### [버튼4_신호 보내기] 함수

11번 함수(버튼 4_신호 보내기)는 패턴을 입력하는 함수입니다. [게임 시작] 신호를 받으면 반복 실행합니다.

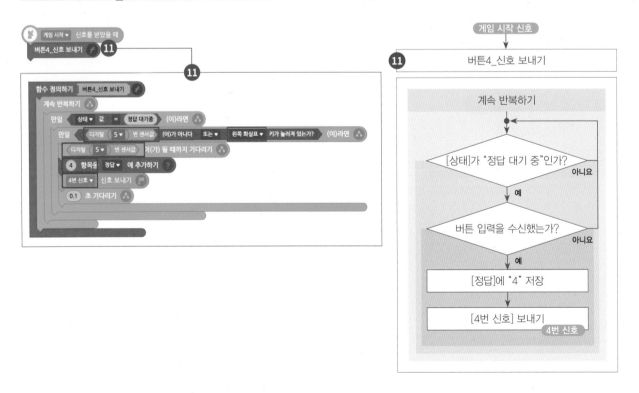

⓫ [버튼4_신호 보내기] 함수를 코딩합니다. [버튼4_신호 보내기] 함수는 [버튼 1_신호 보내기] 함수와
코드가 동일합니다. 단, 눌리는 버튼 및 키, 정답 리스트, 보내는 신호는 다음과 같이 변경합니다.

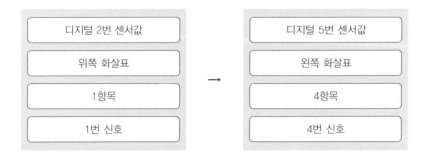

## [버튼4_신호 받으면 효과 주기] 함수

12번 함수(버튼 4_신호 받으면 효과 주기)는 애니메이션 효과를 표현하는 함수입니다. [4번 신호]를 받으
면 반복 실행합니다. [버튼4_신호 받으면 효과 주기] 함수는 [버튼1_신호 받으면 효과 주기] 함수와 코드
가 동일하므로, 코드를 복사하여 사용합니다.

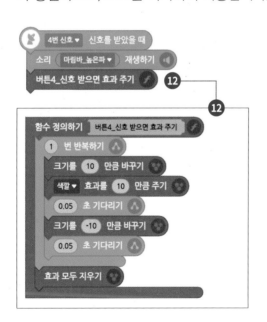

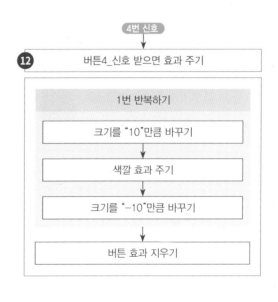

# 4 게임 동작 확인하기

메모리 버튼 게임은 자기 두뇌를 훈련하고 두뇌 활동력을 유지하는 우수한 방법 중 하나입니다. 또한 일상 생활을 잘 할 수 있게 기억력 향상을 도와줍니다.

함수 블록 코딩이 모두 완료되었다면, 엔트리를 실행하여 메모리 버튼 게임을 시작합니다. 1단계는 1개 버튼, 2단계는 2개 버튼, 10단계는 10개 버튼이 무작위로 눌리면서 표시됩니다. 버튼을 기억하고 있다가 눌린 버튼을 순서대로 맞히면 됩니다. 만약 순서 패턴이 틀리면 게임이 종료됩니다.

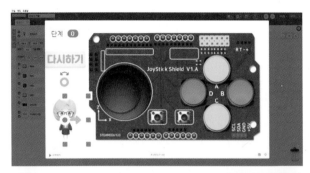
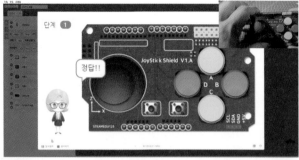
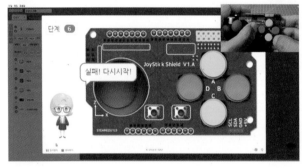
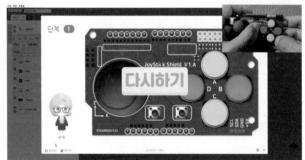

https://youtu.be/8B8E3ZA1foE

# ❺ 생각하기

엔트리 블록 코딩에서 함수(function)란 하나의 특별한 목적의 작업을 수행하기 위해 독립적으로 설계된 블록의 집합으로 정의할 수 있습니다. 함수를 사용하면 반복적으로 사용되는 블록을 쉽게 사용할 수 있습니다. 즉, 좀 더 효율적으로 코딩할 수 있습니다.

이번 게임에서는 버튼 함수를 반복적으로 사용하고 있습니다. 아래의 8개 함수를 2개 함수로 만들어 봅시다.

# 3장

# 그루터기 건너기 게임 만들기

그루터기 건너기 게임은 [곰]이 그루터기를 건너는 아케이드 액션 게임입니다. [곰]은 앞뒤로 이동 또는 방향을 바꿀 수 있습니다. 2개 버튼을 사용해 게임을 하며, 버튼을 누르면 [그루터기]가 아래로 내려오고 [곰]은 오른쪽 또는 왼쪽 그루터기로 이동합니다. [그루터기]가 없는 곳으로 이동하면 게임은 종료됩니다.

 예제파일 : 그루터기 건너기 게임 만들기(예제).ent
완성파일 : 그루터기 건너기 게임 만들기(완성).ent

# ❶ 게임 이해하기

## 1.1 게임 테마

게임 테마(보물 찾기) | 버튼 게임을 하면 판단력이 좋아질까?

**게임 콘셉트 디자인**
(핵심 재미와 구성)
그루터기 끝에 소원을 이뤄 주는
보물(바벨탑) 찾기

**캐릭터 설정**
(플레이어, 논플레이어)
곰

**메커니즘**
(절차 또는 규칙)
앞으로 한 칸 이동 또는 몸을 돌려 반대편
방향으로 한 칸 이동합니다.

**세계관 설정**
(과거 배경-시간적, 공간적, 사상적)
전설로만 여겨졌던 고대 문명 아틀란티스
(Atlantis), 누구도 위치를 알지 못합니다.

**레벨 디자인**
(난이도, 맵 디자인)
그루터기가 왼쪽, 오른쪽 무작위로
나타납니다. 제한 시간은 없습니다.

**스토리**
(현재 배경-인물, 배경, 사건)
저주가 걸린 무한의 그루터기에서 탈출하고
보물을 찾기 위해 탐험을 시작합니다.

**게임 밸런스**
(균형, 보상, 적절한 수준)
금화를 획득하면 점수가 올라갑니다.

**그래픽/사운드**

59

## 1.2 게임 구성

[곰]이 그루터기를 건너는 구성입니다. [게임 시작] 신호와 [게임 종료] 신호를 이용해 게임 흐름을 제어합니다.

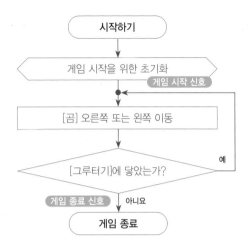

## 1.3 게임 동작

❶ [▶시작하기] 버튼을 클릭하면, [곰] 오브젝트가 게임 시작을 알립니다.

❷ 아두이노 조이스틱 실드의 D5 버튼(방향 전환), D3 버튼(앞으로 이동)을 눌러 [곰]을 이동합니다.

❸ [곰]이 앞으로 이동하거나, 이동 방향을 바꾸면서 이동합니다. 이때 그루터기와 배경이 아래쪽으로 이동합니다.

❹ 만약 [곰]이 [그루터기]가 없는 방향으로 이동하게 되면 게임이 종료됩니다.

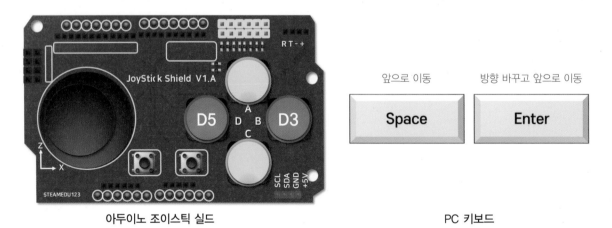

아두이노 조이스틱 실드        PC 키보드

# ② 구조 이해하기

그루터기 건너기 게임의 오브젝트는 9개입니다. [곰], [그루터기 1~8]로 구성되며, [배경], [다시하기] 오브젝트는 공통으로 사용하는 구성으로 1장을 참고합니다.

## 2.1 속성

### 변수 속성

① **이동 방향**: [곰]의 오른쪽, 왼쪽 값을 저장합니다. [곰]의 방향 바꾸기, 앞으로 이동, 애니메이션을 위해 사용합니다.

② **곰 x좌표**: [곰]의 가로 위치를 저장합니다. [곰]은 세로로 이동하지 않기 때문에 y값을 저장할 필요가 없습니다. [곰]이 [그루터기] 위에 있는지, [그루터기]가 없는 곳으로 이동했는지 판단할 때 사용합니다.

③ **그루터기 x좌표**: [그루터기]의 가로 위치를 저장합니다. [곰]이 [그루터기] 위에 있는지, [그루터기]가 없는 곳으로 이동했는지 판단할 때 사용합니다.

④ **점수**: [곰]이 [그루터기]로 정상적으로 이동하면 점수를 저장합니다.

### 신호 속성

① **게임 시작**: [▶시작하기] 버튼을 선택하면 [게임 시작] 신호를 각 오브젝트에 보내어 게임 시작을 알립니다.

② **게임 종료**: 게임이 종료되면 게임을 다시 시작해야 합니다. 이때 [다시하기] 오브젝트를 실행하기 위해 사용됩니다.

③ **그루터기 이동**: [그루터기 이동] 신호를 받으면 [그루터기] 8개 오브젝트가 아래쪽으로 이동합니다.

함수 속성은 오브젝트 동작을 실행할 때 사용합니다. 지정된 번호에 따라 블록 코딩을 합니다. 예를 들어, [곰] 오브젝트는 함수 4개로 구성되며, 함수 이름은 (오브젝트 이름 + 함수 동작 설명)으로 이루어집니다.

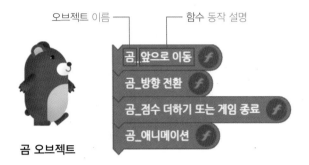

곰 오브젝트

## 2.2 오브젝트 역할

### 곰 오브젝트

[곰]은 오른쪽, 왼쪽으로 이동하면서 [그루터기]를 건넙니다. 움직이는 애니메이션을 위해 이미지 5개로 구성되며, 5번 이미지는 [곰]이 [그루터기]를 밟지 않았을 때 사용됩니다.

[곰]은 아두이노 조이스틱 실드의 D3 버튼을 누르면 [곰]이 바라보고 있는 방향으로 이동하고, D5 버튼을 누르면 [곰]이 바라보고 있는 방향의 반대 방향으로 모양을 바꾸고 앞으로 이동합니다. 오른쪽 모양이라면, 왼쪽 모양으로 바꾸고 앞으로 이동합니다. 또한, PC의 스페이스 또는 엔터 키를 이용해서 동작을 제어할 수 있습니다.

### 그루터기 오브젝트

[그루터기]는 [곰]이 이동 방향으로 이동할 때 [그루터기]가 아래쪽으로 내려오면서 [곰]이 [그루터기]를 이동하는 효과를 줍니다. [그루터기]는 특별한 애니메이션 효과를 사용하지 않기 때문에 이미지 1개만 사용합니다.

# ❸ 함수 블록 코딩하기

블록 코딩은 오브젝트 9개로 구성되며, 함수 5개를 사용합니다. 아래 그림의 빨간색 숫자는 오브젝트 고유 번호, 파란색 숫자는 함수 번호, 초록색 글상자는 신호, 빨간색 점선은 블록 코딩의 흐름을 나타냅니다. 코딩은 오브젝트 번호 순서대로 진행합니다.

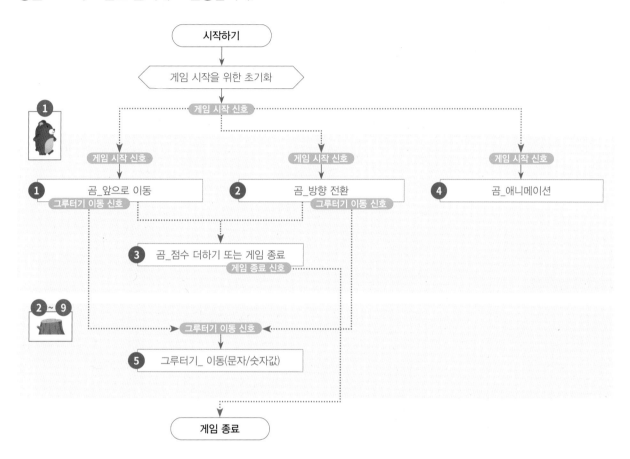

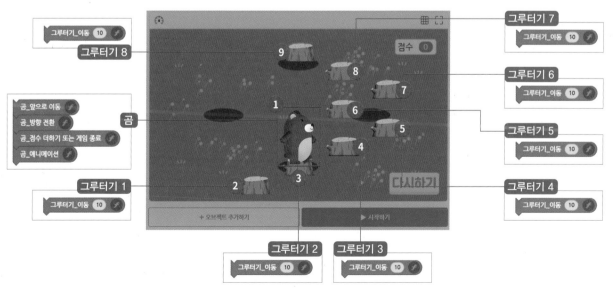

# 3.1 곰 오브젝트

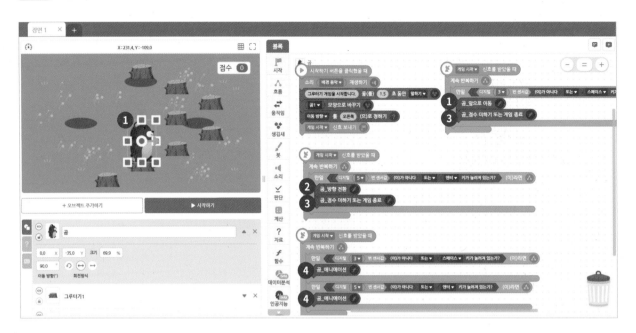

## 게임 초기화

[▶시작하기] 버튼을 클릭하면 (배경 음악)을 재생하고, 게임 시작 메시지를 1.5초 동안 표시합니다. 모양,
이동 방향을 설정한 후 [게임 시작] 신호를 보냅니다.

```
시작하기 버튼을 클릭했을 때
소리 (배경 음악▼) 재생하기
그루터기 게임을 시작합니다. 을(를) 1.5 초 동안 말하기▼
곰1▼ 모양으로 바꾸기
이동 방향▼ 를 오른쪽 (으)로 정하기
게임 시작▼ 신호 보내기
```

64

## [곰_앞으로 이동], [곰_점수 더하기 또는 게임 종료] 함수

1번 함수(곰_앞으로 이동), 3번 함수(곰_점수 더하기 또는 게임 종료)는 [곰]이 바라보고 있는 방향으로 앞으로 한 칸 이동하여 [그루터기]를 밟으면 점수를 더하고, 밟지 않으면 게임을 종료합니다. [게임 시작] 신호를 받으면 반복 실행합니다.

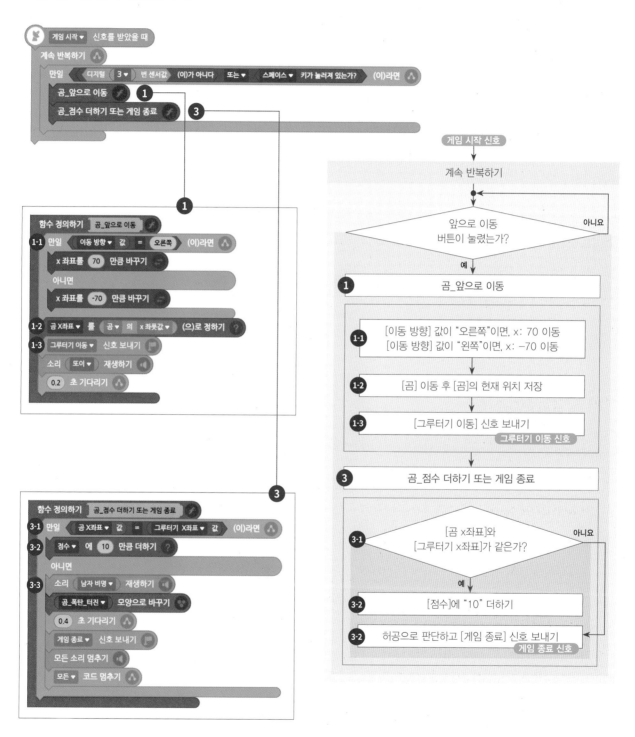

❶ [곰_앞으로 이동] 함수를 코딩합니다.

❶-❶ 아두이노 조이스틱 실드의 D3 버튼 또는 PC의 스페이스 키가 눌리면, [곰]이 앞으로 이동하는 동작이 실행됩니다. [이동 방향] 값이 "오른쪽"으로 저장되어 있다면, x: 70만큼 이동하고, [이동 방향] 값이 "왼쪽"으로 저장되어 있다면, x: −70만큼 이동합니다.

❶-❷ [곰]이 이동한 현재 가로 위치(x값)를 [곰 x좌표]에 저장합니다. 예를 들어, [곰] 위치가 0이고 x: 70만큼 이동했다면 [곰 x좌표]은 70입니다.

❶-❸ [곰]이 이동할 때, [그루터기] 8개가 아래쪽으로 이동해야 합니다. 따라서 그루터기 이동을 위해 [그루터기 이동] 신호를 보냅니다.

❸ [곰_점수 더하기 또는 게임 종료] 함수를 코딩합니다.

❸-❶ 만일 [곰]과 [그루터기]가 같은 가로 위치(x좌푯값)에 있다면, [곰]이 [그루터기] 위에 있다고 판단할 수 있습니다.

❸-❷ [점수]에 "10"을 더합니다.

❸-❸ 만일 [곰]과 [그루터기]가 다른 위치에 있다면, [곰]이 [그루터기]를 밟지 않았다고 판단합니다. 따라서 (남자 비명) 소리를 재생하고, [곰] 모양을 바꿉니다. [게임 종료] 신호를 보낸 후 모든 코드를 멈춥니다.

## [곰_방향 전환] 함수

2번 함수(곰_방향 전환)는 [곰]이 방향을 바꾸고 앞으로 한 칸 이동하는 동작을 실행하는 함수입니다. 예를 들어, 곰이 오른쪽을 바라보고 있다면, 반대 방향인 왼쪽으로 변경 후 앞으로 한 발짝 이동합니다. [게임 시작] 신호를 받으면 반복 실행합니다.

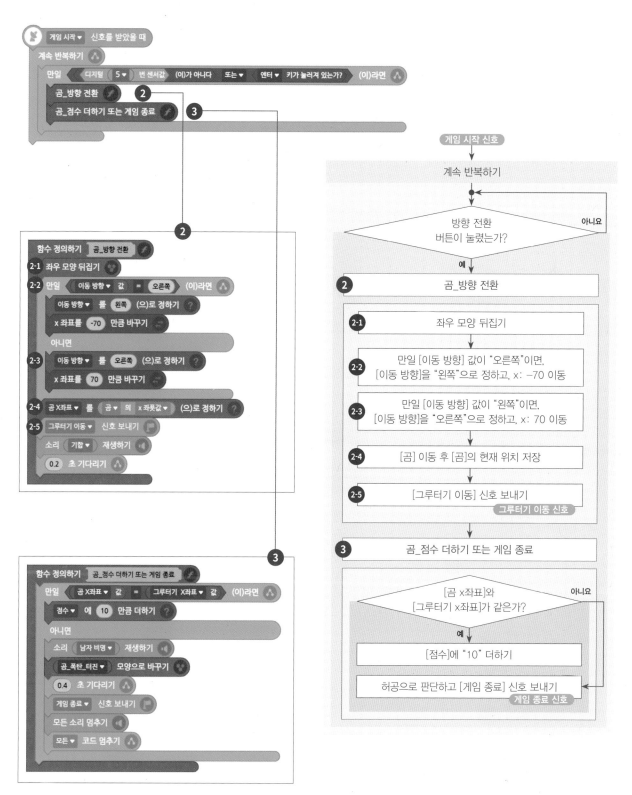

❷ [곰_방향 전환] 함수를 코딩합니다.

❷-1 아두이노 조이스틱 실드의 D5 버튼 또는 PC의 엔터 키가 눌리면, 좌우 모양을 바꿉니다.

❷-2 만일 [이동 방향] 값이 "오른쪽"으로 저장되어 있다면 [이동 방향] 값을 "왼쪽"으로 정하고 x: −70만큼 이동합니다.

❷-3 만일 [이동 방향] 값이 "왼쪽"으로 저장되어 있다면, [이동 방향] 값을 "오른쪽"으로 정하고, x: 70만큼 이동합니다.

❷-4 [곰]이 이동한 현재 가로 위치(x값)를 [곰 x좌표]에 저장합니다. 예를 들어, [곰] 위치가 0이고 x: 70만큼 이동했다면 [곰 x좌표]는 70입니다.

❷-5 [곰]이 이동할 때, [그루터기] 8개가 아래쪽으로 이동해야 합니다. 따라서 [그루터기] 이동을 위해 [그루터기 이동] 신호를 보냅니다.

❸ [곰_점수 더하기 또는 게임 종료] 함수를 코딩합니다(66페이지 참조).

## [곰_애니메이션] 함수

4번 함수(곰_애니메이션)는 [곰]이 이동하는 효과를 줄 때 사용됩니다. [게임 시작] 신호를 받으면 반복 실행합니다.

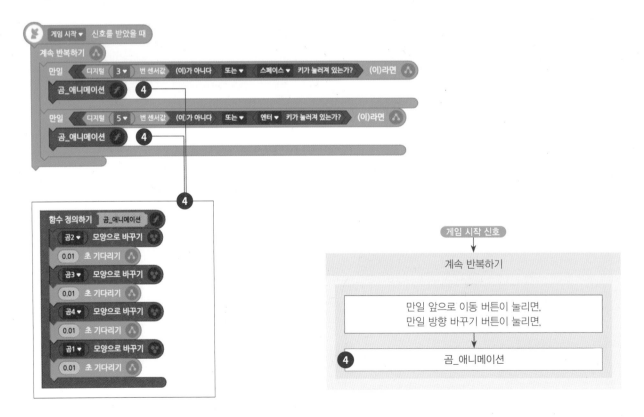

❹ [곰_애니메이션] 함수를 코딩합니다. 앞으로 이동 또는 방향 바꾸기 동작 버튼을 누르면, [곰_애니메이션] 함수를 실행합니다. (곰2), (곰3), (곰4), (곰1) 모양으로 0.01초 간격으로 변경합니다. [곰]이 빠르게 이동하는 효과를 줄 수 있습니다.

## 3.2 그루터기 오브젝트

[그루터기]는 똑같은 오브젝트 8개로 구성됩니다. [그루터기 이동] 신호를 받으면, 그루터기는 [그루터기 이동(문자/숫자값 1)] 함수 1개를 실행합니다.

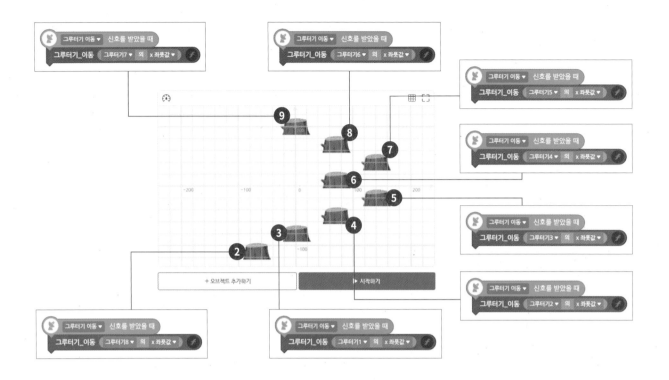

## 그루터기 함수 구성

[그루터기_이동] 함수는 (문자/숫자값 1)이라는 파라미터에 원하는 값을 입력하면, 파라미터 값에 따라 똑같은 동작을 할 수 있습니다.

함수 파라미터

그루터기 오브젝트

예를 들어, 이를 이용하면 신호등의 LED를 켜고/끄는 동작을 할 수 있습니다. LED를 켜고 끄는 동작은 어느 색이든 똑같습니다. 함수를 사용하지 않는다면, 빨간색 LED 켜고/끄기, 파란색 LED 켜고/끄기, 녹색 LED 켜고/끄기 동작을 3개의 블록으로 코딩해야 합니다. 이때 LED를 켜고 끄는 동작에서 잘못된 블록이 있다면 3개의 블록을 모두 수정해야 하는 문제점이 있습니다. 하지만 함수를 사용한다면, 신호등 함수 1개로 전체 사용할 수 있습니다. 신호등 LED(빨간색), 신호등 LED(파란색), 신호등 LED(녹색) 함수로 사용할 수 있으며, LED를 켜고 끄는 동작을 한 번에 수정할 수 있습니다. 즉, 반복되는 블록을 쉽게 사용할 수 있습니다.

## [그루터기_이동] 함수

5번 함수(그루터기_이동)는 [그루터기] 8개가 동시에 아래 방향으로 내려오는 함수입니다. [그루터기 이동] 신호를 받으면 실행합니다.

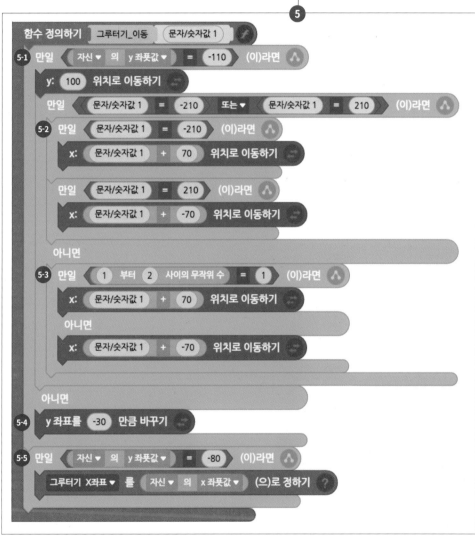

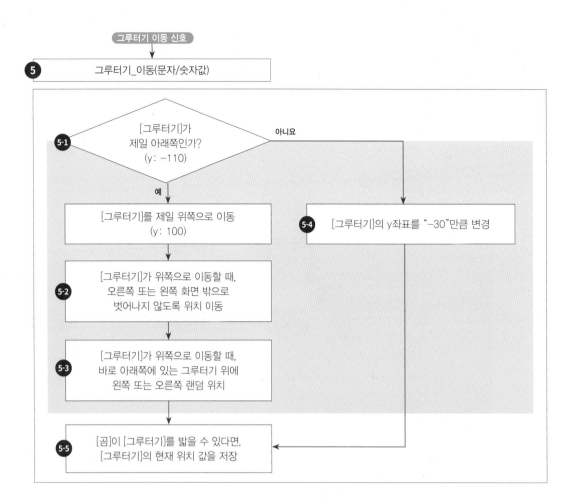

**5**    그루터기_이동(문자/숫자값)

그루터기 이동 신호

**5-1**   [그루터기]가 제일 아래쪽인가? (y: −110)

아니요

예

[그루터기]를 제일 위쪽으로 이동 (y: 100)

**5-4**   [그루터기]의 y좌표를 "−30"만큼 변경

**5-2**   [그루터기]가 위쪽으로 이동할 때, 오른쪽 또는 왼쪽 화면 밖으로 벗어나지 않도록 위치 이동

**5-3**   [그루터기]가 위쪽으로 이동할 때, 바로 아래쪽에 있는 그루터기 위에 왼쪽 또는 오른쪽 랜덤 위치

**5-5**   [곰]이 [그루터기]를 밟을 수 있다면, [그루터기]의 현재 위치 값을 저장

**5**   [그루터기_이동] 함수를 코딩합니다.

**5-1**   만일 [그루터기]가 화면 제일 아래쪽(y:−110)이라면, [그루터기]를 제일 위쪽(y:100)으로 이동합니다. 다시 말해, 2번 오브젝트 위치에서 9번 오브젝트 위치로 이동합니다.

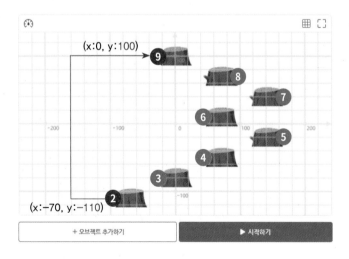

72

5-2 [그루터기 1]이 2번 위치에서 9번 위치로 이동할 때, [그루터기]가 오른쪽 또는 왼쪽 화면 밖으로 이동할 수 있습니다. 따라서 오른쪽 또는 왼쪽 화면 밖으로 벗어나지 않도록 [그루터기] x좌표 위치를 화면 안쪽으로 이동합니다.

5-3 [그루터기 1]은 2번에서 위쪽 9번으로 이동할 때, 8번 위의 왼쪽 또는 오른쪽 중 무작위로 위치합니다. 위치를 무작위로 바꿈으로써 [그루터기]가 자연스럽게 이어서 지그재그로 내려오도록 할 수 있습니다.

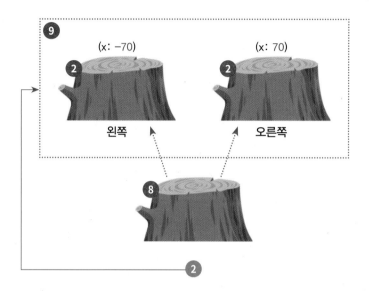

5-4 오브젝트 3, 4, 5, 6, 7, 8, 9번과 같이 [그루터기]가 화면 제일 아래쪽에 있지 않다면, [그루터기]의 y좌표를 "–30"만큼 변경합니다.

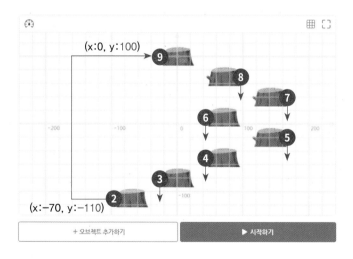

5-5 [곰]이 [그루터기]를 밟았다면, [그루터기]의 현재 위치 값(x좌푯값)을 [그루터기 x좌표]에 저장하여 점수를 더하거나 게임을 종료하는 데 사용합니다.

# ④ 게임 동작 확인

이 장에서는 반복되는 함수를 어떻게 사용하는지 배웠습니다. 또한 함수의 파라미터에 값을 넘겨 반복 동작을 실행하도록 했습니다.

함수 블록 코딩이 모두 완료가 되었다면, 엔트리를 실행합니다. 이동, 방향 바꾸기 2개의 버튼을 눌러 [곰]을 이동하고 점수를 얻습니다. 만약 [곰]이 [그루터기]를 밟지 않는다면 게임은 종료됩니다.

 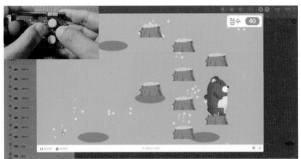

https://youtu.be/f_AWJVPeT2I

# 🔵5 생각하기

게임의 재미를 위해, 일정 시간 동안 반복해서 나타나는 [동전]을 획득하면 점수가 올라가도록 할 수 있습니다. 다음과 같은 조건으로 동전 오브젝트를 추가하여 블록 코딩을 해 봅니다.

❶ [동전]을 5초 간격으로 만듭니다.

❷ 복제본 2개를 만듭니다.

❸ 복제본이 처음 생성되었을 때, [동전]이 회전합니다.

❹ [그루터기]가 내려오면 [동전]이 같이 움직입니다. 만약 [곰]이 [동전]에 닿으면 점수를 더하고, [동전]은 사라집니다.

# 벽돌 깨기 게임 만들기

벽돌 깨기 게임은 [공]으로 [벽돌]을 맞히는 아케이드 퍼즐 게임입니다. 정해진 규칙 내에서 정해진 동작으로 주어진 조건을 완료하는 단순한 게임입니다. [막대 바]를 오른쪽 또는 왼쪽으로 이동하면서 [공]을 튕겨 [벽돌]을 맞춥니다. 만약 [막대 바]가 [공]을 맞히지 못하면 게임은 종료됩니다.

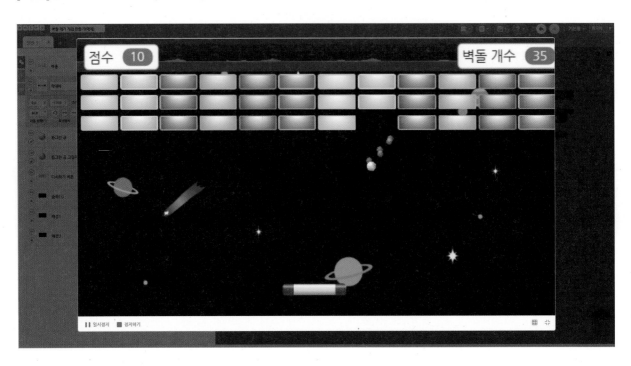

 예제파일 : 벽돌 깨기 게임 만들기(예제).ent
완성파일 : 벽돌 깨기 게임 만들기(완성).ent

# ❶ 게임 이해하기

## 1.1 게임 테마

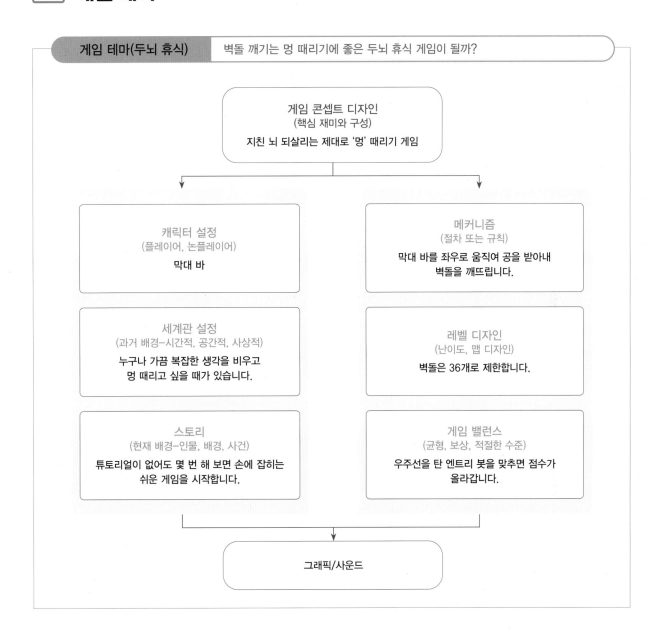

**게임 테마(두뇌 휴식)**  벽돌 깨기는 멍 때리기에 좋은 두뇌 휴식 게임이 될까?

**게임 콘셉트 디자인**
(핵심 재미와 구성)
지친 뇌 되살리는 제대로 '멍' 때리기 게임

**캐릭터 설정**
(플레이어, 논플레이어)
막대 바

**세계관 설정**
(과거 배경-시간적, 공간적, 사상적)
누구나 가끔 복잡한 생각을 비우고
멍 때리고 싶을 때가 있습니다.

**스토리**
(현재 배경-인물, 배경, 사건)
튜토리얼이 없어도 몇 번 해 보면 손에 잡히는
쉬운 게임을 시작합니다.

**메커니즘**
(절차 또는 규칙)
막대 바를 좌우로 움직여 공을 받아내
벽돌을 깨뜨립니다.

**레벨 디자인**
(난이도, 맵 디자인)
벽돌은 36개로 제한합니다.

**게임 밸런스**
(균형, 보상, 적절한 수준)
우주선을 탄 엔트리 봇을 맞추면 점수가
올라갑니다.

**그래픽/사운드**

**게임 전체 구성**

[막대 바]와 [공]을 컨트롤하면서 [벽돌]을 맞히는 구성입니다. [게임 시작] 신호와 [게임 종료] 신호를 이용해 게임 흐름을 제어합니다.

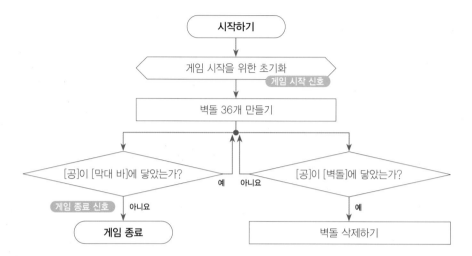

## 1.3 게임 동작

❶ [▶시작하기] 버튼을 클릭하면, [벽돌] 오브젝트가 게임 시작을 알립니다.

❷ 복제본을 이용하여 [벽돌] 36개를 화면에 표시합니다.

❸ [공] 오브젝트가 [막대 바]에서 [벽돌] 방향으로 이동하기 시작합니다. 이때 [공] 잔상 애니메이션을 함께 보여 줍니다.

❹ 아두이노 조이스틱 실드의 스틱을 오른쪽 또는 왼쪽으로 움직이면서 [막대 바]를 제어합니다.

❺ [막대 바] 오브젝트에 [공]이 닿으면, 튕기면서 [벽돌] 방향으로 이동합니다. 만약 [공]이 [벽돌]에 닿으면 [벽돌]은 사라지며 점수가 올라갑니다.

❻ [공]이 아래쪽 벽에 닿으면 게임이 종료됩니다.

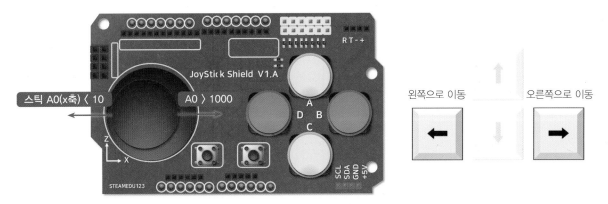

아두이노 조이스틱 실드 　　　　　　　　　　　　PC 키보드

## ② 구조 이해하기

벽돌 깨기 게임의 오브젝트는 4개입니다. [벽돌], [막대 바], [공], [공 그림자]로 구성되며, [배경], [다시하기] 오브젝트는 공통으로 사용하는 구성으로 1장을 참고합니다.

### 2.1 속성

변수 속성

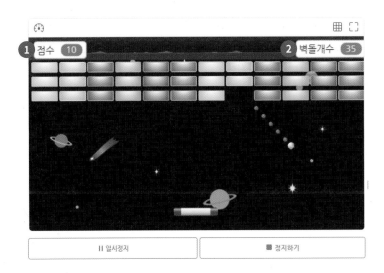

① **점수:** [공]이 [벽돌]에 닿으면 점수를 저장합니다.

② **벽돌 개수:** 전체 벽돌 개수를 저장합니다. 개수만큼 복제본을 만듭니다.

❶ **게임 시작**: [▶시작하기] 버튼을 선택하면 [게임 시작] 신호를 각 오브젝트에 보내어 게임 시작을 알립니다.

❷ **게임 종료**: 게임이 종료되면 게임을 다시 시작해야 합니다. 이때 [다시하기] 오브젝트를 실행하기 위해 사용됩니다.

**함수 속성**

함수는 오브젝트 동작을 실행할 때 사용하며, 지정된 번호에 따라 블록 코딩을 합니다. 예를 들어, [벽돌] 오브젝트는 함수 2개로 구성되며, 함수 이름은 (오브젝트 이름 + 함수 동작 설명)으로 이루어집니다.

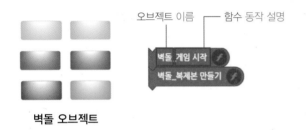

벽돌 오브젝트

## 2.2 오브젝트 역할

**벽돌 오브젝트**

[벽돌]은 [벽돌]을 쌓는 역할을 합니다. 36개의 모든 [벽돌] 오브젝트를 만들고 코딩하면 시간이 오래 걸립니다. 따라서 [벽돌] 오브젝트 1개를 사용해 6개 색상을 가진 벽돌을 복제해서 만듭니다.

**막대 바 오브젝트**

[막대 바]는 오른쪽, 왼쪽으로 이동하면서 공을 튕깁니다. 특별한 애니메이션 효과를 사용하지 않기 때문에 이미지 1개만 사용합니다. [막대 바]는 아두이노 조이스틱 실드의 스틱을 왼쪽으로 기울이면 왼쪽으로 이동하고, 오른쪽으로 기울이면 오른쪽으로 이동합니다. 또한, PC의 왼쪽 또는 오른쪽 화살표 키를 이용해서 동작을 제어할 수 있습니다.

## 공 오브젝트

[공]은 오른쪽, 왼쪽, 위쪽, 아래쪽으로 이동하면서 [벽돌]을 맞춥니다. [공]이 [막대 바] 오브젝트에 닿으면 공이 튕기면서 이동 방향에 있는 [벽돌]에 닿을 수 있습니다. [공]이 벽에 닿으면 반대 방향으로 튕깁니다.

## 공 그림자 오브젝트

[공 그림자]는 [공]의 그림자를 보여 줍니다. 시각 잔상 효과(Persistence of vision, POV)란 실제로는 없지만 있는 것처럼 느끼는 착시 현상입니다. 우리 뇌는 눈의 망막을 통해 사물 이미지를 전달받습니다. 뇌는 사물이 눈앞에서 사라져도 그 이미지를 남깁니다. 다시 말해 사물은 이미 눈앞에서 사라졌지만, 여전히 존재하는 것처럼 우리 뇌는 기억합니다. 이 게임에서는 공이 사라진 후에도 공이 남아 있는 것처럼 시각적인 작용이 남아 있는 착시 현상을 구현할 수 있습니다. 다음과 같이 [공] 오브젝트가 이동하면 [공] 이동 방향으로 여러 개의 [공]이 보였다 사라지는 애니메이션 효과를 줄 수 있습니다.

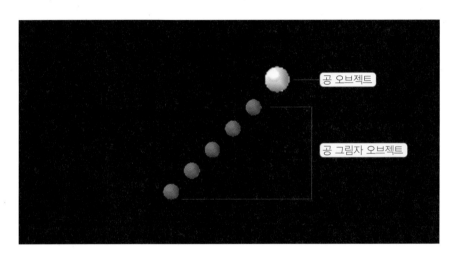

# ③ 함수 블록 코딩하기

블록 코딩은 오브젝트 4개로 구성되며, 함수 11개를 사용합니다. 아래 그림의 빨간색 숫자는 오브젝트 고유 번호, 파란색 숫자는 함수 번호, 초록색 글상자는 신호, 하늘색 글상자는 오브젝트 복제본, 빨간색 점선은 블록 코딩의 흐름을 나타냅니다. 코딩은 오브젝트 번호 순서대로 진행합니다.

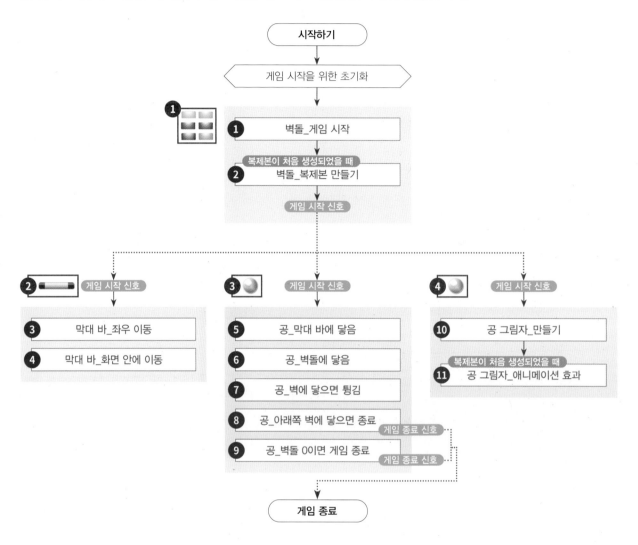

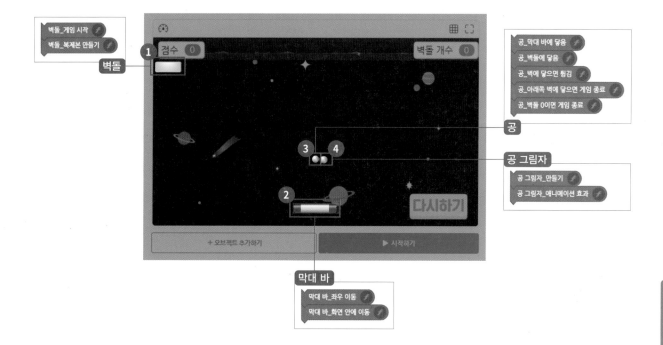

## 3.1 벽돌 오브젝트

## [벽돌_게임 시작] 함수

[▶시작하기] 버튼을 클릭하면 게임 시작 메시지를 1.5초 동안 표시하고 [벽돌 개수]를 36으로 설정합니다. 게임 시작 전에 벽돌을 만드는 동작이 필요합니다. 따라서 1번 함수(벽돌_게임 시작)는 36개의 벽돌 복제본을 만듭니다. 벽돌을 화면에 표시했다면, [게임 시작] 신호를 보내 게임을 시작합니다.

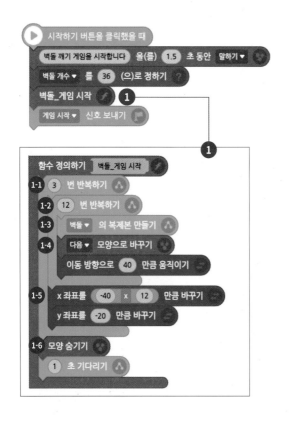

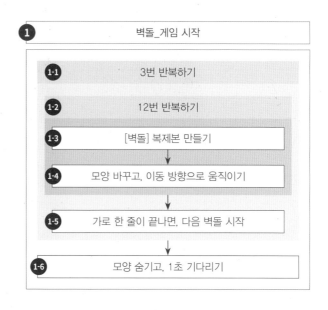

❶ [벽돌_게임 시작] 함수를 코딩합니다.

❶⁻¹ [벽돌] 오브젝트는 총 36개로 설정되어 있으며, 가로 12개×3줄로 구성할 수 있습니다. 3번 반복하기는 세로 3줄을 의미합니다.

❶⁻² 12번 반복하기는 가로 12개의 [벽돌]을 의미합니다. [벽돌] 36개를 만들 때 3×12=36번 반복합니다.

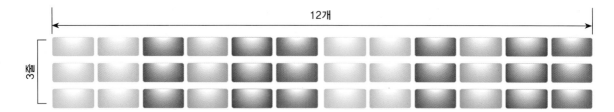

❶⁻³ [벽돌] 복제본을 만들기 시작합니다.

❶⁻⁴ [벽돌]을 6개 모양으로 바꾸면서 오른쪽 이동 방향으로 "40"만큼 이동해서 벽돌을 만듭니다.

**1-5** 가로 [벽돌] 12개를 모두 만들었다면, 두 번째 줄로 넘어가기 위해 x좌표와 y좌표의 위치를 지정합니다.

**1-6** [벽돌] 36개가 모두 만들어졌다면, 벽돌 모양을 숨기고 1초 기다립니다. 1초의 기다림 시간을 설정하면 벽돌을 바로 만들고 게임을 시작하는 것보다 게임 흐름을 부드럽게 만들어 사용자 준비 시간을 제공할 수 있습니다.

> **TIP**
>
> 프로그래밍을 할 때 지연 시간을 어떻게 설정하는지에 따라 게임 흐름이 달라집니다. 간단한 팁이지만 지연 시간 사용으로 게임 흐름을 제어하는 것은 매우 중요합니다.

## [벽돌_복제본 만들기] 함수

2번 함수(벽돌_복제본 만들기)는 [벽돌]에 [공]이 닿으면 실행되는 함수입니다. [복제본이 처음 생성되었을 때] 실행합니다.

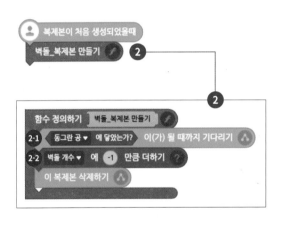
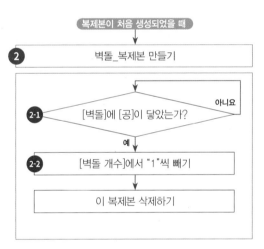

**2** [벽돌_복제본 만들기] 함수를 코딩합니다.

**2-1** [벽돌]에 [공]이 닿을 때까지 함수는 대기합니다. 만약 [벽돌]에 [공]이 닿으면 다음 블록을 실행합니다.

**2-2** 총 36개의 복제본이 만들어진 상태입니다. [공]은 36개의 [벽돌]에 무작위로 닿습니다. 따라서 36개의 [벽돌]이 독립적으로 실행되며, 만약 [벽돌]에 [공]이 닿으면 [벽돌]에서 숫자를 1개씩 빼고 이를 [벽돌 개수] 변수에 저장합니다. [벽돌 개수] 변수는 [공]이 [벽돌]에 닿을 때마다 36, 35, 34, 33… 0으로 저장합니다. 또한, [공]이 [벽돌]에 닿으면 [벽돌]이 사라지도록 복제본을 삭제합니다.

## 3.2 막대 바 오브젝트

### [막대 바_좌우 이동] 함수

3번 함수(막대 바_좌우 이동)는 아두이노 조이스틱 실드의 스틱 또는 PC 왼쪽/오른쪽 화살표 키를 이용해 [막대 바]를 이동하는 함수입니다. [게임 시작] 신호를 받으면 반복 실행합니다.

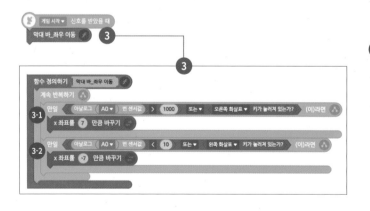

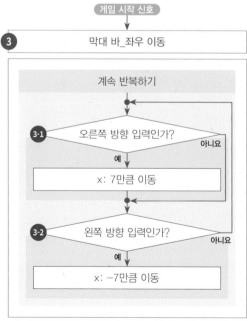

❸ [막대 바_좌우 이동] 함수를 코딩합니다.

❸-1 아두이노 조이스틱 실드의 스틱을 오른쪽으로 기울이거나(A0>1000) PC의 오른쪽 화살표 키를 눌렀을 때, x좌표가 "7"만큼 바뀌면서 [막대 바]가 오른쪽으로 이동합니다.

❸-2 아두이노 조이스틱 실드의 스틱을 왼쪽으로 기울이거나(A0<10) PC의 왼쪽 화살표 키를 눌렀을 때, x좌표가 "–7"만큼 바뀌면서 [막대 바]가 왼쪽으로 이동합니다.

## [막대 바_화면 안에 이동] 함수

4번 함수(막대 바_화면 안에 이동)는 [막대 바]가 화면 밖으로 벗어나지 않도록 하는 함수입니다. [막대 바]는 오른쪽 또는 왼쪽으로 이동하면서 화면 밖을 벗어날 수 있습니다. 따라서 화면 밖으로 벗어나지 않도록 다음과 같이 코딩합니다. [게임 시작] 신호를 받으면 반복 실행합니다.

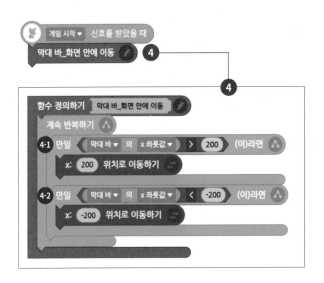

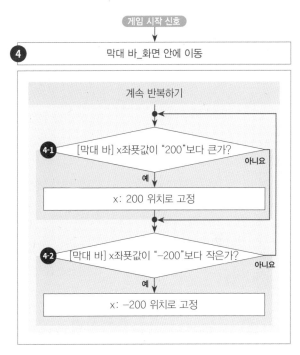

❹ [막대 바_화면 안에 이동] 함수를 코딩합니다.

❹-1 [막대 바]의 x좌푯값이 "200"보다 크다면, 화면 밖으로 이동된다고 판단해서 x좌표를 "200"으로 이동하여 [막대 바]가 오른쪽 화면 밖으로 벗어나지 않도록 합니다.

❹-2 [막대 바]의 x좌푯값이 "–200"보다 작다면, 화면 밖으로 이동된다고 판단해서 x좌표를 "–200"으로 이동하여 [막대 바]가 왼쪽 화면 밖으로 벗어나지 않도록 합니다.

## 3.3 공 오브젝트

[공] 오브젝트를 클릭하면, 중심점과 화살표(이동 방향 화살표)를 볼 수 있습니다. [공] 오브젝트를 코딩하기 전에 각도를 이해해야 합니다. 각도는 1회전의 360등분으로 정의됩니다. 엔트리에서는 방향과 이동 방향을 사용하는데, 이때 각도를 사용합니다.

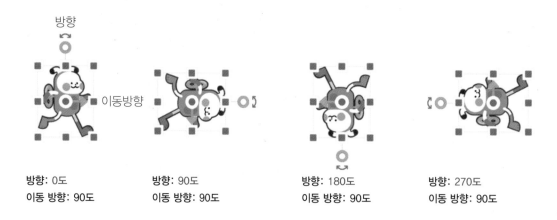

| 방향: 0도 | 방향: 90도 | 방향: 180도 | 방향: 270도 |
| 이동 방향: 90도 | 이동 방향: 90도 | 이동 방향: 90도 | 이동 방향: 90도 |

위쪽 방향을 0도로 했을 때 한 바퀴를 돌면 360도가 됩니다. [방향] 각도를 바꾸면 오브젝트 이미지가 각도만큼 회전합니다.

방향: 0도      방향: 0도      방향: 0도      방향: 0도
이동 방향: 0도    이동 방향: 90도    이동 방향: 180도    이동 방향: 270도

[이동 방향]은 노란색 화살표의 방향으로, [방향]이 가리키는 곳을 기준으로 한 각도입니다. [방향]을 바꾸면 오브젝트의 모양과 이동 방향 화살표가 함께 돌아가고, [이동 방향]만 바꾸면 오브젝트 모양은 그대로 있고, [이동 방향] 화살표만 돌아갑니다.

방향: 0도      방향: 45도      방향: 90도      방향: 180도
이동 방향: 90도    이동 방향: 180도    이동 방향: 270도    이동 방향: 0도
=〉90도        =〉225도        =〉360        =〉180도

[이동 방향으로 움직이기] 블록을 사용하면 노란색 화살표가 가리키는 방향으로 움직입니다. 예를 들어, [방향]: 0도, [이동 방향]: 90도라면, 오른쪽(90도 방향)으로 이동합니다.

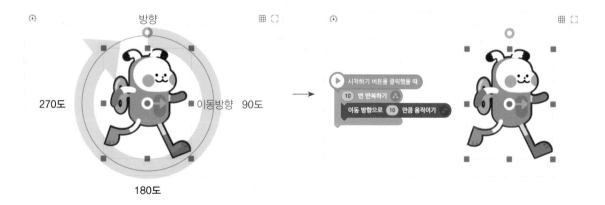

[공] 오브젝트는 [방향]과 [이동 방향]을 이용해 화면 안에서 움직입니다. [공]이 벽 또는 [벽돌], [막대 바]에 닿으면 [공]이 튕기는데, 튕기는 이동 방향을 결정해야 공이 부드럽게 움직일 수 있습니다.

오브젝트 목록의 [공] 오브젝트 정보를 보면, [방향]: 0도, [이동 방향]: 45도로 설정되어 있습니다. 따라서 [게임 시작] 신호를 받으면, 공은 2시 방향인 45도 각도로 이동하게 됩니다.

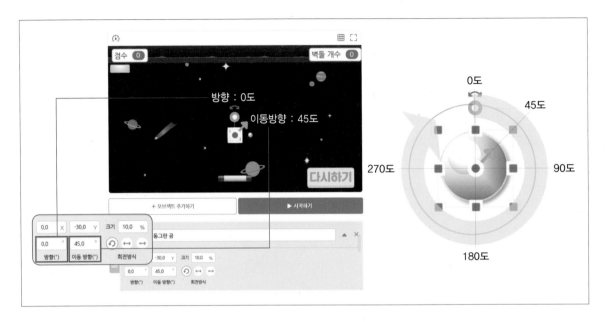

## [공_막대 바에 닿음] 함수

5번 함수(공_막대 바에 닿음)는 [공]이 [막대 바]에 닿으면 사용되는 함수입니다. [게임 시작] 신호를 받으면 반복 실행합니다.

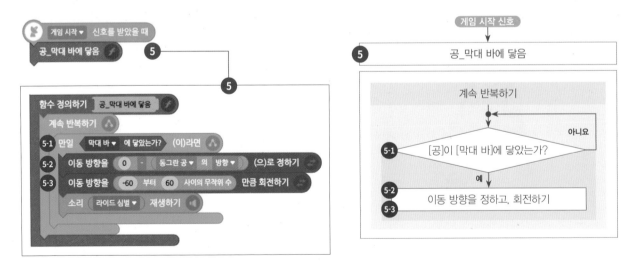

⑤ [공_막대 바에 닿음] 함수를 코딩합니다.

5-1 [공] 오브젝트가 [막대 바]에 닿았는지 판단합니다. [막대 바]에 닿았다면 다음 블록을 실행합니다.

**5-2** [공]이 [막대 바]에 닿으면 [공]의 이동 방향을 반대로 합니다. 처음 게임이 시작되면 [공]은 45도 각도로 [벽돌]을 향해 이동하고, [벽돌]을 맞으면 반대쪽 방향으로 이동합니다. 즉, 45도 방향에서 대략 170~190도 사이로 이동합니다. [공]이 [벽돌]을 맞고 [막대 바]로 이동할 때 [공]의 이동 방향이 180도(6시 방향)라면, [막대 바]에 닿은 후 [공]의 이동 방향은 0(공이 회전하지 않은 상태)에서 [공]의 방향을 뺀 0이 됩니다. 즉, [벽돌] 방향을 바라보게 됩니다.

**5-3** [공]이 비스듬하게 올라가도록 합니다. [공]의 이동 방향이 0이라면 [공]이 내려온 방향으로 바로 올라가기 때문에 그 자리에 벽돌이 없을 수도 있습니다. 따라서 [막대 바]의 이동 또는 [공]이 비스듬하게 맞은 현상을 표현하기 위해 "−60~60" 사이의 무작위 수만큼 회전하여, [공]이 0도로 올라가지 않도록 합니다. 참고로 −60은 360−60=300도와 같습니다.

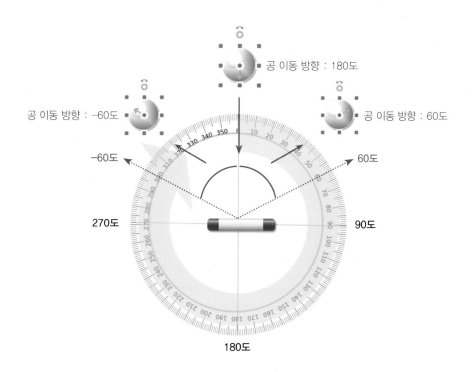

## [공_벽돌에 닿음] 함수

6번 함수(공_벽돌에 닿음)는 [공]이 [벽돌]에 닿으면 실행되는 함수입니다. [게임 시작] 신호를 받으면 반복 실행합니다.

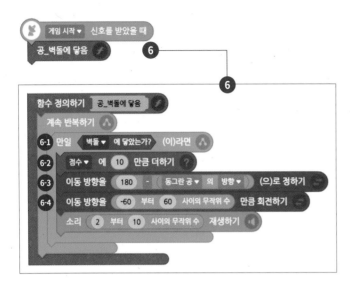

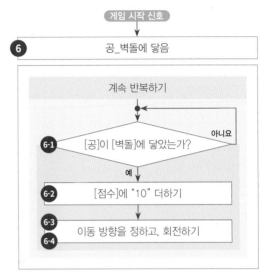

**6** [공_벽돌에 닿음] 함수를 코딩합니다.

**6-1** [공] 오브젝트가 [벽돌]에 닿았는지 판단합니다. [벽돌]에 닿으면 다음 블록을 실행합니다.

**6-2** [점수]에 "10"만큼 더합니다.

**6-3** [공]이 [벽돌]에 닿으면 반대 방향으로 이동 방향을 정합니다.

**6-4** [공]이 [막대 바] 쪽으로 이동할 때 이동 방향을 "-60~60"도 무작위로 회전합니다.

## [공_벽에 닿으면 튕김] 함수

7번 함수(공_벽에 닿으면 튕김)는 [공]이 [벽]에 닿을 때 사용되는 함수입니다. 오른쪽, 왼쪽, 위쪽 벽에 공이 닿으면 튕기도록 코딩합니다. 아래쪽 벽은 게임 종료를 의미합니다. [게임 시작] 신호를 받으면 반복 실행합니다.

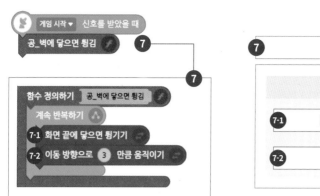

❼ [공_벽에 닿으면 튕김] 함수를 코딩합니다.

⑦-❶ [공] 오브젝트가 오른쪽, 왼쪽, 위쪽 화면 끝 벽에 닿으면 튕기기 동작을 합니다. 이 블록은 [공]이 벽에 닿으면 튕겨 반대 방향으로 이동하는 동작을 실행합니다. 회전각 없이 엔트리에서 자동으로 이동 방향을 판단하여 반대 방향으로 튕깁니다.

⑦-❷ 튕기는 동작을 할 때 이동 방향으로 "3"만큼 움직이면, [공]이 같은 각도에서 반복해서 튕기는 것을 방지할 수 있습니다. 또한 미세한 [공] 움직임을 설정할 수 있습니다.

## [공_아래쪽 벽에 닿으면 게임 종료] 함수

8번 함수(공_아래쪽 벽에 닿으면 게임 종료)는 [공]이 [막대 바]를 통과하여 아래쪽 바닥에 닿을 때 사용되는 함수입니다. [게임 시작] 신호를 받으면 반복 실행합니다.

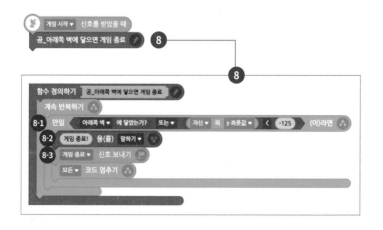

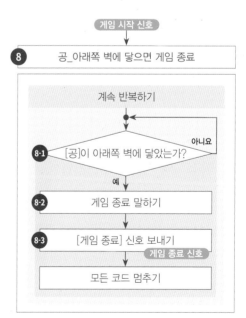

**8** [공_아래쪽 벽에 닿으면 게임 종료] 함수를 코딩합니다.

**8-1** [공]이 아래쪽 벽에 닿으면 게임을 종료합니다. 벽에 닿으면 튕기는 함수인 [공_벽에 닿으면 튕김] 함수 때문에, 가끔 아래쪽 벽에 닿아도 게임이 종료되지 않는 문제가 생길 수 있습니다. 따라서, [공] 위치가 [막대 바]의 y좌푯값인 "-125"보다 아래쪽에 위치한다면 게임을 종료하는 코드를 추가로 적용합니다.

**8-2** 게임 종료 말하기 블록을 실행해서 게임이 종료됨을 사용자에게 알립니다.

**8-3** [다시하기] 오브젝트를 실행하기 위해 [게임 종료] 신호를 보내고, 모든 코드를 멈춥니다.

## [공_벽돌 0이면 게임 종료] 함수

9번 함수(공_벽돌 0이면 게임 종료)는 [공]이 모든 [벽돌]을 맞출 때 사용되는 함수입니다. [게임 시작] 신호를 받으면 반복 실행합니다.

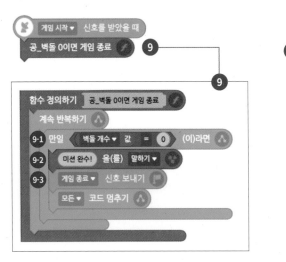
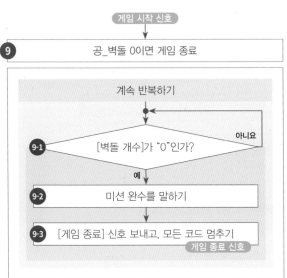

**9** [공_벽돌 0이면 게임 종료] 함수를 코딩합니다.

**9-1** [벽돌 개수] 값이 "0"이라면 다음 블록을 실행합니다.

**9-2** "미션 완수"라고 말합니다.

**9-3** [게임 종료] 신호를 보내고, 모든 코드를 멈춥니다. 미션이 완수되면 새로운 게임을 하거나 다음 레벨로 넘어가도록 게임을 디자인할 수 있습니다.

## 3.4 공 그림자 오브젝트

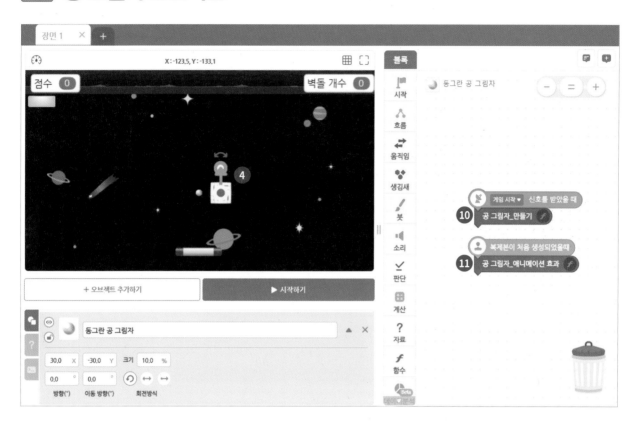

### [공 그림자_만들기] 함수

10번 함수(공 그림자_만들기)는 [공] 그림자를 만드는 함수입니다. [게임 시작] 신호를 받으면 반복 실행합니다.

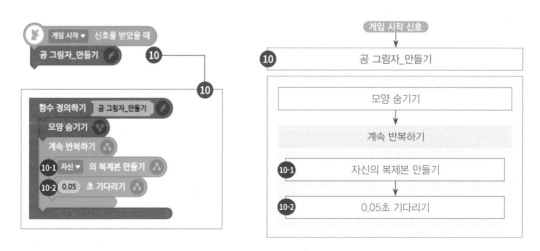

🔟 [공 그림자_만들기] 함수를 코딩합니다.

🔟-1 [공 그림자] 복제본을 만듭니다.

**10-2** 0.05초 동안 기다립니다. [공]을 따라다니는 여러 개의 [공 그림자]를 만들기 위해서는 일정 간격으로 복제본이 만들어져야 합니다. 0.05초, 0.1초, 1초 등 시간을 변경하면 애니메이션 그림자 효과에 영향을 줍니다. 그림자를 많이 보이고 싶다면 시간을 0.01초로 변경합니다.

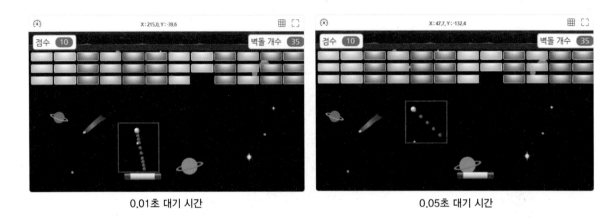

0.01초 대기 시간            0.05초 대기 시간

## [공 그림자_애니메이션 효과] 함수

11번 함수(공 그림자_애니메이션 효과)는 애니메이션 효과와 위치를 지정하는 함수입니다. [복제본이 처음 생성되었을 때] 실행합니다.

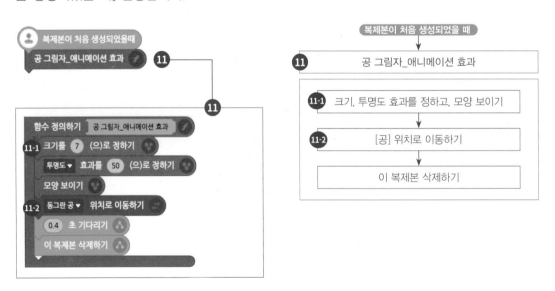

**11** [공 그림자_애니메이션 효과] 함수를 코딩합니다.

**11-1** [공 그림자] 오브젝트 크기와 투명도를 조절하고 모양을 보이게 합니다.

**11-2** [공 그림자] 위치를 [공] 위치로 이동하고 0.4초 기다린 후 복제본을 삭제합니다. [공]은 이동 방향으로 이동하기 때문에 공 위치로 이동한 후 복제본을 삭제하게 되면 잔상이 보이는 효과가 발생합니다.

# ④ 게임 동작 확인

이 장에서는 엔트리에서 오브젝트를 제어할 때 필요한 개념인 방향과 이동 방향에 대해 알아보았습니다. 이를 통해 [공] 오브젝트가 어떤 방향으로 이동하는지 알 수 있습니다. [화면 끝에 닿으면 튕기기] 블록은 이동 방향의 반대 방향으로 이동해야 하는 경우 매우 편리하게 사용할 수 있습니다.

함수 블록 코딩이 모두 완료가 되었다면, 엔트리를 실행합니다. [막대 바]로 [공]을 튕기면서 [벽돌]을 맞추면 점수를 얻습니다. [공]이 [막대 바]를 통과하면 게임은 종료됩니다.

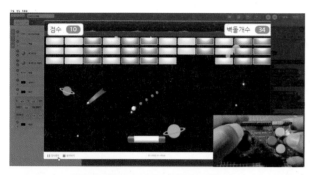
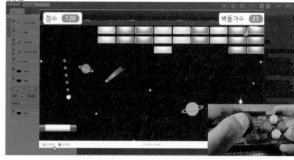

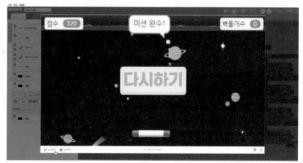

https://youtu.be/8HtXQCToawo

# 5 생각하기

게임의 재미를 위해 [공]이 [우주선 탄 엔트리봇]에 닿으면 점수를 올리도록 할 수 있습니다. [우주선에 탄 엔트리봇] 오브젝트를 추가하여 블록 코딩을 해 봅니다.

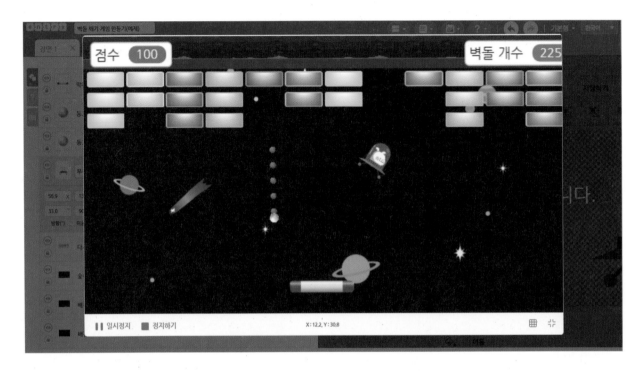

## 5장

# 선물 뽑기 게임 만들기

선물 뽑기 게임은 [로봇팔]을 사용해 [선물]을 뽑는 아케이드 시뮬레이션 게임으로, 현실 세계의 사건이나 현상을 가상으로 구현한 게임입니다. [로봇팔]을 오른쪽/왼쪽(x축) 또는 앞/뒤로(z축) 이동해서 [선물]을 뽑을 수 있으며, [선물]을 [바구니]에 넣으면 점수를 얻습니다.

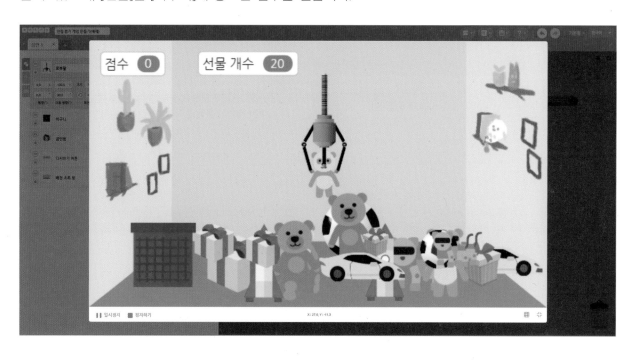

 예제파일 : 선물 뽑기 게임 만들기(예제).ent
완성파일 : 선물 뽑기 게임 만들기(완성).ent

# ① 게임 이해하기

## 1.1 게임 테마

게임 테마(방 탈출)　선물 뽑기 달인이 되어 가상 세계 속 방을 탈출하세요.

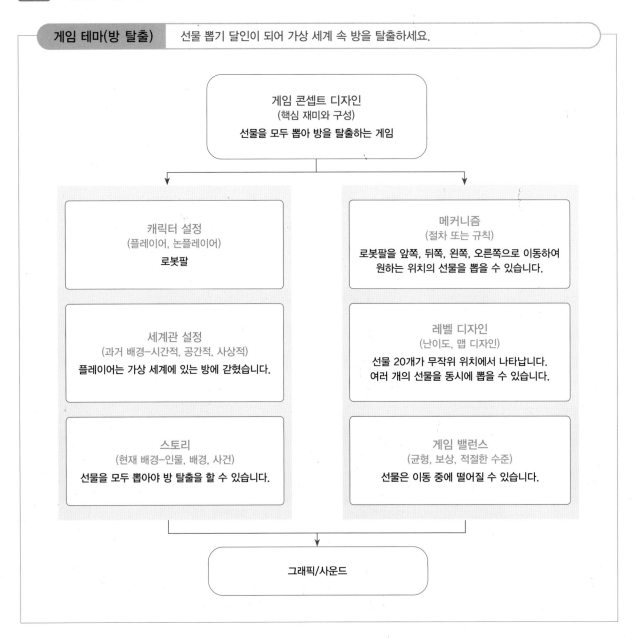

**게임 콘셉트 디자인**
(핵심 재미와 구성)
선물을 모두 뽑아 방을 탈출하는 게임

**캐릭터 설정**
(플레이어, 논플레이어)
로봇팔

**세계관 설정**
(과거 배경-시간적, 공간적, 사상적)
플레이어는 가상 세계에 있는 방에 갇혔습니다.

**스토리**
(현재 배경-인물, 배경, 사건)
선물을 모두 뽑아야 방 탈출을 할 수 있습니다.

**메커니즘**
(절차 또는 규칙)
로봇팔을 앞쪽, 뒤쪽, 왼쪽, 오른쪽으로 이동하여
원하는 위치의 선물을 뽑을 수 있습니다.

**레벨 디자인**
(난이도, 맵 디자인)
선물 20개가 무작위 위치에서 나타납니다.
여러 개의 선물을 동시에 뽑을 수 있습니다.

**게임 밸런스**
(균형, 보상, 적절한 수준)
선물은 이동 중에 떨어질 수 있습니다.

**그래픽/사운드**

## 1.2 게임 구성

[로봇팔]을 컨트롤하면서 [선물]을 뽑는 구성입니다. [게임 시작] 신호와 [게임 종료] 신호를 이용해 게임 흐름을 제어합니다.

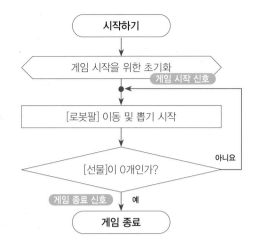

## 1.3 게임 동작

❶ [▶시작하기] 버튼을 클릭하면, [선물] 오브젝트가 게임 시작을 알립니다.

❷ [선물]은 20개의 다양한 선물 모양을 복제해서 만듭니다.

❸ [로봇팔] 오브젝트를 오른쪽, 왼쪽, 앞쪽, 뒤쪽으로 움직이고, 원하는 위치에 도착하면 D3 또는 스페이스 키를 누릅니다.

❹ [로봇팔]은 자동으로 [선물]을 잡고 [바구니] 위치로 이동 후 [선물]을 [바구니]에 넣는 동작을 수행합니다.

❺ [선물]이 0이 되면 게임은 종료됩니다.

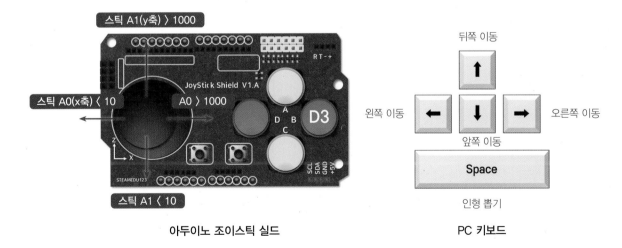

아두이노 조이스틱 실드 　　　　　 PC 키보드

# ❷ 구조 이해하기

선물 뽑기 게임의 오브젝트는 2개입니다. [선물], [로봇팔]로 구성되며, [다시하기] 오브젝트는 공통으로 사용하는 구성으로 1장을 참고합니다.

## 2.1 속성

변수 속성

❶ **점수**: [로봇팔] 오브젝트가 [선물]을 [바구니]에 넣으면 점수를 저장합니다.

❷ **선물 개수**: [선물] 오브젝트 개수를 저장합니다. [선물] 20개가 초깃값으로 설정됩니다.

❸ **로봇팔x값**: [로봇팔]이 오른쪽, 왼쪽으로 이동할 때 x값이 저장됩니다.

❹ **로봇팔y값**: [로봇팔]이 아래쪽, 위쪽으로 이동할 때 y값이 저장됩니다.

❺ **로봇팔z값**: [로봇팔] 앞쪽, 뒤쪽으로 이동할 때 z값이 저장됩니다.

**TIP**

도형은 점, 선, 면, 입체의 집합입니다. 0차원 점이 움직여 1차원 선이 되고, 1차원 선이 움직여 2차원 면이 되고, 2차원 면이 움직여 3차원 입체 공간이 됩니다. 입체 공간에 따라 [로봇팔] x, y, z값을 사용할 수 있습니다.

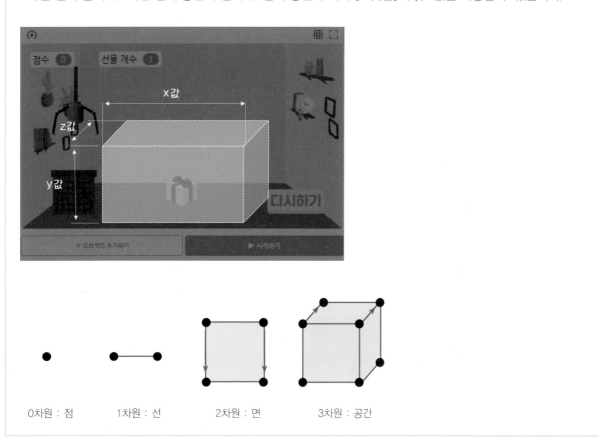

| 0차원 : 점 | 1차원 : 선 | 2차원 : 면 | 3차원 : 공간 |
|:---:|:---:|:---:|:---:|

❻ **로봇팔 움직임 단계**: 1~4단계로 로봇팔의 움직임을 저장합니다. 1단계는 [로봇팔]이 자동으로 [선물]을 잡기 위해 아래쪽으로 이동하는 동작, 2단계는 [로봇팔]이 [선물]을 잡는 동작, 3단계는 [로봇팔]이 [선물]을 잡고 이동하는 동작, 4단계는 [선물]을 바구니에 넣는 동작입니다.

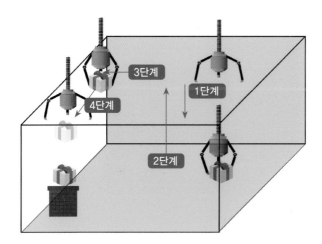

❶ **게임 시작**: [▶시작하기] 버튼을 선택하면 [게임 시작] 신호를 각 오브젝트에 보내어 게임 시작을 알립니다.

❷ **게임 종료**: 게임이 종료되면 게임을 다시 시작해야 합니다. 이때 [다시하기] 오브젝트를 실행할 때 사용됩니다.

❸ **선물 뽑기 시작**: 원하는 위치로 [로봇팔]을 움직인 후 버튼을 누르면 [로봇팔]이 [선물]을 잡고 [바구니]에 자동으로 옮기는 동작을 실행할 때 사용됩니다.

**함수 속성**

함수 속성은 오브젝트 동작을 실행할 때 사용합니다. 지정된 번호에 따라 블록 코딩을 합니다. 예를 들어, [선물] 오브젝트는 함수 3개로 구성되며, 함수 이름은 (오브젝트 이름 + 함수 동작 설명)으로 이루어집니다.

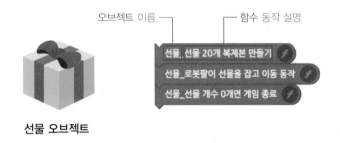

오브젝트 이름 ─┐            ┌─ 함수 동작 설명

선물_선물 20개 복제본 만들기
선물_로봇팔이 선물을 잡고 이동 동작
선물_선물 개수 0개면 게임 종료

**선물 오브젝트**

## 2.2 오브젝트 역할

### 선물 오브젝트

[선물]은 여러 모양의 선물을 화면에 표시합니다. 만약 [선물]이 20개라면 각각의 [선물] 오브젝트를 만들고 코딩하는 데에 시간이 오래 걸립니다. 따라서 [선물] 오브젝트 1개로 다양한 모양을 가진 [선물] 오브젝트 20개를 복제해서 표시할 수 있습니다.

### 로봇팔 오브젝트

[로봇팔]은 오른쪽, 왼쪽, 뒤쪽, 앞쪽으로 이동하기 위해 아두이노 조이스틱 실드의 스틱을 원하는 방향으로 제어합니다. [로봇팔]은 이미지 2개로 구성되며, 로봇팔 펼치기, 로봇팔 잡기 동작 애니메이션에 사용됩니다.

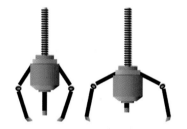

[로봇팔]이 x축으로 이동할 때, 아두이노 조이스틱 실드의 스틱을 왼쪽 또는 오른쪽으로 기울이면, [로봇팔]이 왼쪽 또는 오른쪽 이동합니다. z축으로 이동할 때는 아두이노 조이스틱 실드의 스틱을 위쪽 또는 아래쪽으로 기울이면, [로봇팔]이 앞쪽 또는 뒤쪽으로 이동합니다. y축으로 이동할 때는 아두이노 조이스틱 실드의 D3 버튼을 누르면, [로봇팔]이 아래로 이동합니다. 또한, PC의 왼쪽, 오른쪽, 위쪽, 아래쪽 화살표 키 그리고 스페이스 키를 이용해서 동작을 제어할 수도 있습니다.

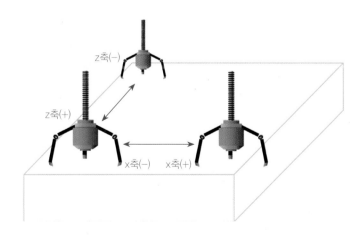

## ③ 함수 블록 코딩하기

블록 코딩은 오브젝트 2개로 구성되며, 함수 15개를 사용합니다. 아래 그림의 빨간색 숫자는 오브젝트 고유 번호, 파란색 숫자는 함수 번호, 초록색 글상자는 신호, 하늘색 글상자는 오브젝트 복제본, 빨간색 점선은 블록 코딩의 흐름을 나타냅니다. 코딩은 오브젝트 번호 순서대로 진행합니다.

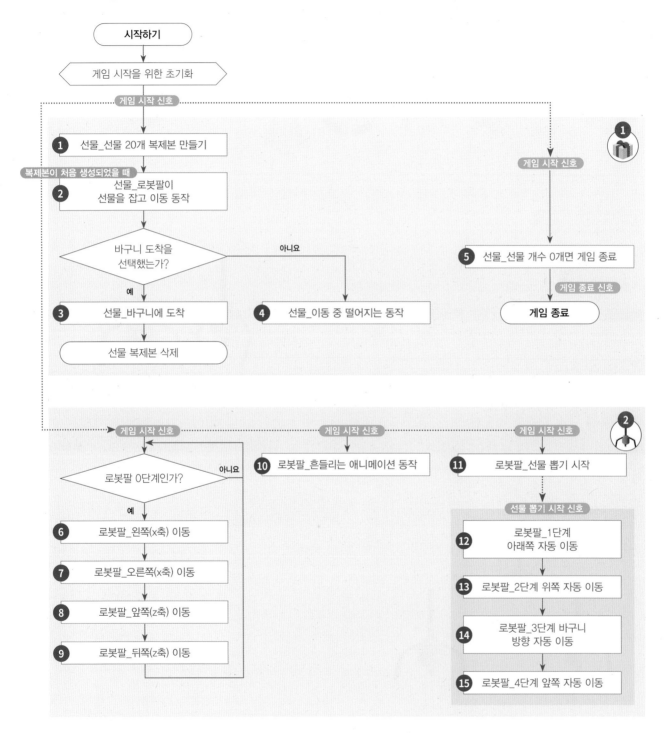

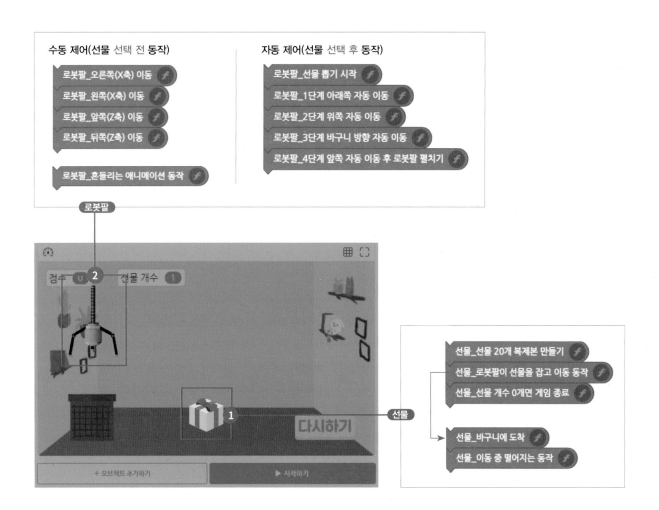

# 3.1 선물 오브젝트

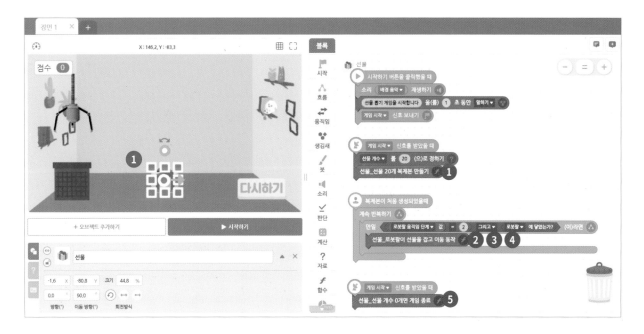

## 게임 초기화

[▶시작하기] 버튼을 클릭하면 배경 음악을 재생
하고, 게임 시작을 메시지를 1초 동안 표시한 뒤
[게임 시작] 신호를 보냅니다.

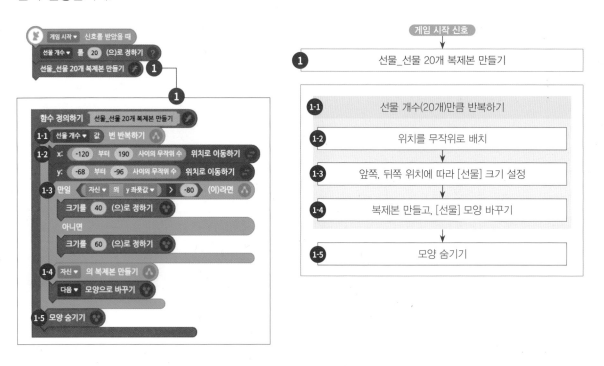

## [선물_선물 20개 복제본 만들기] 함수

1번 함수(선물_선물 20개 복제본 만들기)는 [선물] 20개를 만드는 함수입니다. [게임 시작] 신호를 받으면
반복 실행합니다.

❶ [선물_선물 20개 복제본 만들기] 함수를 코딩합니다.

①-① [선물 개수] 값을 "20"으로 정합니다. 물론 100개 등 원하는 만큼 개수를 정할 수 있습니다. [선물 개
수]가 20으로 설정됐기 때문에 [선물 개수] 값만큼 20번 반복해서 복제본을 만들 수 있습니다.

①-② 배경 화면 바닥에 [선물]을 골고루 배치합니다. [선물] 오브젝트의 위치를 x좌표 −120~190, y좌표
−68~−96으로 무작위로 설정합니다.

①-③ [선물] 크기를 변경합니다. [선물]이 뒤쪽 멀리 있으면(y좌푯값이 −80보다 크다면) [선물] 크기가 작아
보이므로 "40"으로 정하고, 앞쪽 가까이 있으면 [선물]이 커 보이므로 크기를 "60"으로 정합니다.

**TIP**

거리에 따라 점점 작고 커지는 거리감과 깊이감을 표현하는 방법을 원근법이라고 합니다. 물체가 멀어질수록 물체의 크기는 축소되어 보이는데, 원근법에서는 이 점을 이용해 깊이를 줄 수 있습니다. 따라서 [선물]과 [로봇 팔]이 z축으로 이동할 때 눈으로부터 멀어지면 크기가 축소되는 현상을 이용해 원근법을 구현할 수 있습니다.

**1-4** 복제본을 만들고 (다음) 모양으로 바꿉니다.

**1-5** 복제본이 처음 생성될 때까지 [선물] 모양을 숨깁니다.

## [선물_로봇팔이 선물을 잡고 이동 동작] 함수

2번 함수(선물_로봇팔이 선물을 잡고 이동 동작)는 [선물]에 [로봇팔]이 닿으면 [선물]이 이동하여 [바구니]에 떨어지거나 이동 중 떨어지는 함수입니다. 로봇팔 2단계 및 [로봇팔]이 [선물]에 닿았는지 판단한 후 함수를 실행합니다. 로봇팔 2단계 동작은 [로봇팔]이 [선물]을 잡고 자동으로 위로 올라가는 동작입니다.

```
복제본이 처음 생성되었을때
계속 반복하기
  만일   로봇팔 움직임 단계▼ 값  =  2  그리고▼  로봇팔▼ 에 닿았는가?  (이)라면
    선물_로봇팔이 선물을 잡고 이동 동작   ② 2

② 2

함수 정의하기   선물_로봇팔이 선물을 잡고 이동 동작
2-1 만일   자신▼ 의  y 좌푯값▼  ≤   로봇팔Y값▼ 값  -  15  그리고▼   자신▼ 의  y 좌푯값▼  ≥   로봇팔Y값▼ 값  -  20   (이)라면
  2-2 만일   1  부터  5  사이의 무작위 수  >  1   (이)라면
      선물_바구니에 도착   3
      이 복제본 삭제하기
  2-3 아니면
      선물_이동 중 떨어지는 동작   4
```

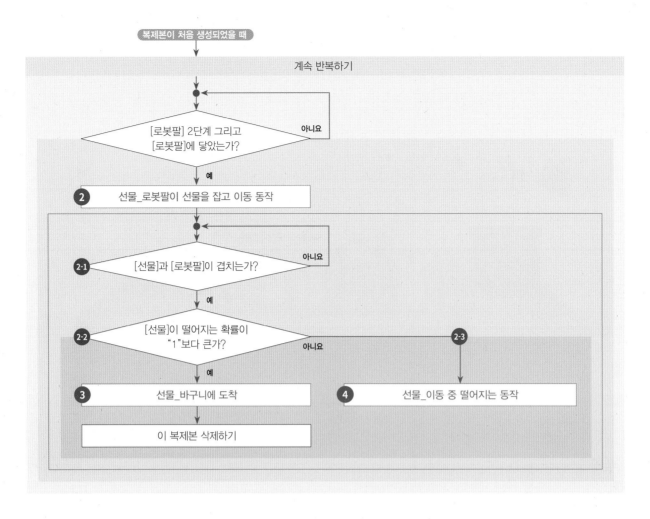

❷ [선물_로봇팔이 선물을 잡고 이동 동작] 함수를 코딩합니다. [로봇팔]이 [선물]과 닿았을 때 [로봇팔]과
함께 이동할지, [로봇팔]에서 떨어질지 판단해서 동작합니다.

❷-❶ [선물] 오브젝트에 [로봇팔]이 닿았을 때, [선물]의 y좌푯값을 [로봇팔]의 전체 영역이 아닌 제한 범위
로 설정합니다. [로봇팔] y값에서 15~20을 뺀 범위를 y좌푯값으로 설정하여, [선물]이 [로봇팔]의 설
정한 영역에 닿았을 때 [선물] 이동을 결정합니다.

❷-❷ 1~5 사이의 무작위 수가 "1"보다 크다면, [선물]이 정상적으로 [바구니]에 도착합니다.

❷-❸ 1~5 사이의 무작위 수가 "1"이라면, [선물]이 이동 중 떨어집니다. [1부터 5 사이의 무작위 수 > 3]으
로 설정하면 [로봇팔]이 [선물]을 잡고 이동할 때 [선물]을 더 많이 떨어뜨립니다.

## [선물_바구니에 도착] 함수

3번 함수(선물_바구니에 도착)는 [선물]이 [바구니]에 도착 후 실행되는 함수입니다. 로봇팔 4단계 동작은 [로봇팔]이 [바구니]에 [선물]을 자동으로 넣는 동작입니다. [바구니]에 도착 후 점수를 더하고, 복제본을 삭제합니다.

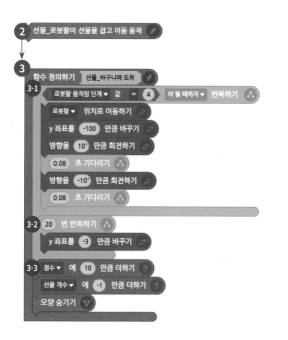

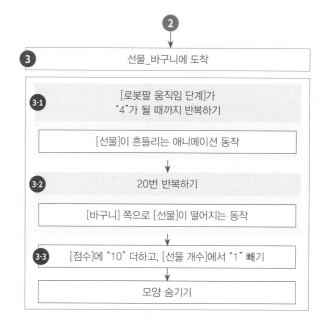

**❸** [선물_바구니에 도착] 함수를 코딩합니다.

**❸-1** 로봇팔 움직임 1~3단계 동작 동안 반복해서 [선물]이 [로봇팔] 위치로 이동하고 흔들리는 애니메이션 동작을 실행합니다.

**❸-2** 로봇팔 움직임 4단계가 되면, y좌표를 "–3"만큼 "20"번 바꾸어 [바구니] 방향으로 [선물]이 떨어지는 동작을 실행합니다.

**❸-3** [선물]이 [바구니]에 들어가면, [점수]에 "10"을 더하고, [선물 개수]에서 "1"을 뺀 후 해당 [선물]을 숨깁니다.

4번 함수(선물_이동 중 떨어지는 동작)는 [선물]이 이동할 때 바닥으로 떨어지도록 실행하는 함수입니다. 현실에서 선물 뽑기의 [로봇팔]은 잡는 힘이 약하고 좌우로 흔들려서 [선물]이 쉽게 떨어집니다. 따라서 비슷한 효과를 표현하기 위해 [로봇팔]에서 [선물]이 떨어지는 동작을 구현합니다. 로봇팔 3단계 동작은 [로봇팔]이 [바구니] 위치로 자동으로 이동하는 동작입니다.

❹ [선물_이동 중 떨어지는 동작] 함수를 코딩합니다.

❹-1 [선물]이 이동 중 떨어지는 동작을 실행합니다. 로봇팔 움직임 1~2단계 동안 반복해서 [선물] 위치를 [로봇팔]로 이동합니다. (3-1)과 동일한 동작으로 애니메이션을 적용할 수 있지만, 바닥으로 떨어지는 [선물] 오브젝트를 구분하기 위해 애니메이션을 적용하지 않고 [선물] 위치만 적용합니다.

❹-2 바닥으로 [선물]이 떨어지는 동작을 실행합니다. y좌표를 "–3"만큼 "25"번 바꾸어 현재 위치에서 y: –75만큼 [선물]이 아래로 이동합니다.

5번 함수(선물_선물 개수 0개면 게임 종료)는 모든 [선물]을 [바구니]에 넣을 때 사용되는 게임 종료 함수입니다. [게임 시작] 신호를 받으면 반복 실행합니다.

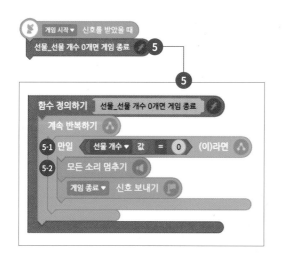

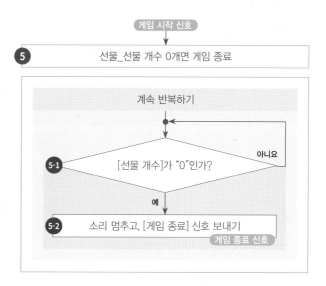

⑤ [선물_선물 개수 0개면 게임 종료] 함수를 코딩합니다.

5-1 [선물 개수]가 "0"인지 판단합니다.

5-2 [선물 개수]가 "0"이라면, 모든 소리를 멈춥니다. [게임 종료] 신호를 보내고 게임을 종료합니다. [게임 종료] 신호를 받으면 [다시하기] 오브젝트가 실행됩니다.

## 3.2 로봇팔 오브젝트(수동)

[로봇팔]은 [로봇팔] 수동 제어와 [로봇팔] 자동 제어 동작으로 구분합니다.

[로봇팔] 수동 제어는 아두이노 조이스틱 실드의 스틱을 이용해 [로봇팔]을 오른쪽, 왼쪽, 뒤쪽, 앞쪽으로 이동합니다. [로봇팔 움직임 단계] 0은 수동 제어 모드입니다. 현실에서 [로봇팔]이 흔들거리는 효과를 주기 위한 함수도 함께 구현합니다. 함수 6~10번은 수동 제어 함수입니다.

[로봇팔] 자동 제어는 아두이노 조이스틱 실드의 D3 버튼(선물 잡기 시작)을 누르면 [로봇팔 움직임 단계]가 1~4단계의 동작을 실행합니다. [로봇팔]은 자동으로 [선물]을 잡고 [바구니]로 이동해서 [선물]을 [바구니]에 넣는 동작을 합니다. 함수 11~15번은 자동 제어 함수입니다.

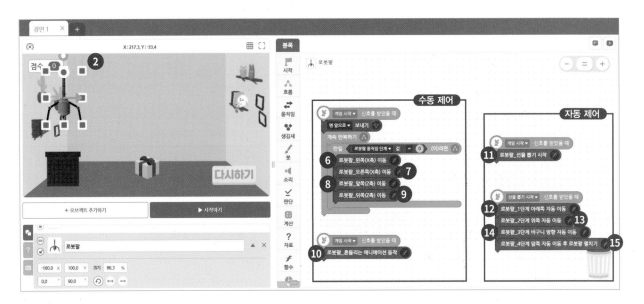

## [로봇팔_왼쪽(x축) 이동] 함수

6번 함수(로봇팔_왼쪽(x축) 이동)는 아두이노 조이스틱 실드의 왼쪽 또는 PC의 왼쪽 화살표 키를 선택하여 [로봇팔]을 왼쪽으로 이동하는 함수입니다. [게임 시작] 신호를 받으면 반복 실행합니다.

[로봇팔]의 시작 지점을 설정하기 위해 현재 위치인 절대 좌표 x: −160을 상대 좌표 x: 0으로 설정합니다. 상대 좌표를 사용하는 이유는 [로봇팔] 좌표를 설정할 때 더 이해하기 쉽기 때문입니다.

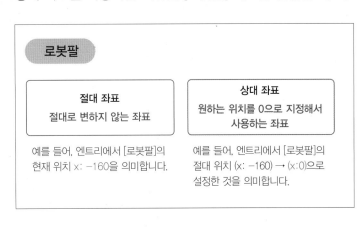

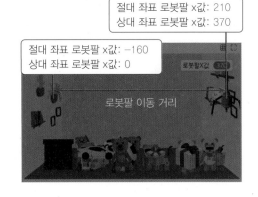

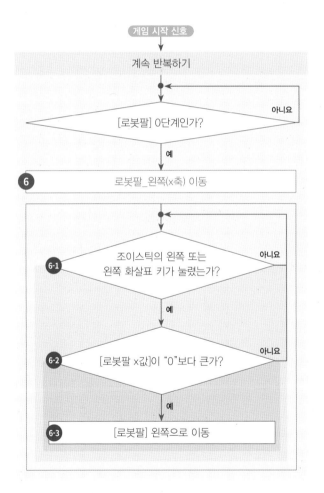

게임 시작 신호

계속 반복하기

[로봇팔] 0단계인가? — 아니요

예

⑥ 로봇팔_왼쪽(x축) 이동

6-1 조이스틱의 왼쪽 또는 왼쪽 화살표 키가 눌렀는가? — 아니요

예

6-2 [로봇팔 x값]이 "0"보다 큰가? — 아니요

예

6-3 [로봇팔] 왼쪽으로 이동

⑥ [로봇팔_왼쪽(x축) 이동] 함수를 코딩합니다.

6-1 [로봇팔 움직임 단계]가 0단계(수동 모드)이면 왼쪽으로 이동할 수 있습니다. 아두이노 조이스틱 실드의 왼쪽(A0⟨10) 또는 PC의 왼쪽 화살표 키가 눌렸는지 판단합니다.

6-2 [로봇팔 x값]이 "0"보다 큰지 판단합니다. [로봇팔]의 시작 위치가 x: 0이기 때문에, 0보다 작다면 왼쪽으로 이동할 수 없습니다.

6-3 [로봇팔 x값]이 "0"보다 크다면 x좌표를 "−1"만큼 이동하고 [로봇팔 x값]에 "−1"을 더합니다.

## [로봇팔_오른쪽(x축) 이동] 함수

7번 함수(로봇팔_오른쪽(x축) 이동)는 아두이노 조이스틱 실드의 오른쪽 또는 PC의 오른쪽 화살표 키를 선택하여 로봇팔이 오른쪽으로 이동하는 함수입니다.

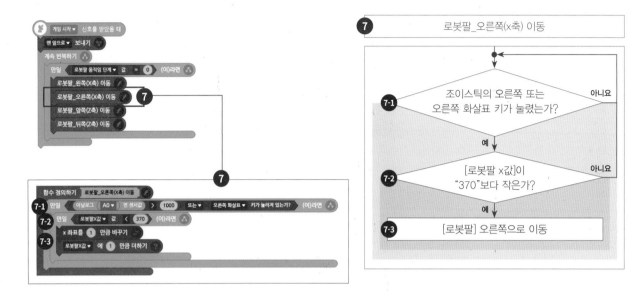

**7** [로봇팔_오른쪽(x축) 이동] 함수를 코딩합니다.

**7-1** [로봇팔 움직임 단계]가 0단계(수동 모드)이면 오른쪽으로 이동할 수 있습니다. 아두이노 조이스틱 실드의 오른쪽(A0>1000) 또는 PC 오른쪽 화살표 키가 눌렸는지 판단합니다.

**7-2** [로봇팔]이 오른쪽 화면 밖으로 이동하지 않도록 설정하기 위해 [로봇팔 x값]이 "370"보다 작은지 판단합니다. 370보다 크다면 오른쪽으로 이동할 수 없습니다.

**7-3** [로봇팔]의 x좌표를 "1"만큼 이동하고, [로봇팔 x값]에 "1"을 더합니다.

## [로봇팔_앞쪽(z축) 이동] 함수

8번 함수(로봇팔_앞쪽(z축) 이동)는 아두이노 조이스틱 실드의 아래쪽 또는 PC 아래쪽 화살표 키를 선택하여 로봇팔이 앞쪽으로 이동하는 함수입니다. [로봇팔 z값]은 앞쪽이 "0", 뒤쪽이 "10"으로 설정됩니다. 즉, [로봇팔]이 뒤쪽으로 멀어질수록 0, 1, 2, 3, … 10으로 값이 커집니다.

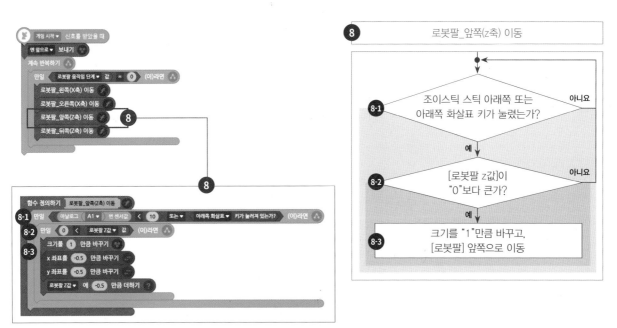

❽ [로봇팔_앞쪽(z축) 이동] 함수를 코딩합니다.

❽-❶ [로봇팔 움직임 단계]가 0단계(수동 모드)이면 앞쪽(z축)으로 이동할 수 있습니다. 아두이노 조이스틱 실드의 아래쪽(A1<10) 또는 PC 아래쪽 화살표 키가 눌렸는지 판단합니다.

❽-❷ [로봇팔 z값]이 "0"보다 큰지 판단합니다. z값의 처음 시작 값은 0으로, 0보다 작다면 앞쪽으로 이동할 수 없습니다.

❽-❸ [로봇팔 z값]이 "0"보다 크다면, [로봇팔]이 뒤쪽에 있다고 판단할 수 있습니다. 뒤쪽에서 앞쪽으로 다가오면서 원근법에 따라 크기가 커지는 효과를 주기 위해 크기에 "1"만큼 더합니다. 크기가 커진 만큼 x, y 좌표를 "−0.5"만큼 각각 보정합니다. 상대 좌푯값을 사용하기 때문에 [로봇팔 z값]에 "−0.5"만큼 더합니다.

9번 함수(로봇팔_뒤쪽(z축))는 아두이노 조이스틱 실드의 위쪽 또는 PC 위쪽 화살표 키를 선택하여 [로봇팔]이 뒤쪽으로 이동하는 함수입니다.

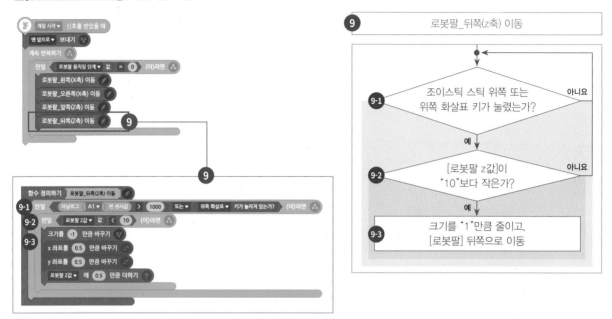

**9** [로봇팔_뒤쪽(z축) 이동] 함수를 코딩합니다.

**9-1** [로봇팔 움직임 단계]가 0단계(수동 모드)이면 뒤쪽(z축)으로 이동할 수 있습니다. 아두이노 조이스틱 실드의 위쪽(A1>1000) 또는 PC의 위쪽 화살표 키가 눌렸는지 판단합니다.

**9-2** [로봇팔 z값]이 "10"보다 작은지 판단합니다. z값 최대 이동 거리는 10이기 때문에, 10보다 크다면 뒤쪽으로 이동할 수 없습니다.

**9-3** [로봇팔 z값]이 "10"보다 작다면, [로봇팔]이 앞쪽에 있다고 판단할 수 있습니다. 따라서 앞쪽에서 뒤쪽으로 멀어지면서 원근법에 따라 크기가 작아지는 효과를 주기 위해 크기에 "−1"만큼 더합니다. 크기가 작아진 만큼 x, y 좌표를 "0.5"만큼 각각 보정합니다. 상대 좌푯값을 사용하기 때문에 [로봇팔 z값]에 "0.5"만큼 더합니다.

## [로봇팔_흔들리는 애니메이션 동작] 함수

10번 함수(로봇팔_흔들리는 애니메이션 동작)는 [로봇팔]이 이동할 때 흔들리는 효과를 주는 애니메이션 함수입니다. [게임 시작] 신호를 받으면 반복 실행합니다.

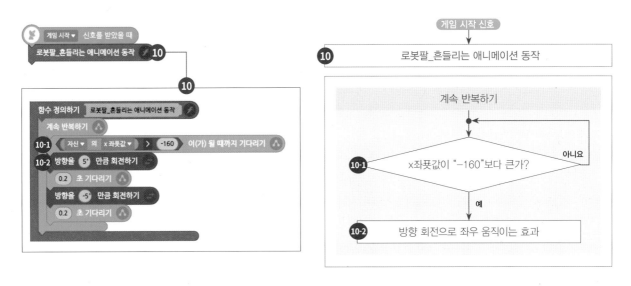

⑩ [로봇팔_흔들리는 애니메이션 동작] 함수를 코딩합니다.

🔟-1 [로봇팔]의 x좌푯값이 "-160"보다 클 때까지 기다립니다. x: -160은 [로봇팔]의 절대 좌푯값(시작 위치)을 의미하며, 상대 좌표로는 [로봇팔 x값] 0과 같은 의미입니다. 즉, [로봇팔 x값]이 0보다 클 때까지 기다리는 동작과 같습니다.

🔟-2 [로봇팔]이 이동하면 방향을 "5" 또는 "-5"로 회전하여 흔들리는 애니메이션 효과를 적용합니다. 참고로, [로봇팔]이 오른쪽, 왼쪽으로 움직이는 효과를 위해 중심점은 제일 위로 이동되어 있습니다.

## 3.3 로봇팔 오브젝트(자동)

로봇팔 자동 제어는 아두이노 조이스틱 실드의 D3 버튼(선물 잡기 시작)을 누르면 1~4단계의 동작을 합니다. 단계에 따라 [로봇팔]이 자동으로 [선물]을 잡고 [바구니]로 이동해서 [선물]을 넣습니다. 함수 11~15번은 [로봇팔] 자동 제어를 위한 함수입니다.

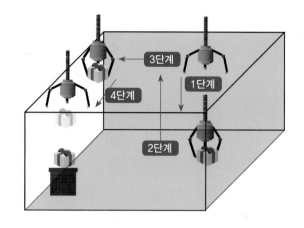

### [로봇팔_선물 뽑기 시작] 함수

11번 함수(로봇팔_선물 뽑기 시작)는 [로봇팔]이 자동 시작되는 함수입니다. [게임 시작] 신호를 받으면 반복 실행합니다.

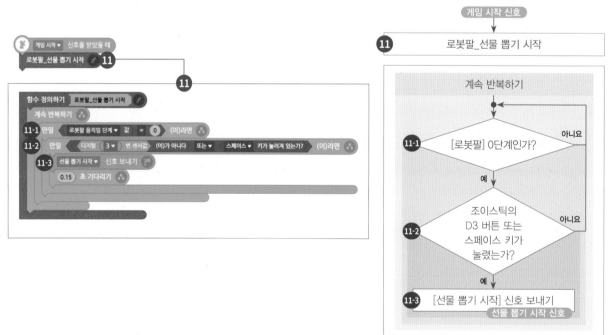

⑪ [로봇팔_선물 뽑기 시작] 함수를 코딩합니다.

⑪-1 [로봇팔 움직임 단계]가 0인 수동 모드 상태인지 판단합니다. 자동 모드 상태에서 버튼 입력으로 다른 동작이 수행되어 오동작을 할 수 있기 때문에 실행되지 않도록 합니다.

⑪-2 아두이노 조이스틱 실드의 D3 버튼 또는 PC의 스페이스 키가 입력되면 다음 블록을 실행합니다.

⑪-3 [선물 뽑기 시작] 신호를 보내어 1~4단계의 [로봇팔] 자동 모드를 실행합니다.

## [로봇팔_1단계 아래쪽 자동 이동] 함수

12번 함수(로봇팔_1단계 아래쪽 자동 이동)는 [로봇팔]이 [선물]을 잡기 위해 아래쪽으로 이동하고 [선물]을 잡는 동작을 하는 함수입니다. [선물 뽑기 시작] 신호를 받으면 반복 실행합니다.

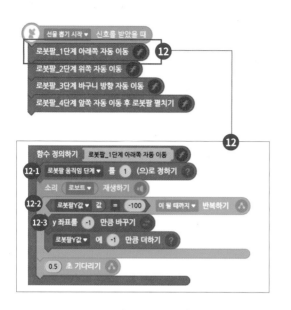

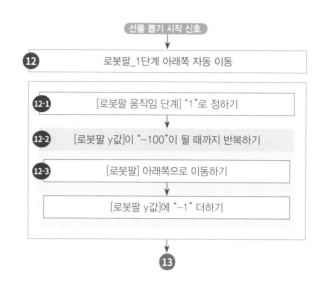

⑫ [로봇팔_1단계 아래쪽 자동 이동] 함수를 코딩합니다.

⑫-1 [로봇팔 움직임 단계]에 "1"을 저장해서 1단계로 설정합니다.

⑫-2 상대 좌표인 [로봇팔 y값]이 "−100"이 될 때까지 반복합니다.

⑫-3 [로봇팔]을 아래쪽으로 이동하기 위해 [로봇팔]의 y좌표를 "−1"만큼 바꾸고, 상대 좌표인 [로봇팔 y값]에 "−1"만큼 더합니다. 다시 말해, −1씩 이동하는 동작을 100번 반복하여 [로봇팔]이 아래쪽으로 움직이도록 하고, 변수에 이동값을 저장하는 동작을 수행합니다.

13번 함수(로봇팔_2단계 위쪽 자동 이동)는 [로봇팔]이 [선물]을 잡고 위로 올라가는 동작을 할 때 사용됩니다.

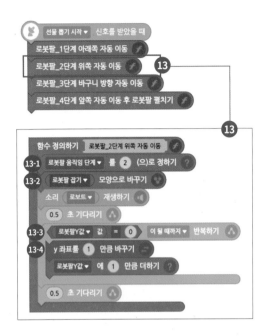

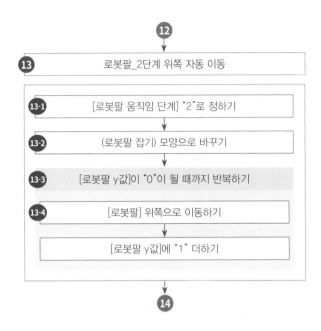

⑬ [로봇팔_2단계 위쪽 자동 이동] 함수를 코딩합니다.

⑬-1 [로봇팔 움직임 단계]에 "2"를 저장해서 2단계로 설정합니다.

⑬-2 [선물]을 잡는 동작을 하기 위해 (로봇팔 접기) 모양으로 바꿉니다.

⑬-3 상대 좌표인 [로봇팔 y값]이 "0"이 될 때까지 반복합니다.

⑬-4 [로봇팔]을 위쪽으로 이동하기 위해 [로봇팔] y좌표를 "1"만큼 바꾸고 상대 좌표인 [로봇팔 y값]에 "1"만큼 더합니다. 다시 말해, 상대 좌표 시작 지점인 0이 될 때까지 반복하여 [로봇팔]이 위쪽으로 움직이도록 하고, 변수에 이동값을 저장하는 동작을 수행합니다.

14번 함수(로봇팔_3단계 바구니 방향 자동 이동)는 [로봇팔]이 바구니 위치로 이동하는 동작을 할 때 사용됩니다.

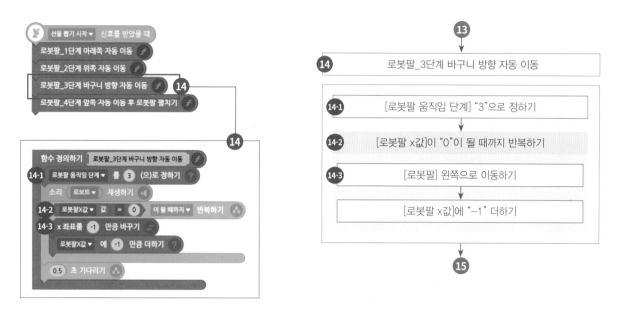

⑭ [로봇팔_3단계 바구니 방향 자동 이동] 함수를 코딩합니다.

⑭-1 [로봇팔 움직임 단계]에 "3"을 저장해서 3단계로 설정합니다.

⑭-2 상대 좌표인 [로봇팔 x값]이 "0"이 될 때까지 반복합니다.

⑭-3 [로봇팔]을 왼쪽으로 이동하기 위해 x좌표를 "-1"만큼 바꾸고 상대 좌표인 [로봇팔 x값]에 "-1"만큼 더합니다. 다시 말해, [로봇팔 x값]이 0이 될 때까지 반복하여 [로봇팔]이 왼쪽 처음 위치로 움직이도록 하고, 변수에 이동값을 저장하는 동작을 수행합니다.

05장

123

## [로봇팔_4단계 앞쪽 자동 이동] 함수

15번 함수(로봇팔_4단계 앞쪽 자동 이동)은 [로봇팔]이 [바구니]에 [선물]을 넣는 동작을 할 때 사용됩니다.

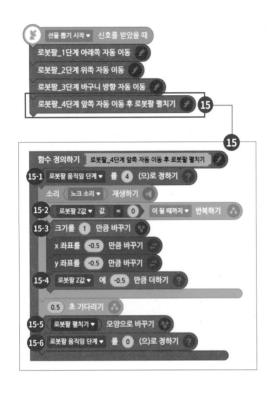

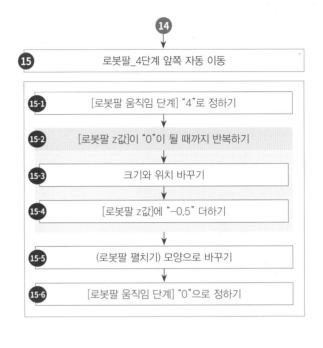

⑮ [로봇팔_4단계 앞쪽 자동 이동] 함수를 코딩합니다.

⑮-1 [로봇팔 움직임 단계]에 "4"를 저장해서 4단계로 설정합니다.

⑮-2 상대 좌표인 [로봇팔 z값]이 "0"이 될 때까지 반복합니다.

⑮-3 [로봇팔 z값]이 최댓값인 10이라면 원근법 표현에 따라 크기가 작은 상태입니다. 따라서 크기를 "1"
만큼 바꾸고, 크기가 커진 만큼 x좌표와 y좌표의 위치를 "−0.5"만큼 바꾸어 자연스럽게 모양이 커지
는 효과를 줍니다.

⑮-4 [로봇팔 z값]에 "−0.5"만큼 더해서 초깃값 0이 될 때까지 반복합니다.

⑮-5 [로봇팔 z값]이 0이면, [로봇팔 펼치기] 모양으로 바꾸어 [선물]이 아래로 떨어지는 효과를 줍니다.

⑮-6 [로봇팔]을 펼치고 나면 자동 모드에서 수동 모드로 변경해서 다른 [선물]을 잡을 수 있도록 해야 합
니다. [로봇팔 움직임 단계]를 "0"으로 정해서 수동 모드로 변경하고, 아두이노 조이스틱 실드를 오른
쪽, 왼쪽, 앞쪽, 뒤쪽으로 이동하여 다음 [선물]을 잡는 동작을 실행합니다. [선물 개수]가 0이 될 때까
지 반복합니다.

# 4 게임 동작 확인

이 장에서는 3차원 입체 도형에 관해 설명하였습니다. x, y, z축을 이용해서 깊이라는 개념을 알아보았고, 오브젝트가 멀어질수록 크기가 작아지는 원근법 효과도 배웠습니다. 3차원, 원근법을 활용해 다양한 종류의 게임을 제작할 수 있습니다.

또한, 절대 좌표, 상대 좌표를 이용해 [로봇팔] 위치를 이해하기 쉽게 설정할 수 있었습니다. 코딩이 복잡할수록 함수 이름, 변수 이름, 신호 이름, 좌표 설정값 등은 단순하게 하는 것이 좋습니다. 단순할수록 이해하기 쉽고 시간과 노력을 줄일 수 있기 때문입니다.

함수 블록 코딩이 모두 완료가 되었다면, 엔트리를 실행합니다. [로봇팔]을 이동하여 [선물]을 모두 잡고 [바구니]에 넣습니다. 만약 [선물]이 0개라면 게임은 종료됩니다.

https://youtu.be/cVmLgn7iPtw

05장

125

# ❺ 생각하기

다음과 같은 조건으로 선물 모양 바꾸기, 음악 바꾸기, 난이도 조절하기 등을 해 봅니다.

➊ 원하는 [선물] 개수를 50개로 바꿉니다.

➋ 원하는 배경 음악 소리를 바꿉니다.

➌ [로봇팔]이 [선물]을 잡고 이동할 때, 난이도를 올려 [선물]이 쉽게 바닥으로 떨어지도록 수정합니다.

## 6장

# 타조 런 게임 만들기

타조 런 게임은 [타조]가 달리면서 [장애물]을 피하는 아케이드 러닝 액션 게임입니다. 플레이어는 필드를 달리는 [타조]의 점프를 조작하고 [장애물]을 피하며, 시간 안에 최대한 점수를 많이 얻어야 합니다. 오른쪽, 왼쪽 이동 및 점프 버튼을 이용해 게임을 진행합니다. [장애물]로는 나무, 돌 등이 나타나고, 하늘에서는 [독수리]가 점프를 방해합니다. [동전]을 먹으면 점수가 올라가고 제한 시간이 0이 되면 게임은 종료됩니다.

 예제파일 : 타조 런 게임 만들기(예제).ent
완성파일 : 타조 런 게임 만들기(완성).ent

# ❶ 게임 이해하기

## 1.1 게임 테마

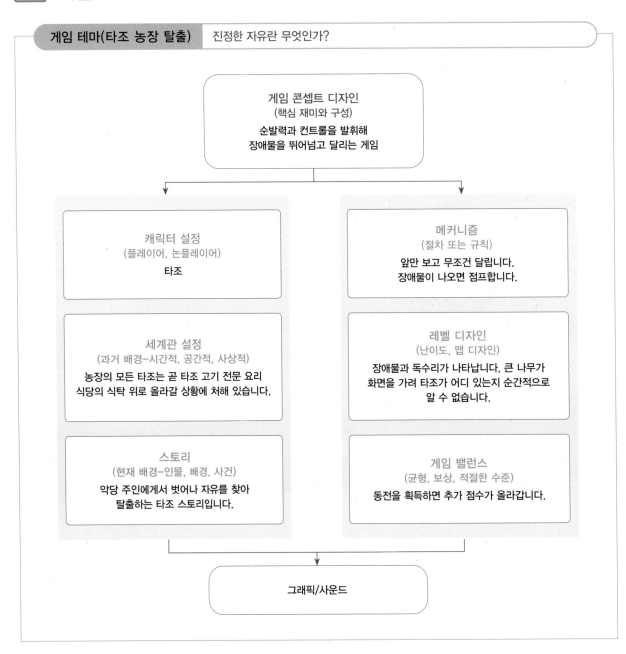

## 1.2 게임 구성

[타조]가 달리면서 장애물을 피하는 구성입니다. [게임 시작] 신호와 [게임 종료] 신호를 이용해 게임 흐름을 제어합니다.

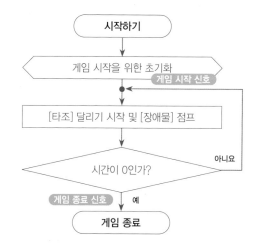

## 1.3 게임 동작

❶ [▶시작하기] 버튼을 클릭하면, [타조] 오브젝트가 게임 시작을 알립니다.

❷ [타조]가 달리면서 [장애물]을 만나면 점프합니다.

❸ [타조]가 달리면서 [동전]에 닿으면 점수가 올라갑니다.

❹ [타조]가 달리면서 점프할 때 [독수리]에 닿으면 점수가 깎입니다.

❺ [나무]가 지나가면 [타조], [장애물] 및 [동전]이 [나무] 뒤로 사라져 순간적으로 난이도가 올라갑니다.

❻ 시간이 0이 되면 게임은 종료됩니다.

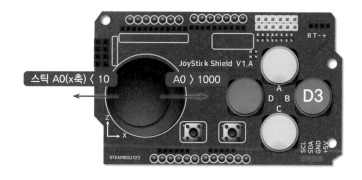

아두이노 조이스틱 실드

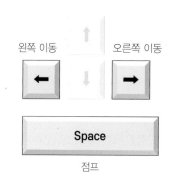

PC 키보드

# ② 구조 이해하기

타조 런 게임의 오브젝트는 6개입니다. [타조], [장애물], [구름], [독수리], [동전], [나무]로 구성되며, [배경], [다시하기], [제한 시간] 오브젝트는 공통으로 사용하는 구성으로 1장을 참고합니다.

## 2.1 속성

**변수 속성**

① **점수**: 시간이 지남에 따라 점수를 저장합니다. 또한 [동전]에 닿으면 점수를 더합니다.

② **제한 시간**: 게임 종료를 위해 제한 시간을 저장합니다.

③ **점프 가속도**: [타조]가 위로 올라갔다 내려올 때의 속도를 저장합니다.

**신호 속성**

① **게임 시작**: [▶시작하기] 버튼을 선택하면 [게임 시작] 신호를 각 오브젝트에 보내어 게임 시작을 알립니다.

② **게임 종료**: 게임이 종료되면 게임을 다시 시작해야 합니다. 이때 [다시하기] 오브젝트를 실행하기 위해 사용됩니다.

함수 속성은 오브젝트 동작을 실행할 때 사용합니다. 지정된 번호에 따라 블록 코딩을 합니다. 예를 들어, [타조] 오브젝트는 함수 3개로 구성되며, 함수 이름은 (오브젝트 이름 + 함수 동작 설명)으로 이루어집니다.

타조 오브젝트

## 2.2 오브젝트 역할

### 타조 오브젝트

[타조]는 [장애물]을 피하며 달려 갑니다. 이미지 2개로 구성되며, 달리는 애니메이션에 사용됩니다. 시간이 지남에 따라 점수를 10점씩 얻으며, 장애물에 닿으면 점수가 줄어듭니다. [타조]는 아두이노 조이스틱 실드의 스틱을 왼쪽으로 기울이면 뒤로 이동하고, 오른쪽으로 기울이면 앞으로 이동하며, D3 버튼을 누르면 점프 동작을 합니다. 또한, PC의 왼쪽, 오른쪽 화살표 키 그리고 스페이스 키를 이용해서 동작을 제어할 수도 있습니다.

### 장애물 오브젝트

[타조]가 [장애물]에 닿으면 점수가 줄어듭니다. 이미지 11개로 구성되며 여러 종류의 장애물을 화면에 표시합니다. 11번째 모양은 [장애물]이 [타조]에 닿으면 폭발하는 이미지입니다.

### 구름 오브젝트

[구름]은 움직이는 배경과 함께 사용되며, 보다 입체적인 표현을 더합니다. [구름]은 이미지 5개로 구성됩니다. 게임에서 특별한 역할은 없지만, 좀 더 사실적인 배경을 위해 사용됩니다.

### 독수리 오브젝트

[독수리]는 타조가 점프할 때 방해합니다. 이미지 3개로 구성되며, 게임 난이도를 올리는 역할을 합니다. [타조]가 [독수리]에 닿으면 점수가 줄어듭니다.

### 동전 오브젝트

[동전]은 게임의 완성도를 높이기 위해 [타조]와 닿으면 추가 점수를 줍니다. 이미지 5개로 구성되며, [동전]이 회전하는 애니메이션 효과를 표현합니다.

### 나무 오브젝트

[나무]는 [타조], [동전], [장애물]이 화면에서 보이지 않도록 가림으로써 순간적으로 게임의 난이도를 높입니다. 또한, [나무]는 입체적인 배경 효과에도 사용됩니다. 원거리에 있는 배경 이미지는 느리게 움직이게 하고, 근거리에 있는 사물 이미지는 빠르게 움직이도록 함으로써 입체감을 느낄 수 있게 만든 디자인 기법인 페러랙스 애니메이션(parallax animation) 효과를 적용할 수 있습니다. [나무]는 움직이는 배경, 구름과 함께 사용됩니다. 움직이는 배경은 왼쪽에서 오른쪽으로 달려가는 속도에 맞춰 움직이고, 구름은 천천히 움직이면서 먼 배경에 사용됩니다. [나무]는 가까이 있는 배경에 사용되어 매우 빠르게 움직입니다.

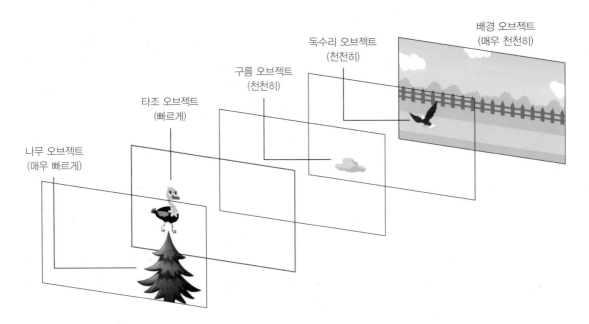

# ③ 함수 블록 코딩하기

블록 코딩은 오브젝트 6개로 구성되며, 함수 13개를 사용합니다. 아래 그림의 빨간색 숫자는 오브젝트 고유 번호, 파란색 숫자는 함수 번호, 초록색 글상자는 신호, 하늘색 글상자는 오브젝트 복제본, 빨간색 점선은 블록 코딩의 흐름을 나타냅니다. 코딩은 오브젝트 번호 순서대로 진행합니다.

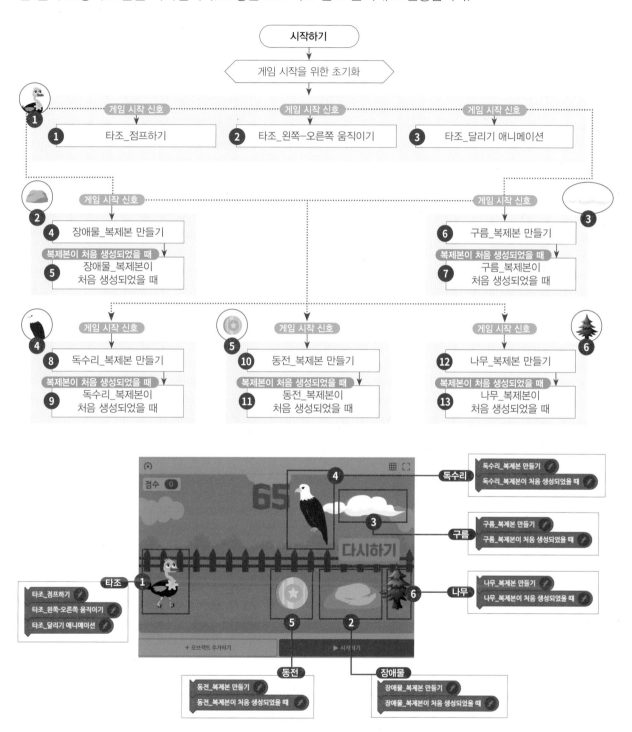

133

# 3.1 타조 오브젝트

[타조]를 코딩하기에 앞서 가속도의 원리에 대한 이해가 필요합니다. 가속도는 시간에 따라 속도가 변하는 정도를 나타내는 물리량입니다. 예를 들어, 제자리에서 힘껏 점프하면 처음에는 빠르게 올라가지만, 시간이 지나면 속도가 줄어 천천히 올라갑니다. 최고 높이로 올라간 뒤에는 바닥으로 점점 빠르게 떨어집니다. 이때 속도 혹은 속력이 일정하게 증가하는 운동을 등가속도 운동이라고 합니다. 점프할 때는 중력(지구가 당기는 힘) 때문에 속도가 줄어들고, 바닥으로 떨어질 때는 중력 때문에 속도가 빨라집니다.

앞으로 달려가면서 점프를 하면 위로 올라갔다 바닥으로 떨어지는데, 이를 포물선 운동이라고 합니다. [타조]는 달리면서 점프하는 동작을 하기 때문에, 중력에 의한 포물선 운동과 등가속도 운동을 하게 됩니다. 가속도를 이용해, 위로 올라갈수록 천천히 올라가고 아래로 떨어질수록 빨리 떨어지도록 구현합니다.

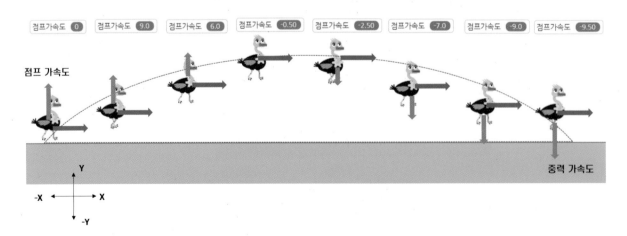

[▶시작하기] 버튼을 클릭하면 (배경 음악)을 재생하고
게임 시작 메시지를 1.5초 동안 표시합니다. 제한 시
간을 65초로 설정한 후, [게임 시작] 신호를 보냅니다.

## [타조_점프하기] 함수

1번 함수(타조_점프하기)는 [타조]가 점프하는 동작을 실행하는 함수입니다. [게임 시작] 신호를 받으면 반
복 실행합니다.

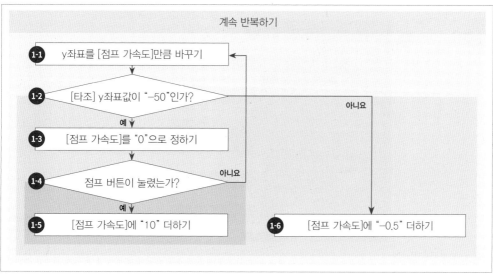

**❶** [타조_점프하기] 함수를 코딩합니다.

**❶-❶** [타조] 오브젝트의 높이인 y좌표를 [점프 가속도] 값만큼 바꿉니다.

**❶-❷** [타조]의 y좌푯값이 "−50"인지 판단합니다. −50은 다음 그림과 같이 [타조]가 화면상에 위치한 바닥에 붙어 있을 때의 위칫값을 의미합니다.

**❶-❸** [타조]가 바닥에 붙어 있는 상태라면, [점프 가속도]를 "0"으로 정합니다.

**❶-❹** 아두이노 조이스틱 실드의 D3 버튼 또는 PC의 스페이스 키가 눌렸는지 판단합니다.

**❶-❺** 버튼이 눌리면, [점프 가속도]에 "10"을 더합니다.

**❶-❻** [타조]의 y좌푯값이 "−50"이 아니라면 점프를 한 상태이므로, [점프 가속도]에 "−0.5"를 더합니다. [점프 가속도]는 위로 올라갈 때는 10, 9.5, 9.0, 8.5, 8.0, … 0으로 값이 바뀌고, 아래로 내려올 때는 0, −0.5, −1.0, −1.5, −2.0, … −10으로 값이 바뀝니다.

## [타조_왼쪽-오른쪽 움직이기] 함수

2번 함수(타조_왼쪽-오른쪽 움직이기)는 [타조] 움직임을 제어하는 함수입니다. 아두이노 조이스틱 실드의 스틱 또는 PC의 화살표 키를 사용합니다. [게임 시작] 신호를 받으면 반복 실행합니다.

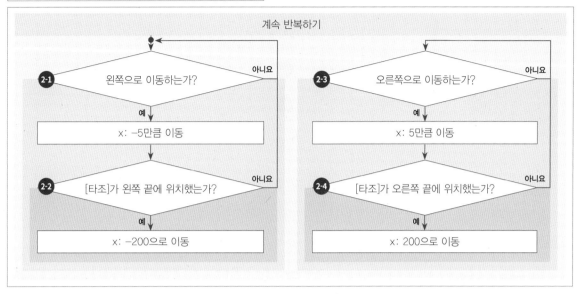

❷ [타조_왼쪽-오른쪽 움직이기] 함수를 코딩합니다.

❷⁻¹ 아두이노 조이스틱 실드의 스틱을 왼쪽으로 기울이면, [타조] 오브젝트는 x좌표를 "-5"만큼 바꿉니다.

❷⁻² [타조]가 왼쪽 화면 밖으로 벗어나지 않도록 [타조] 위치를 이동합니다.

❷⁻³ 아두이노 조이스틱 실드의 스틱을 오른쪽으로 기울이면, [타조] 오브젝트는 x좌표를 "5"만큼 바꿉니다.

❷⁻⁴ [타조]가 오른쪽 화면 밖으로 벗어나지 않도록 [타조] 위치를 이동합니다.

## [타조_달리기 애니메이션] 함수

3번 함수(타조_달리기 애니메이션)는 [타조]가 달려가는 모습을 표현하는 애니메이션 함수입니다. [게임 시작] 신호를 받으면 반복 실행합니다.

> **TIP**
>
> 애니메이션 동작은 독립적으로 구현하는 것이 좋습니다. 왜냐하면, 하나의 함수에 여러 가지 블록과 애니메이션 블록이 함께 모여 있으면 블록이 실행되는 동안 애니메이션 동작을 기다려야 하는데, 이때 [타조]가 원하는 속도로 달리는 모습이 실행되지 않을 수 있기 때문입니다.

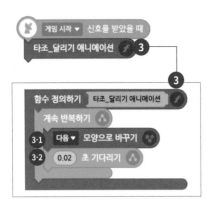 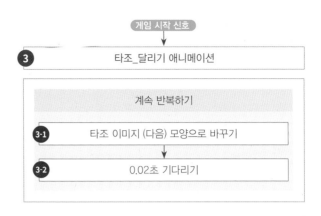

**③** [타조_달리기 애니메이션] 함수를 코딩합니다.

**③-1** [타조] 오브젝트가 달려가는 모습을 표현하기 위해 [(다음) 모양으로 바꾸기] 블록을 사용합니다. [타조]는 이미지 2개를 사용합니다.

**③-2** 시간을 조정해 [타조]의 모양이 바뀌는 속도를 바꿀 수 있습니다. 예를 들어, 1초면 이미지가 느리게 변경되어 천천히 달려가는 효과를 줄 수 있습니다.

## 3.2 장애물 오브젝트

## [장애물_복제본 만들기] 함수

4번 함수(장애물_복제본 만들기)는 [장애물]을 만드는 함수입니다. [게임 시작] 신호를 받으면 반복 실행합니다.

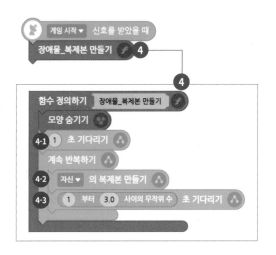

❹ [장애물_복제본 만들기] 함수를 코딩합니다.

④-1 [게임 시작] 신호를 받으면, 현재 화면에 보이는 오브젝트를 숨깁니다. 1초 기다리기를 실행합니다.

④-2 자신의 복제본을 만듭니다. [장애물] 오브젝트는 무한으로 반복하면서 만들어져야 합니다. 따라서 반복해서 사용하는 오브젝트를 복제본으로 만듭니다.

④-3 1~3초의 시간 간격을 두고 무작위로 [장애물]을 만듭니다.

## [장애물_복제본이 처음 생성되었을 때] 함수

5번 함수(장애물_복제본이 처음 생성되었을 때)는 [장애물] 복제본의 이동, 애니메이션 효과, 동작을 실행하는 함수입니다. [복제본이 처음 생성되었을 때] 실행됩니다. 복제본은 사용 후 반드시 [이 복제본 삭제하기]를 실행해야 합니다. 삭제하지 않으면 컴퓨터가 느려지는 문제가 발생할 수 있습니다.

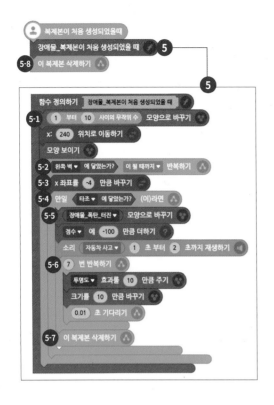

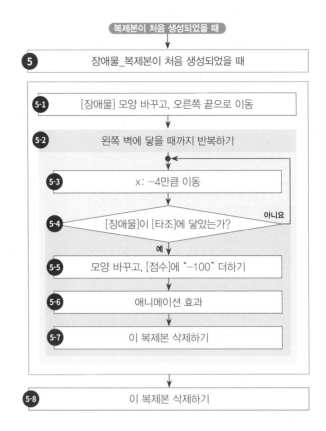

**❺** [장애물_복제본이 처음 생성되었을 때] 함수를 코딩합니다.

**5-1** 무작위로 모양을 바꿉니다. 예를 들어, 1번 모양, 5번 모양, 10번 모양 등 순서와 관계없이 [장애물] 모양을 바꿀 수 있습니다. 참고로 [다음 모양으로 바꾸기] 블록은 1, 2, 3, 4번 등과 같이 순서대로 바꿉니다. [장애물] 오브젝트의 위치를 오른쪽 화면 끝(x: 240)으로 이동하고, 모양을 보이도록 합니다.

**5-2** [장애물]이 화면 왼쪽 벽에 닿을 때까지 다음 동작을 계속 반복합니다.

**5-3** [장애물]의 x좌표를 "−4"만큼 이동합니다.

**5-4** [장애물]이 왼쪽으로 이동할 때 [타조]가 점프하지 않으면, [장애물]이 [타조]에 닿을 수 있습니다. [타조]와 닿았는지 판단합니다.

**5-5** [타조]에 닿으면 장애물이 폭발하는 이미지로 변경하고, [점수]에 "−100"을 더합니다.

**5-6** 폭발하는 효과를 주기 위해 투명도, 크기를 변경합니다.

**5-7** [타조]에 닿은 후 [장애물] 복제본을 삭제합니다.

**5-8** 화면 밖을 벗어나면 블록을 실행할 필요가 없습니다. [타조]에 닿지 않고 왼쪽 벽까지 닿았다면 복제본을 삭제합니다.

140

# 3.3 구름 오브젝트

## [구름_복제본 만들기] 함수

6번 함수(구름_복제본 만들기)는 입체적인 배경을 만드는 함수입니다. [게임 시작] 신호를 받으면 반복 실행합니다.

**6** [구름_복제본 만들기] 함수를 코딩합니다.

**6-1** 현재 화면에 보이는 [구름] 오브젝트를 숨깁니다.

**6-2** 자신의 복제본을 만듭니다. [구름]은 무한으로 반복하면서 만들어져야 합니다. 따라서 반복적으로 사용하는 오브젝트를 복제본으로 만듭니다.

**6-3** [(다음) 모양으로 바꾸기] 블록을 이용해 이미지 5개를 순서대로 변경합니다. 0.5초 기다립니다.

## [구름_복제본이 처음 생성되었을 때] 함수

7번 함수(구름_복제본이 처음 생성되었을 때)는 [구름] 복제본의 이동, 효과 그리고 동작을 실행하는 함수입니다. [복제본이 처음 생성되었을 때] 실행합니다.

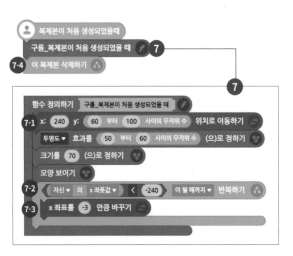

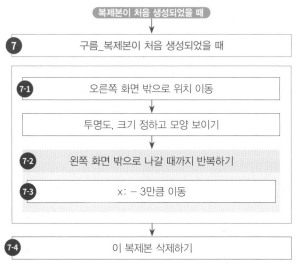

**7** [구름_복제본이 처음 생성되었을 때] 함수를 코딩합니다.

**7-1** [구름] 오브젝트를 오른쪽 화면 끝(x: 240)으로 이동합니다. y좌표는 60~100 사이의 무작위 수로 결정하여 다양한 위치에 오브젝트를 배치합니다. 투명 효과를 주면 [구름]이 흐릿하게 보이는 효과를 줄 수 있습니다. [구름] 크기를 "70"으로 정하고 오브젝트 모양을 보이도록 합니다.

**7-2** [구름]이 왼쪽 화면 밖으로 나갈 때까지 다음 동작을 반복합니다.

**7-3** [구름]의 x좌표를 "-3"만큼 바꿉니다.

**7-4** [구름]이 화면 밖으로 나가면 [구름] 복제본을 삭제합니다.

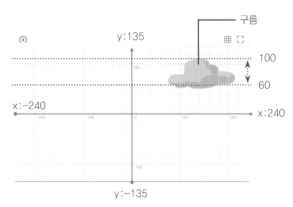

142

# 3.4 독수리 오브젝트

## 90장

## [독수리_복제본 만들기] 함수

8번 함수(독수리_복제본 만들기)는 [독수리] 복제본의 이동, 효과 및 동작을 실행하는 함수입니다. [게임 시작] 신호를 받으면 반복 실행합니다.

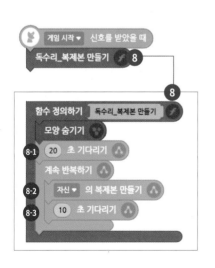

❽ [독수리_복제본 만들기] 함수를 코딩합니다.

❽-❶ 현재 화면에 보이는 [독수리] 오브젝트를 숨기고 20초 기다리기를 실행합니다.

143

**8-2** 자신의 복제본을 만듭니다. [독수리]는 무한으로 반복하면서 만들어져야 합니다. 따라서 반복적으로 사용하는 오브젝트를 복제본으로 만듭니다.

**8-3** 10초 기다리기를 실행합니다.

## [독수리_복제본이 처음 생성되었을 때] 함수

9번 함수(독수리_복제본이 처음 생성되었을 때)는 [독수리] 복제본 이동, 애니메이션 효과 및 동작을 실행하는 함수입니다. [복제본이 처음 생성되었을 때] 실행합니다.

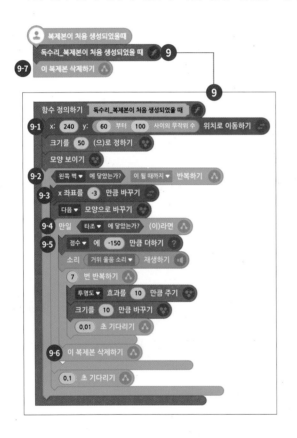 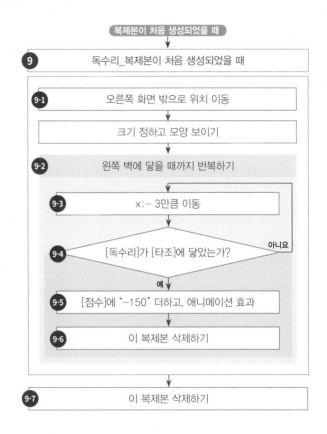

**9** [독수리_복제본이 처음 생성되었을 때] 함수를 코딩합니다.

**9-1** [독수리] 오브젝트를 오른쪽 화면 끝(x: 240)으로 이동합니다. y좌표는 60~100 사이의 무작위 수로 결정하여 다양한 위치에 오브젝트를 배치합니다. 크기를 "50"으로 정하고 오브젝트 모양을 보이도록 합니다.

**9-2** 화면 왼쪽 벽에 닿을 때까지 다음 동작을 계속 반복합니다.

**9-3** [독수리]의 x좌표를 "-3"만큼 이동하고 [독수리] 모양을 변경합니다.

**9-4** [독수리]가 왼쪽으로 이동할 때 [타조] 오브젝트가 점프하면, [타조]에 닿을 수 있습니다. [타조]에 닿으면 다음 동작을 실행합니다.

144

**9-5** [점수]에 "−150"을 더합니다. [타조]가 점프할 때 [독수리]에 닿으면 벌점이 발생하며, 점프할 때 조심하도록 난이도를 올리는 효과가 있습니다. 소리를 재생하고, 오브젝트가 투명해지면서 커지는 애니메이션을 실행합니다.

**9-6** [타조]에 닿은 후 [독수리] 복제본을 삭제합니다.

**9-7** [독수리]가 화면 밖을 벗어나면 블록을 실행할 필요가 없습니다. 따라서 [타조]에 닿지 않고 왼쪽 벽까지 닿았다면 복제본을 삭제합니다.

## 3.5 동전 오브젝트

## [동전_복제본 만들기] 함수

10번 함수(동전_복제본 만들기)는 추가 점수에 사용되는 [동전]을 만드는 함수입니다. [게임 시작] 신호를 받으면 반복 실행합니다.

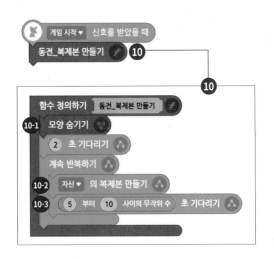 

**⑩** [동전_복제본 만들기] 함수를 코딩합니다.

**⑩-1** [게임 시작] 신호를 받았을 때, 현재 화면에 보이는 [동전] 오브젝트를 숨기고 2초 기다리기를 실행합니다.

**⑩-2** 자신의 복제본을 만듭니다. [동전]은 무한으로 반복하면서 만들어져야 합니다. 따라서 반복적으로 사용하는 오브젝트를 복제본으로 만듭니다.

**⑩-3** 5~10초의 시간 간격을 두고 무작위로 [동전]을 만들 수 있습니다.

## [동전_복제본이 처음 생성되었을 때] 함수

11번 함수(동전_복제본이 처음 생성되었을 때)는 [동전] 복제본의 이동, 애니메이션 효과 및 동작을 실행하는 함수입니다. [복제본이 처음 생성되었을 때] 실행합니다.

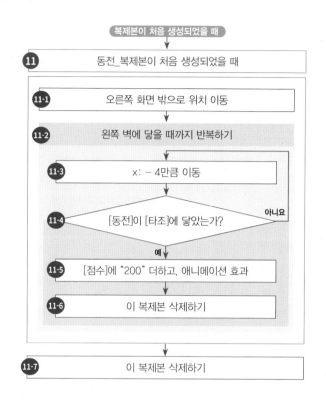

⑪ [동전_복제본이 처음 생성되었을 때] 함수를 코딩합니다.

⑪-1 [동전] 오브젝트를 오른쪽 화면 끝(x: 240)으로 이동합니다. 오브젝트의 모양을 보이도록 실행합니다.

⑪-2 [동전]이 화면 왼쪽 벽에 닿을 때까지 다음 동작을 계속 반복합니다.

⑪-3 [동전]의 x좌표를 "−4"만큼 이동하고 [동전] 모양을 바꿉니다.

⑪-4 [동전]이 왼쪽으로 이동할 때 [타조] 오브젝트가 점프하지 않으면, [동전]이 [타조]에 닿습니다. [타조]에 닿으면 다음 동작을 실행합니다.

⑪-5 [점수]에 "200"을 더합니다. [타조]가 [동전]에 닿으면 추가 점수가 발생하며, 게임의 재미를 더하는 효과가 있습니다. 소리를 재생하고 오브젝트가 투명해지면서 커지는 애니메이션을 실행합니다.

⑪-6 [타조]에 닿은 후 [동전] 복제본을 삭제합니다.

⑪-7 화면 밖을 벗어나면 블록을 실행할 필요가 없습니다. 따라서 [타조]에 닿지 않고, 왼쪽 벽까지 닿았다면 복제본을 삭제합니다.

3.6 **나무 오브젝트**

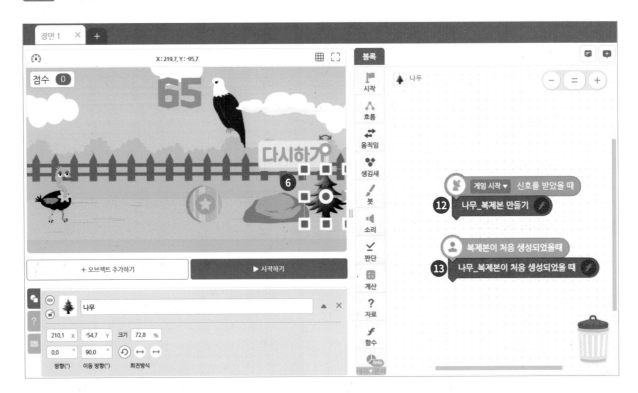

[나무_복제본 만들기] 함수

12번 함수(나무_복제본 만들기)는 입체적인 배경을 만드는 함수입니다. [게임 시작] 신호를 받으면 반복 실행합니다.

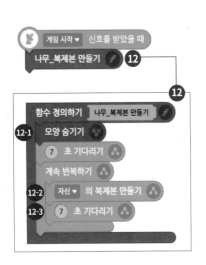

⑫ [나무_복제본 만들기] 함수를 코딩합니다.

⑫⁻¹ 현재 화면에 보이는 [나무] 오브젝트를 숨기고 7초 기다리기를 실행합니다.

⑫-2 자신의 복제본을 만듭니다. [나무]는 무한으로 반복하면서 만들어져야 합니다. 따라서 반복적으로 사용하는 오브젝트를 복제본으로 만듭니다.

⑫-3 7초 간격으로 [나무]를 만듭니다.

## [나무_복제본이 처음 생성되었을 때] 함수

13번 함수(나무_복제본이 처음 생성되었을 때)는 [나무] 복제본의 이동, 효과 및 동작을 실행하는 함수입니다. [복제본이 처음 생성되었을 때] 실행합니다.

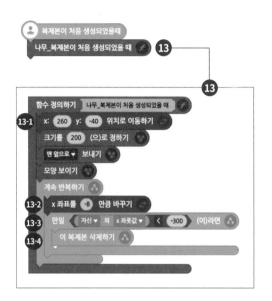
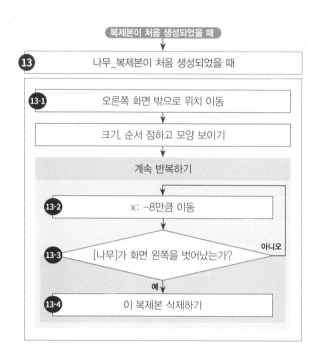

⑬ [나무_복제본이 처음 생성되었을 때] 함수를 코딩합니다.

⑬-1 [나무] 오브젝트를 오른쪽 화면 끝(x: 240)으로 이동하고 크기를 "200"으로 정합니다. [나무]를 (맨 앞으로) 이동해서 다른 오브젝트에 가려지는 문제가 발생하지 않도록 합니다. 위치, 크기, 순서를 정한 후 오브젝트 모양을 보이도록 실행합니다.

⑬-2 [나무]의 x좌표를 "−8"만큼 무한 반복하며 이동합니다.

⑬-3 [나무]가 왼쪽 화면을 벗어나는지 판단합니다.

⑬-4 [나무]가 화면 밖을 벗어나면 블록을 실행할 필요가 없습니다. 따라서 화면을 벗어나면 복제본을 삭제합니다.

# ④ 게임 동작 확인

이 장에서는 오브젝트 복제본을 사용하여 동작을 제어함으로써 복제본 사용 방법에 대해 이해할 수 있었습니다. 원거리에 있는 배경 이미지는 느리게 움직이게 하고, 근거리에 있는 사물 이미지는 빠르게 움직이도록 함으로써 입체감을 느끼도록 페럴랙스 애니메이션(parallax animation) 효과를 적용하여 게임을 만들어 보았습니다. 또한 [타조]는 달리면서 점프하는 동작을 하기 때문에, 중력에 의한 포물선 운동과 등가속도 운동을 합니다. 따라서 가속도를 이용해 위로 올라갈수록 천천히 올라가고 아래로 떨어질수록 빨리 떨어지는 물리 현상에 대해 배웠습니다.

함수 블록 코딩이 모두 완료되었다면, 엔트리를 실행합니다. [타조]를 움직여 [장애물], [독수리]를 피하면서 게임을 합니다. [동전]에 닿으면 추가 점수가 올라갑니다. [시간]이 0이 되면 게임은 종료됩니다.

https://youtu.be/xwhty-bmMhY

# ❺ 생각하기

게임의 재미를 위해 [타조] 대신 캐릭터를 사람으로 바꿀 수 있습니다. [뛰어노는 아이] 오브젝트 보기를 설정하면, 이미지 4개가 추가되어 있습니다. [뛰어노는 아이] 오브젝트를 활용해서 블록 코딩을 합니다.

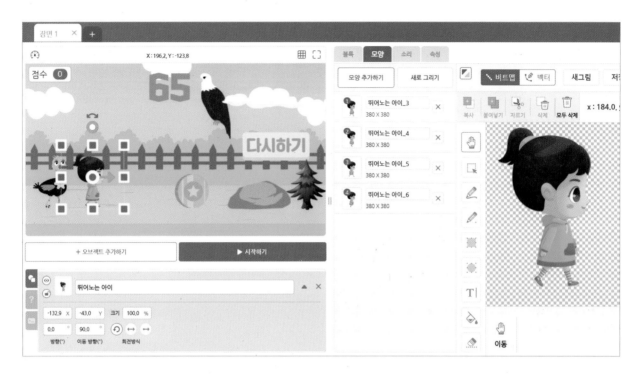

## 7장

# 지렁이 키우기 게임 만들기

지렁이 키우기 게임은 [지렁이]가 음식을 먹으면서 꼬리를 키우는 아케이드 액션 게임입니다. [지렁이]를 위쪽, 아래쪽, 오른쪽, 왼쪽으로 이동하여 [음식]을 먹으면 꼬리가 길어집니다. [부스트 모드] ON 상태에서 [외계인], [컴퓨터 지렁이]에 닿으면 점수를 얻고, [부스트 모드] OFF 상태에서 [외계인], [컴퓨터 지렁이]에 닿으면 게임은 종료됩니다.

예제파일 : 지렁이 키우기 게임 만들기(예제).ent
완성파일 : 지렁이 키우기 게임 만들기(완성).ent

152

# ❶ 게임 이해하기

## 1.1 게임 테마

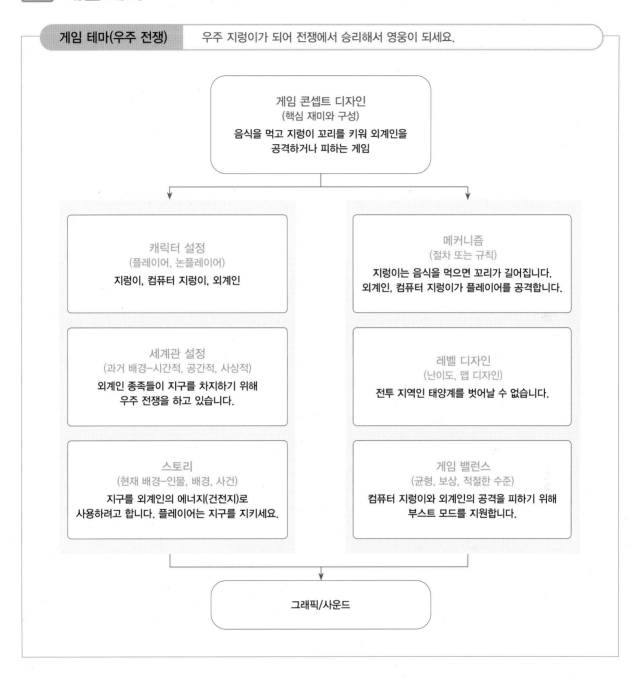

**게임 테마(우주 전쟁)** 우주 지렁이가 되어 전쟁에서 승리해서 영웅이 되세요.

**게임 콘셉트 디자인**
(핵심 재미와 구성)
음식을 먹고 지렁이 꼬리를 키워 외계인을
공격하거나 피하는 게임

**캐릭터 설정**
(플레이어, 논플레이어)
지렁이, 컴퓨터 지렁이, 외계인

**메커니즘**
(절차 또는 규칙)
지렁이는 음식을 먹으면 꼬리가 길어집니다.
외계인, 컴퓨터 지렁이가 플레이어를 공격합니다.

**세계관 설정**
(과거 배경-시간적, 공간적, 사상적)
외계인 종족들이 지구를 차지하기 위해
우주 전쟁을 하고 있습니다.

**레벨 디자인**
(난이도, 맵 디자인)
전투 지역인 태양계를 벗어날 수 없습니다.

**스토리**
(현재 배경-인물, 배경, 사건)
지구를 외계인의 에너지(건전지)로
사용하려고 합니다. 플레이어는 지구를 지키세요.

**게임 밸런스**
(균형, 보상, 적절한 수준)
컴퓨터 지렁이와 외계인의 공격을 피하기 위해
부스트 모드를 지원합니다.

**그래픽/사운드**

07장

## 1.2 게임 구성

[지렁이]가 [음식]을 먹고 꼬리를 키우며 [컴퓨터 지렁이] 및 [외계인] 공격에 따라 움직이는 구성입니다. [게임 시작] 신호와 [게임 종료] 신호를 이용해 게임 흐름을 제어합니다.

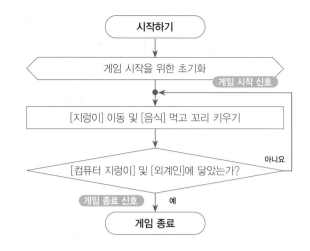

## 1.3 게임 동작

❶ [▶시작하기] 버튼을 클릭하면, [지렁이] 오브젝트가 게임 시작을 알립니다.

❷ [지렁이]가 [음식]을 먹으면 꼬리가 길어집니다.

❸ [외계인]이 [지렁이]를 공격합니다. [지렁이]는 부스트 모드를 사용해서 [외계인]을 공격할 수 있습니다.

❹ [컴퓨터 지렁이]가 돌아다니면서 [음식]을 먹습니다. 가끔은 [지렁이]를 공격할 수 있습니다. 부스트 모드를 사용해서 [컴퓨터 지렁이]로부터 도망갑니다.

❺ 만약 [외계인] 또는 [컴퓨터 지렁이]에 공격당하면 게임은 종료됩니다.

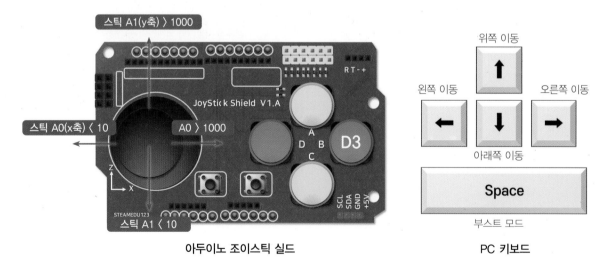

# ❷ 구조 이해하기

지렁이 키우기 게임의 오브젝트는 6개입니다. [지렁이], [지렁이 부스트], [지렁이 미니맵], [음식], [외계인], [컴퓨터 지렁이]로 구성됩니다. [컴퓨터 지렁이] 오브젝트는 생각하기에서 다루며, [배경], [다시하기] 오브젝트는 공통으로 사용하는 구성으로 1장을 참고합니다.

## [2.1] 속성

변수 속성

❶ **이동 속도**: [지렁이]의 이동 속도를 저장합니다. 기본값은 "4"이며, [부스트 모드] ON일 때는 "10"으로 저장합니다.

❷ **꼬리 길이**: [지렁이]의 꼬리 길이를 저장합니다. 초깃값은 "0.1"이며, [지렁이]가 [음식]을 먹을 때마다 "0.05"씩 늘어나고 최대 "1.5"를 저장합니다.

❸ **점수**: [지렁이]가 [음식]을 먹으면 점수가 올라갑니다. [부스트 모드] ON 상태에서 [외계인]을 물리치면 +50점을 점수에 저장합니다.

❹ **음식 개수**: 부스트를 사용할 때 필요한 [음식] 개수를 카운트합니다. 게임의 재미를 위해 [음식] 개수는 3개로 설정했으며, 부스트를 사용한 후 [음식 개수]는 0으로 초기화됩니다.

❺ **부스트 모드**: [부스트 모드] ON/OFF를 저장합니다. ON일 때는 이동 속도를 "10"으로 변경하여 빠르게 이동하고, [외계인]을 공격할 수 있습니다.

❶ **게임 시작**: [▶시작하기] 버튼을 선택하면 [게임 시작] 신호를 각 오브젝트에 보내어 게임 시작을 알립니다.

❷ **게임 종료**: 게임이 종료되면 게임을 다시 시작해야 합니다. 이때 [다시하기] 오브젝트를 실행할 때 사용됩니다.

## 함수 속성

함수 속성은 오브젝트 동작을 실행할 때 사용합니다. 지정된 번호에 따라 블록 코딩을 합니다. 예를 들어, [지렁이] 오브젝트는 함수 8개로 구성되며, 함수 이름은 (오브젝트 이름 + 함수 동작 설명)으로 이루어집니다.

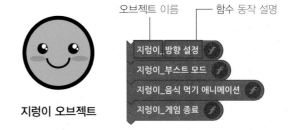

지렁이 오브젝트

## 2.2 오브젝트 역할

### 지렁이 오브젝트

[지렁이]는 [외계인], [컴퓨터 지렁이]를 피해서 [음식]을 먹고 꼬리를 키웁니다. 이미지 6개로 구성되며, [음식]을 먹는 애니메이션에 사용됩니다. [지렁이]의 [부스트 모드]가 "ON"인 상태에서 [외계인]에 닿으면 점수가 올라갑니다. 반대로 [부스트 모드]가 "OFF"인 상태에서 [외계인]에 닿으면 게임은 종료됩니다.

[지렁이] 오브젝트는 아두이노 조이스틱 실드 또는 PC 키보드로 제어할 수 있습니다. 이때 실제로 [지렁이]는 움직이지 않고, 화면 중앙(x:0, y:0)에 고정됩니다. 즉, [지렁이]가 움직이는 효과를 주기 위해서는 고정된 [지렁이]를 중심으로 다른 오브젝트가 움직여야 합니다. 또한, [지렁이]는 움직이지 않지만 움직이는 방향으로 얼굴이 향하도록 동작이 구성되어야 합니다.

아두이노 조이스틱 실드의 스틱을 왼쪽으로 기울이면 [지렁이]가 왼쪽을 바라보고, 오른쪽으로 기울이면 [지렁이]가 오른쪽을 바라보며, D3 버튼을 누르면 [지렁이]가 빠른 이동을 하는 부스트 동작을 합니다. 또한, PC의 왼쪽, 오른쪽 화살표 키 그리고 스페이스 키를 이용해서 동작을 제어할 수 있습니다.

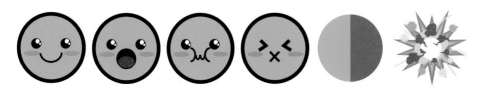

## 지렁이 부스트 오브젝트

[지렁이 부스트]는 [지렁이] 이동 속도를 올리는 부스트 상태 표시 창을 보여 줍니다. 처음에는 상태 표시 창이 검은색으로 표시되고, [지렁이]가 [음식]을 먹으면 부스트 상태 표시 창의 빨간색 상태 바가 한 칸씩 올라갑니다. [음식]을 3개 먹으면 부스트 모드를 사용할 수 있습니다. [지렁이 부스트]는 다른 이미지를 사용하지 않고, 그리기 기능으로 화면에 표시됩니다. 다만 이미지를 사용하지 않더라도 상태 표시를 할 때는 오브젝트가 필요합니다.

## 지렁이 미니맵 오브젝트

[지렁이 미니맵]은 [지렁이]가 움직이는 위치를 축소해서 화면에 보여 줍니다. 지렁이 게임의 배경은 무한 반복되는 배경이 아닌 크기가 매우 큰 하나의 배경을 사용합니다. 따라서 [지렁이] 위치를 표시해서 이동을 결정할 필요가 있습니다. [지렁이]가 움직이면 [지렁이 미니맵]도 함께 움직입니다.

## 음식 오브젝트

[음식]은 [지렁이] 꼬리를 키우거나 부스트 모드를 작동시킵니다. 13개의 이미지로 구성되며, 다양한 종류의 음식을 사용하여 게임의 재미를 높일 수 있습니다.

## 외계인 오브젝트

[외계인]은 게임 완성도를 높이기 위해 [지렁이]를 따라다니며 공격합니다. 이미지 3개로 구성되며, [지렁이]는 [외계인]을 피해 [음식]을 먹고 부스트 모드가 활성화되면 [외계인]을 공격할 수 있습니다.

## 컴퓨터 지렁이 오브젝트

[컴퓨터 지렁이]는 게임 난이도를 높이는 역할을 합니다. 이미지 5개로 구성되며, 애니메이션 효과에 사용됩니다. [컴퓨터 지렁이]는 [지렁이]가 먹는 [음식]을 함께 먹습니다. [지렁이] 주위를 돌아다니면서 공격하며, 이를 피하기 위해서는 부스트를 사용해야 합니다. [컴퓨터 지렁이]는 생각하기에서 다룹니다.

# ③ 함수 블록 코딩하기

블록 코딩은 오브젝트 5개로 구성되며, 함수 20개를 사용합니다. 아래 그림의 빨간색 숫자는 오브젝트 고유 번호, 파란색 숫자는 함수 번호, 초록색 글상자는 신호, 하늘색 글상자는 오브젝트 복제본, 빨간색 점선은 블록 코딩의 흐름을 나타냅니다. 코딩은 오브젝트 번호 순서대로 진행합니다.

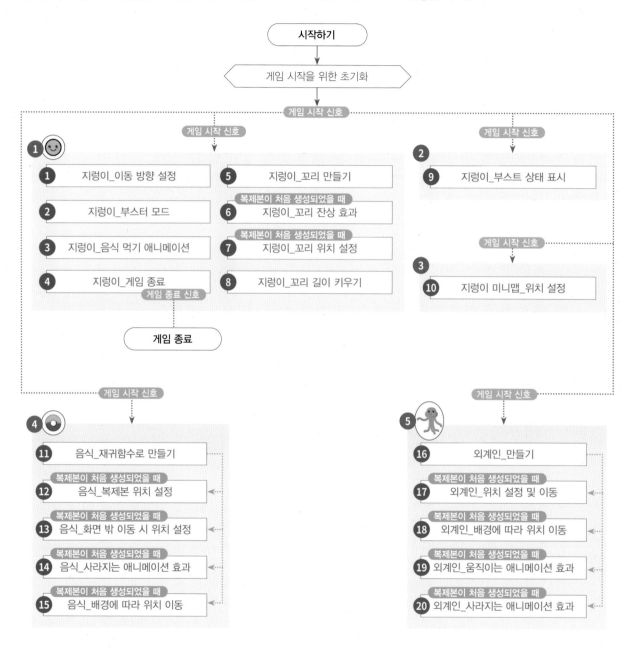

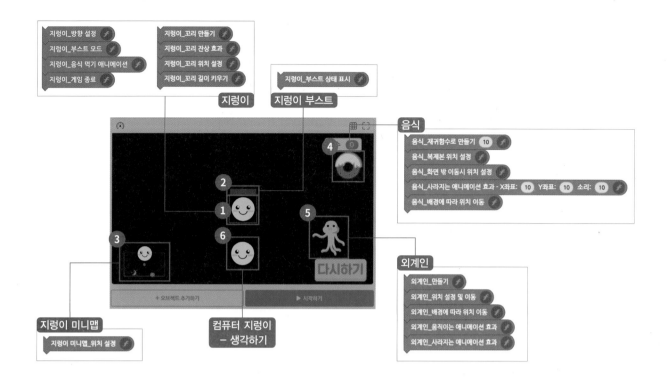

# 3.1 지렁이 오브젝트

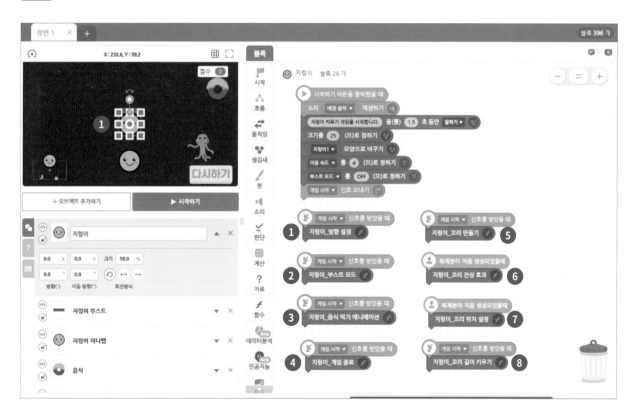

[▶시작하기] 버튼을 클릭하면 배경 음악을 실행하고, 게임 시작 메시지를 1.5초 동안 표시합니다. 크기와 모양을 바꾸고, [이동 속도]는 "4", [부스트 모드]는 "OFF"로 설정합니다. 초기 설정이 완료되었다면, [게임 시작] 신호를 보냅니다.

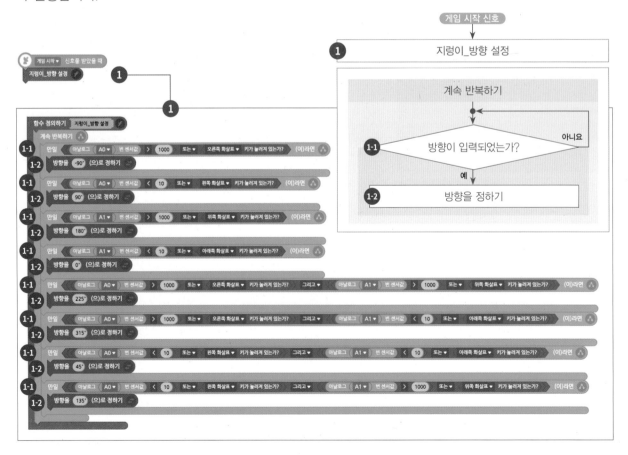

## [지렁이_방향 설정] 함수

1번 함수(지렁이_방향 설정)는 [지렁이] 이동 동작을 실행하는 함수입니다. [게임 시작] 신호를 받으면 반복 실행합니다.

❶ [지렁이_방향 설정] 함수를 코딩합니다.

❶-1 [지렁이] 오브젝트는 화면 중앙인 x:0, y:0
에 고정되어 있고 지렁이 이동에 따라 배경
이 움직입니다. [지렁이]가 움직이는 표현을
하기 위해서는 배경이 지렁이의 이동 방향과
반대로 움직여야 합니다. 예를 들어, [지렁이]
가 오른쪽으로 이동하면, 지렁이는 오른쪽을
바라보고 배경 화면은 왼쪽으로 이동합니다.
참고로 지렁이 이동에 따른 배경의 이동은
[배경] 오브젝트에 이미 설정되어 있습니다.

❶-2 [지렁이] 방향을 정합니다. 예를 들어, 아두이
노 조이스틱 실드의 스틱이 오른쪽으로 기울
어지면, [지렁이]가 오른쪽으로 이동한다고
판단하고 방향을 "−90"으로 설정합니다.

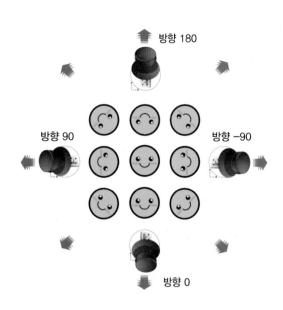

## [지렁이_부스트 모드] 함수

2번 함수(지렁이_부스트 모드)는 지렁이가 [음식]을 먹고 부스트 모드를 동작시키는 함수입니다. [게임 시
작] 신호를 받으면 반복 실행합니다.

161

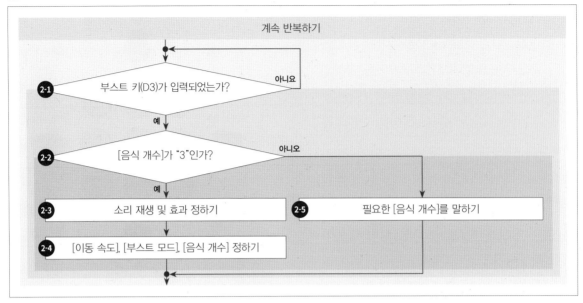

❷ [지렁이_부스트 모드] 함수를 코딩합니다.

②-1 아두이노 조이스틱 실드의 D3 버튼 또는 PC의 스페이스 키가 눌렸는지 판단합니다.

②-2 만일 [음식 개수]가 "3"이라면 부스트를 실행합니다.

②-3 소리를 재생하고 [지렁이] 색깔을 변경합니다.

②-4 [이동 속도]는 "10", [부스트 모드]는 "ON"으로 설정하고, [음식 개수]를 "0"으로 초기화합니다. 부스트를 사용하면 속도 4로 이동하던 지렁이가 10으로 빠르게 이동하게 됩니다. 부스트를 사용하고 나면 [이동 속도]와 [부스트 모드]는 각각 "4"와 "OFF"로 초기화하고, 효과도 모두 지웁니다.

②-5 만일 [음식 개수]가 "3"이 아니라면, 부스트를 사용할 수 없기 때문에 필요한 [음식 개수]를 말합니다.

## [지렁이_음식 먹기 애니메이션] 함수

3번 함수(지렁이_음식 먹기 애니메이션)는 [지렁이]가 [음식]을 먹을 때 사용되는 애니메이션 함수입니다. 표정 이미지 4개를 사용하며, [지렁이]가 [음식]에 닿으면 [음식]을 먹는 애니메이션을 실행합니다. [게임 시작] 신호를 받으면 반복 실행합니다.

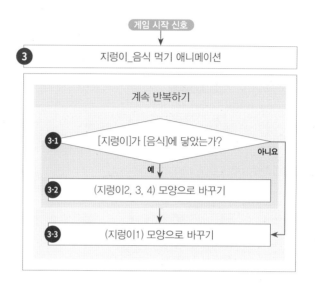

❸ [지렁이_음식 먹기 애니메이션] 함수를 코딩합니다.

❸-1 [지렁이] 오브젝트가 [음식]에 닿았는지를 판단합니다.

❸-2 [지렁이]가 [음식]에 닿았다면, [음식]을 먹는 표정을 0.3초 간격으로 변경합니다.

❸-3 [지렁이]가 [음식]에 닿지 않거나 [음식]을 다 먹고 난 후에는 (지렁이1) 모양으로 변경합니다.

## [지렁이_게임 종료] 함수

4번 함수(지렁이_게임 종료)는 [지렁이]가 [외계인] 또는 [컴퓨터 지렁이]에 닿을 때 사용되는 게임 종료 함수입니다. [게임 시작] 신호를 받으면 반복 실행합니다.

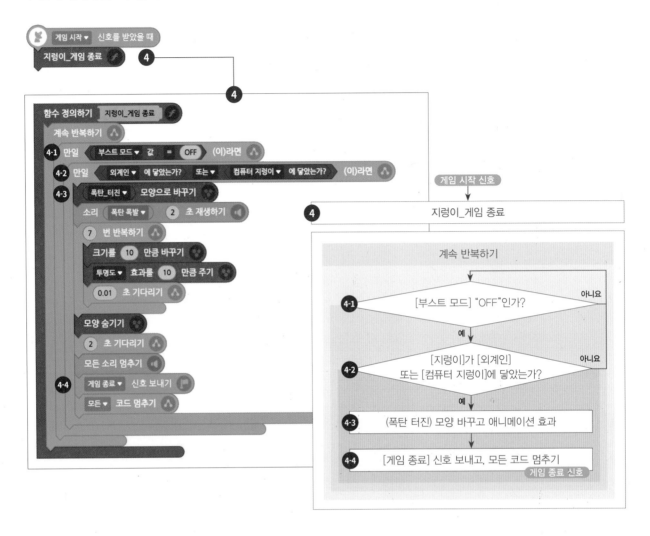

④ [지렁이_게임 종료] 함수를 코딩합니다.

④-1 [지렁이]는 [부스트 모드]가 "OFF"일 때는 방어 모드가 됩니다. 이때 [지렁이]가 [외계인]에 닿으면 [지렁이]는 폭파되면서 게임은 종료됩니다.

④-2 [부스트 모드] "OFF" 상태에서 [외계인] 또는 [컴퓨터 지렁이]에 닿았는지 판단하고, 닿았다면 게임 종료를 위해 다음 블록을 실행합니다.

④-3 (폭탄 터진) 모양으로 변경합니다. (폭탄 폭발) 소리를 재생하고 애니메이션 효과를 실행합니다.

④-4 [게임 종료] 신호를 보내고 모든 코드를 멈춥니다.

## [지렁이_꼬리 만들기] 함수

5번 함수(지렁이_꼬리 만들기)는 [지렁이]가 꼬리를 만드는 함수입니다. [게임 시작] 신호를 받으면 반복 실행합니다.

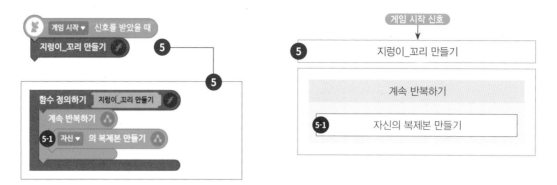

**5** [지렁이_꼬리 만들기] 함수를 코딩합니다.

**5-1** [지렁이] 오브젝트는 머리와 꼬리로 구성됩니다. 머리는 이미지 4개로 표정을 표현하고, 꼬리는 이미지 1개를 사용합니다. [지렁이]가 [음식]을 먹으면 꼬리가 길어지는 잔상 효과를 위해 자신의 복제본을 만듭니다.

## [지렁이_꼬리 잔상 효과] 함수

6번 함수(지렁이_꼬리 잔상 효과)는 [지렁이]가 [음식]을 먹으면 꼬리가 길어지는 효과를 표시하기 위한 애니메이션입니다. [복제본이 처음 생성되었을 때] 실행합니다.

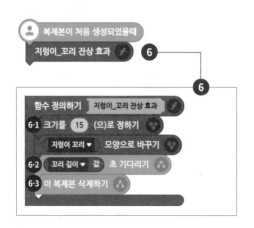
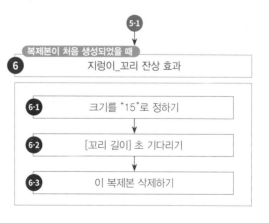

**⑥** [지렁이_꼬리 잔상 효과] 함수를 코딩합니다.

**⑥-1** [지렁이] 꼬리 크기를 지렁이 머리보다 작은 "15"로 설정합니다. (지렁이 꼬리) 모양으로 변경합니다.

**⑥-2** [꼬리 길이] 값만큼 기다립니다. [꼬리 길이]에 따라 지렁이 꼬리가 표시되는 시간이 달라집니다.

**⑥-3** 이 복제본을 삭제합니다.

## [지렁이_꼬리 위치 설정] 함수

7번 함수(지렁이_꼬리 위치 설정)는 고정된 [지렁이] 머리를 기준으로, 이동 방향에 대해 꼬리 방향을 결정하여 [지렁이]가 이동하는 효과를 표현하는 함수입니다. [복제본이 처음 생성되었을 때] 반복 실행합니다.

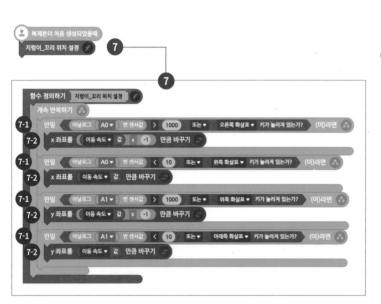

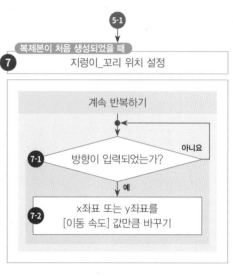

**⑦** [지렁이_꼬리 위치 설정] 함수를 코딩합니다.

**⑦-1** [지렁이] 오브젝트 꼬리 위치를 설정합니다. [지렁이]는 고정되어 있지만, 꼬리는 이동 방향에 따라 움직여야 합니다. 따라서 오른쪽, 왼쪽, 위쪽, 아래쪽으로 방향 키가 입력되었는지 판단합니다.

**⑦-2** 이동 방향에 따라 x좌표 또는 y좌표를 [이동 속도] 값만큼 바꾸어 꼬리 위치를 설정합니다.

## [지렁이_꼬리 길이 키우기] 함수

8번 함수(지렁이_꼬리 길이 키우기)는 [지렁이] 꼬리를 키우는 함수입니다. [음식]을 먹을수록 꼬리가 길어집니다. [게임 시작] 신호를 받으면 반복 실행합니다.

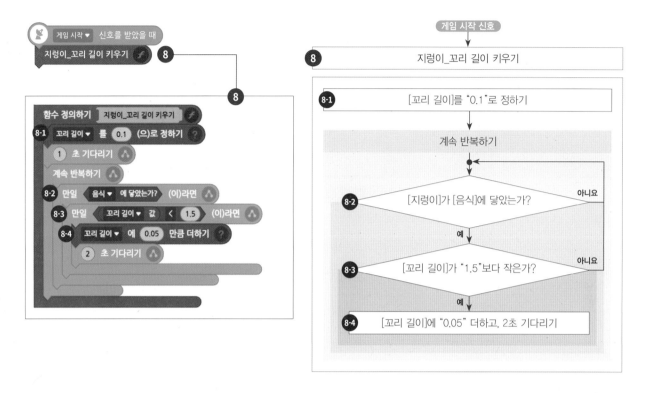

**8** [지렁이_꼬리 길이 키우기] 함수를 코딩합니다.

**8-1** [지렁이]의 [꼬리 길이]를 "0.1"로 정합니다. 처음 시작할 때는 꼬리 길이가 짧기 때문에 초깃값을 "0.1"로 정합니다.

**8-2** [지렁이] 꼬리를 키울 때 [지렁이]가 [음식]에 닿았는지 판단합니다.

**8-3** [꼬리 길이]가 "1.5"보다 작은지 판단합니다. "1.5"보다 크다면 지렁이 꼬리 길이가 매우 길어집니다. 따라서 [지렁이] 꼬리가 무한정 길어지는 것을 막기 위해 [꼬리 길이]의 최댓값을 "1.5"로 지정합니다.

**8-4** [꼬리 길이]에 "0.05"만큼 더해서 꼬리 길이를 키웁니다.

## 3.2 지렁이 부스트 오브젝트

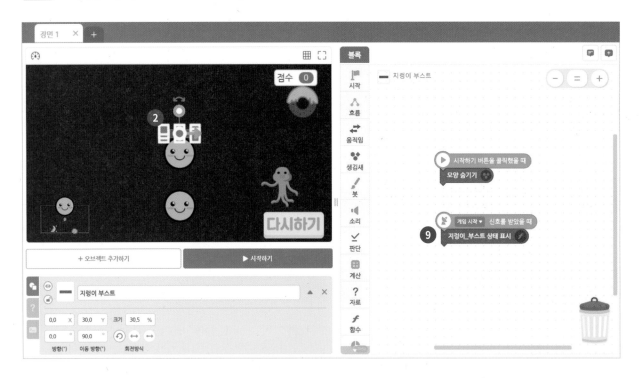

### [지렁이_부스트 상태 표시] 함수

9번 함수(지렁이_부스트 상태 표시)는 [지렁이]가 [음식]을 먹으면 사용하는 부스트에 에너지가 충전되는 모습을 표현하는 애니메이션 함수입니다. [게임 시작] 신호를 받으면 반복 실행합니다.

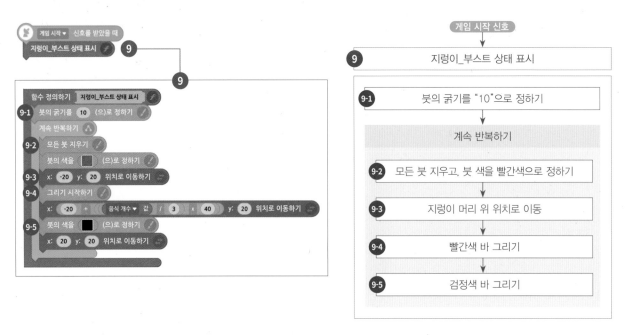

❾ [지렁이_부스트 상태 표시] 함수를 코딩합니다.

❾-❶ [지렁이 부스트] 오브젝트는 상태 변화를 붓으로 표시합니다. [지렁이] 오브젝트 크기에 맞추어 붓의 굵기를 "10"으로 정합니다.

❾-❷ [지렁이]가 [음식]을 먹으면 실시간으로 부스트 상태 바가 변하기 때문에 모든 붓을 지웁니다. 부스트 변화를 표시하기 위해 붓의 색을 빨간색으로 정합니다.

❾-❸ 붓 위치를 x: −20, y: 20으로 이동합니다. [지렁이] 위치는 x: 0, y: 0으로 화면 중앙에 고정되어 있으므로, 부스트는 x: −20, y: 20에서 시작합니다.

❾-❹ 위치 이동이 끝났다면 빨간색 붓을 그리기 시작합니다. 빨간색 붓은 [음식 개수] 값에 따라 결정됩니다. 3개를 먹으면 부스트를 사용할 수 있으며, 빨간색이 모두 채워지도록 붓을 그려야 합니다. 상태 표시 한 칸의 크기는 −20+([음식 개수]값/3 × 40)으로 정합니다. −20은 x좌표의 시작 위치고, 3은 부스트를 사용하기 위해 먹어야 할 [음식]의 총 개수입니다. 40은 상태 바의 총 길이(−20~20)를 의미합니다. 즉, [음식]을 1개, 2개, 3개 먹을 때마다 x좌표 위치는 "−20~−6.6", "−20~6.6", "−20~20"으로 그려집니다.

❾-❺ 붓의 색을 검정색으로 설정하고 위치를 x: 20, y: 20으로 이동합니다. 빨간색과 검정색으로 상태바가 그려집니다. 예를 들어, [음식 개수]가 1이라면 −20~−6.6까지 빨간색으로 그려지고, −6.6~20까지는 검정색으로 그려집니다.

## 3.3 지렁이 미니맵 오브젝트

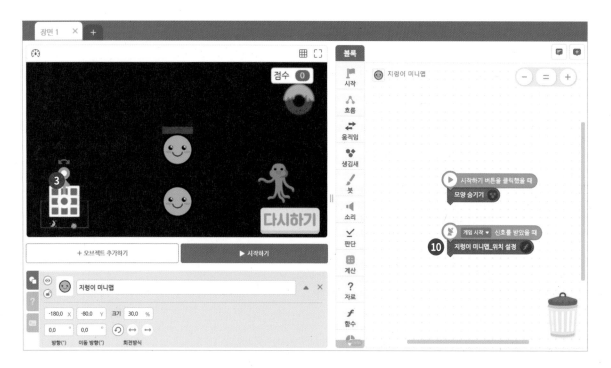

[지렁이 미니맵]을 만들기 위해서는 지렁이 배경 화면에 대한 이해가 필요합니다. 무한 배경을 이용해 [지렁이] 이동에 따라 배경을 만들 수 있지만, 이 게임에서는 [우주] 배경 이미지 1개를 확대해서 사용합니다.

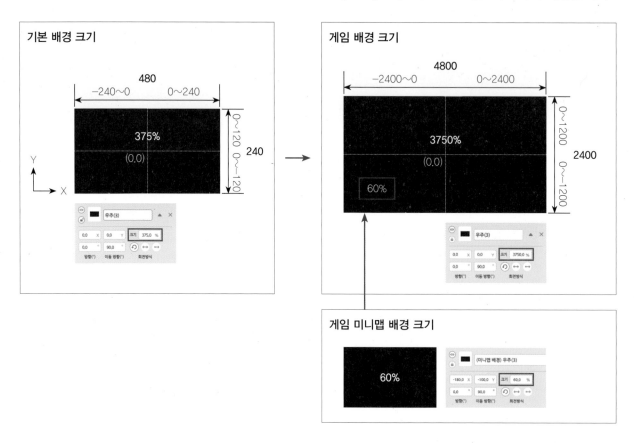

기본 [우주] 배경의 크기는 375%입니다. 우리는 기본 [우주] 배경을 10배 확대한 3750%의 크기를 게임 배경으로 사용합니다. 하지만 [지렁이 미니맵] 크기는 60%로 사용합니다. 실제 게임에서 사용하는 배경 크기와는 62.5배나 차이가 납니다. 확대된 게임 배경에서 [지렁이]가 움직이면 [지렁이 미니맵]에 표시되는 [지렁이] 위치를 함께 변경해야 합니다.

## [지렁이 미니맵_위치 설정] 함수

10번 함수(지렁이 미니맵_위치 설정)는 [지렁이] 움직임에 따라 [지렁이 미니맵]에 [지렁이]를 표시하는 함수입니다. [게임 시작] 신호를 받으면 반복 실행합니다.

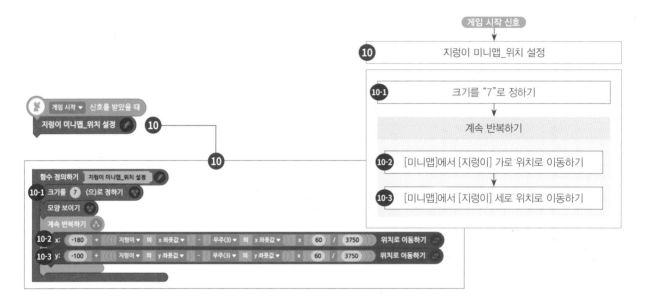

⑩ [지렁이 미니맵_위치 설정] 함수를 코딩합니다.

10-1 [지렁이 미니맵] 오브젝트 크기를 "7"로 설정합니다. [지렁이 미니맵]에 표시되는 [지렁이] 모양이기 때문에 작은 크기로 설정합니다.

10-2 계속 반복하면서 [지렁이]의 현재 x위치를 계산하고 [지렁이 미니맵] 위치에 맞춥니다. −180은 [지렁이 미니맵]의 중앙 x좌표이고, 60/3750은 지렁이 미니맵 배경과 게임 배경의 크기를 의미합니다.

10-3 계속 반복하면서 [지렁이]의 현재 y위치를 계산하고 [지렁이 미니맵] 위치에 맞춥니다. −100은 [지렁이 미니맵]의 중앙 y좌표입니다.

## 3.4 음식 오브젝트

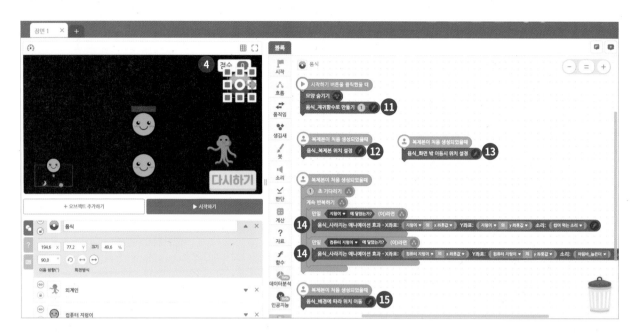

### [음식_재귀함수로 만들기] 함수

11번 함수(음식_재귀함수로 만들기)는 [음식] 복제본의 이동, 효과 및 동작을 실행하는 함수입니다. [▶시작하기] 버튼을 클릭하면 현재 화면에 보이는 [음식] 오브젝트를 숨기고, 재귀함수로 음식을 반복해서 만듭니다.

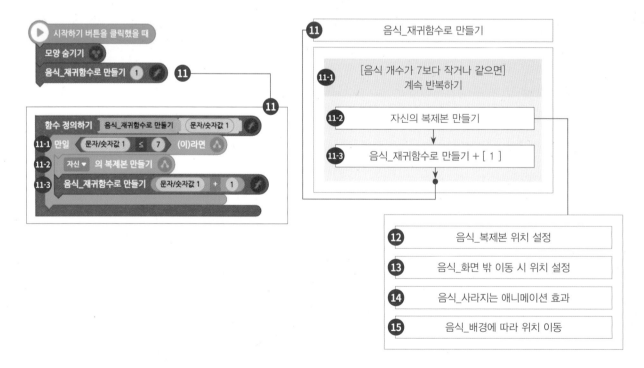

⓫ [음식_재귀함수로 만들기] 함수를 코딩합니다.

⓫-1 재귀함수를 사용하여 [음식]을 만들기 시작합니다. [음식]을 화면에 표시할 때 반복문을 사용해서 만들 수도 있습니다. 하지만 많은 오브젝트를 화면에 빠르게 표시해야 하는 경우, 반복문보다는 함수가 자신을 다시 호출해 작업을 수행하는 재귀를 사용하면 빠르게 오브젝트를 화면에 표시할 수 있습니다. [음식] 오브젝트가 너무 많으면 PC 속도에 영향을 주므로, [음식]이 [지렁이] 주위에만 표시되도록 개수를 "7"로 설정합니다.

⓫-2 만일 [음식 개수]가 "7"보다 작다면 음식 위치, 화면 밖 이동 시 위치 설정, 사라지는 애니메이션 효과가 적용된 자신의 복제본을 만듭니다.

⓫-3 [음식_재귀함수로 만들기]는 자신의 함수를 호출하면서 +1을 합니다.

## [음식_복제본 위치 설정] 함수

12번 함수(음식_복제본 위치 설정)는 복제본으로 만들어진 [음식]의 모양, 크기, 위치를 설정하는 함수입니다. [복제본이 처음 생성되었을 때] 실행됩니다.

⓬ [음식_복제본 위치 설정] 함수를 코딩합니다.

⓬-1 [음식] 모양을 무작위로 바꿉니다.

⓬-2 크기를 "15~30"으로 무작위로 설정합니다.

⓬-3 [음식]을 무작위 위치로 이동하고 모양을 보이게 합니다.

## [음식_화면 밖 이동 시 위치 설정] 함수

13번 함수(음식_화면 밖 이동 시 위치 설정)는 [음식]이 화면 밖으로 이동했을 시 새로운 [음식]을 [지렁이] 주위에 다시 생성하기 위해 복제본을 생성하는 함수입니다. [복제본이 처음 생성되었을 때] 실행합니다.

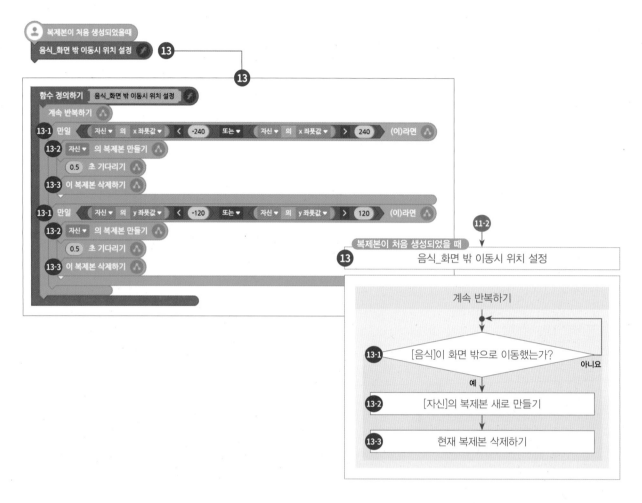

⑬ [음식_화면 밖 이동 시 위치 설정] 함수를 코딩합니다.

⑬-¹ [지렁이] 이동에 따라 [음식]이 화면 밖으로 움직일 수 있습니다. [음식]이 화면 밖으로 이동했다면 다음 블록을 실행합니다.

⑬-¹ [자신의 복제본 만들기]를 실행하여 새로운 [음식] 오브젝트를 만듭니다.

⑬-³ 화면에 보이는 [음식]이 화면 밖으로 이동하면 이 복제본을 삭제합니다. 복제본을 삭제하지 않으면 음식이 화면에 계속 남아 있게 되어 컴퓨터의 속도가 느려지는 문제가 발생합니다. 따라서 너무 많은 음식이 화면에 나타나지 않도록 [음식]을 [지렁이] 주위에 위치시키고, 화면에 보이지 않는 [음식]은 삭제합니다.

## [음식_사라지는 애니메이션 효과] 함수

14번 함수(음식_사라지는 애니메이션 효과)는 [지렁이] 또는 [컴퓨터 지렁이]가 [음식]을 먹을 때, [음식]이 [지렁이] 입으로 사라지는 애니메이션 함수입니다. [복제본이 처음 생성되었을 때] 실행됩니다.

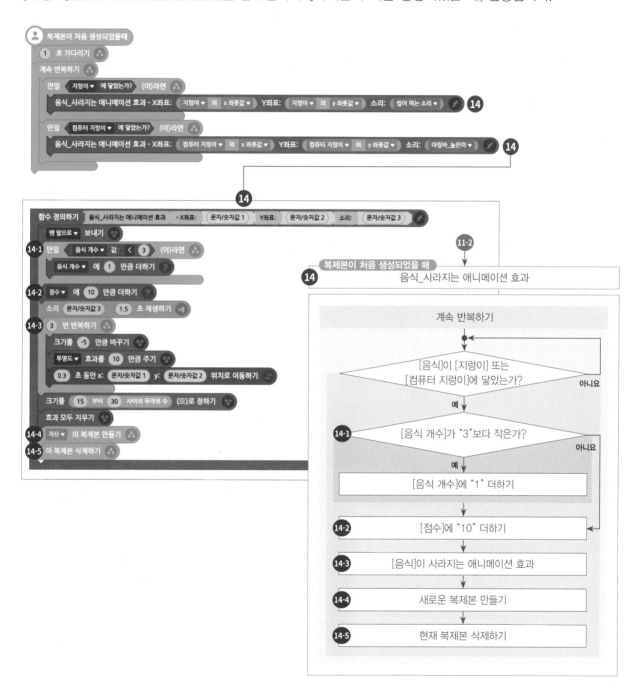

⑭ [음식_사라지는 애니메이션 효과] 함수를 코딩합니다.

⑭-1 만일 [음식]이 [지렁이] 또는 [컴퓨터 지렁이]에 닿았다면, [지렁이] 입으로 들어가는 것처럼 보이도록 하기 위해 (맨앞으로) 보내기를 설정합니다. 부스트 모드는 음식이 3개일 때 사용할 수 있습니다. 따

175

라서 [음식 개수]가 "3"보다 작으면 [음식 개수]에 "1"을 더하고 "3"보다 크다면 음식을 먹더라도 더 이상 숫자를 더하지 않도록 합니다.

**14-2** [지렁이]가 [음식]을 먹은 상태이기 때문에, [점수]에 "10"을 더하고 소리를 출력합니다.

**14-3** 크기와 투명도, 위치를 변경하여 [음식]이 [지렁이]이 입에 들어가는 애니메이션 효과를 줍니다.

**14-4** [지렁이]가 [음식]을 먹었기 때문에 [음식]은 사라지고 새로운 [음식]을 다시 만들어야 합니다. 따라서 새로운 [음식]을 [복제본 만들기]로 만듭니다.

**14-5** [지렁이]가 먹은 [음식] 복제본은 삭제하여 사라지도록 합니다.

## [음식_배경에 따라 위치 이동] 함수

15번 함수(음식_배경에 따라 위치 이동)는 [지렁이] 움직임에 따라 움직이는 배경에 맞추어 [음식] 위치를 이동하는 함수입니다. [복제본이 처음 생성되었을 때] 실행됩니다.

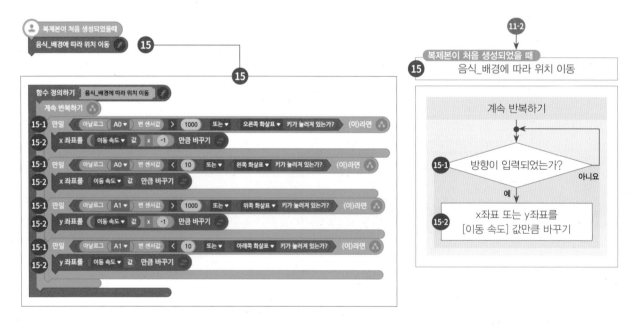

**15** [음식_배경에 따라 위치 이동] 함수를 코딩합니다.

**15-1** [지렁이] 오브젝트는 위치가 고정되어 있으므로, 움직이는 효과를 표현하기 위해서는 주변 오브젝트가 움직여야 합니다. 즉, [지렁이] 이동 방향에 따라 [음식]이 움직여야 합니다. 오른쪽, 왼쪽, 위쪽, 아래쪽으로 방향 키가 입력되었는지 판단합니다.

**15-2** 이동 방향에 따라 x좌표 또는 y좌표를 [이동 속도] 값만큼 바꾸어 [음식] 위치를 설정합니다. 이 함수가 없다면 배경과 [음식]의 움직임이 분리되는 문제가 발생합니다. 따라서 [음식] 위치를 반드시 보정해야 합니다.

**외계인 오브젝트**

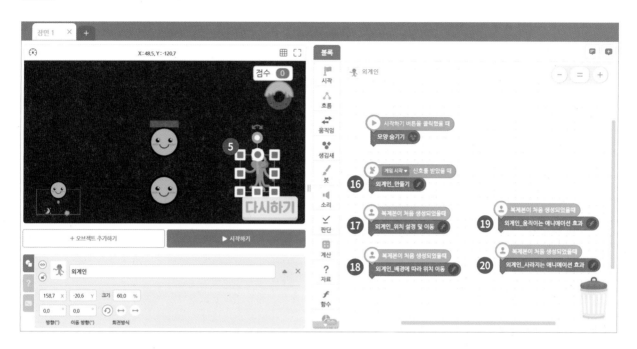

### [외계인_만들기] 함수

16번 함수(외계인_만들기)는 외계인 복제본을 만드는 함수입니다. [게임 시작] 신호를 받으면 반복 실행합니다.

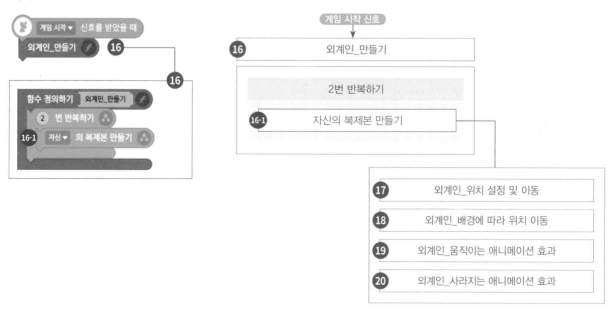

**16** [외계인_만들기] 함수를 코딩합니다.

**16-1** 2번 반복하여 [외계인] 복제본 2개를 만듭니다. 만약 [외계인]을 더 많이 만들고 싶다면 반복 횟수를 늘립니다.

## [외계인_위치 설정 및 이동] 함수

17번 함수(외계인_위치 설정 및 이동)는 [외계인] 복제본을 만들고, 위치 및 이동값을 설정하는 함수입니다. [자신의 복제본 만들기]로 호출됩니다.

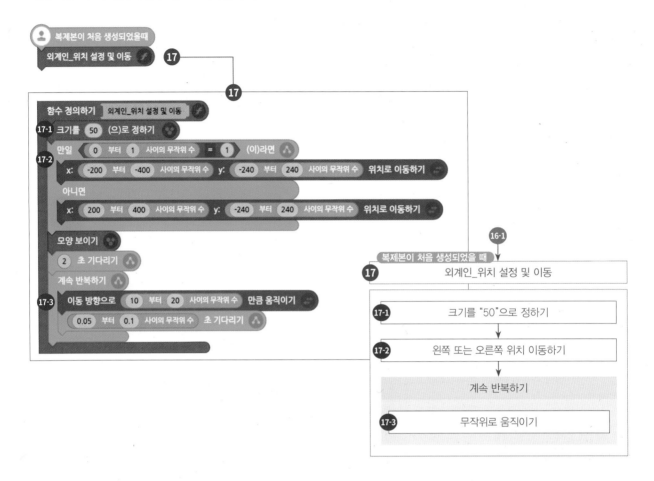

🔟 [외계인_위치 설정 및 이동] 함수를 코딩합니다.

17-1 크기를 "50"으로 정합니다.

17-2 [외계인] 위치를 무작위로 지정하고 모양을 보이도록 합니다.

17-3 이동 방향으로 무작위 수만큼 움직이는 동작을 반복합니다.

## [외계인_배경에 따라 위치 이동] 함수

18번 함수(외계인_배경에 따라 위치 이동)는 [지렁이] 움직임에 따라 움직이는 배경에 맞추어 [외계인] 위치를 보정하는 함수입니다. [복제본이 처음 생성되었을 때] 반복 실행합니다.

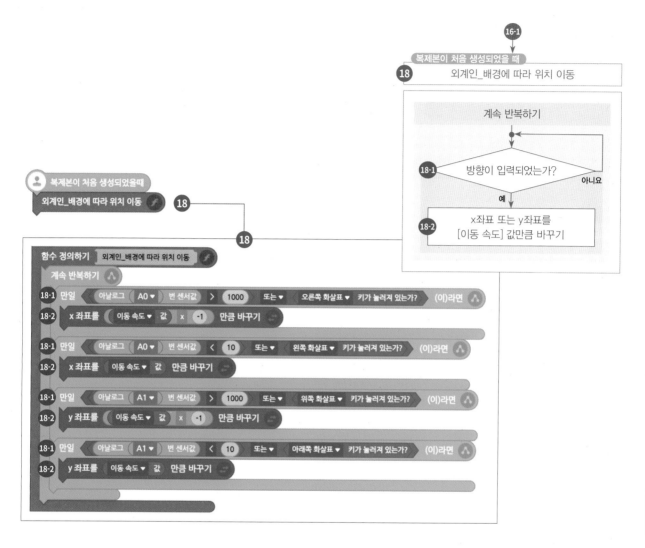

⑱ [외계인_배경에 따라 위치 이동] 함수를 코딩합니다.

⑱-1 [지렁이] 오브젝트는 위치가 고정되어 있으므로, 실제 움직이는 효과를 주기 위해서는 주변 오브젝트가 움직입니다. 즉, [지렁이] 이동 방향에 따라 [외계인]이 움직여야 합니다. 오른쪽, 왼쪽, 위쪽, 아래쪽으로 방향 키가 입력되었는지 판단합니다.

⑱-2 이동 방향에 따라 x좌표 또는 y좌표를 [이동 속도] 값만큼 바꾸어 [외계인] 위치를 설정합니다. 이 함수가 없다면 배경과 [외계인] 움직임이 분리되는 문제가 발생합니다. 따라서 [외계인] 위치를 반드시 보정해야 합니다.

## [외계인_움직이는 애니메이션 효과] 함수

19번 함수(외계인_움직이는 애니메이션 효과)는 [외계인]이 오른쪽 또는 왼쪽으로 움직이는 동작을 실행하는 애니메이션 함수입니다. [복제본이 처음 생성되었을 때] 반복 실행합니다.

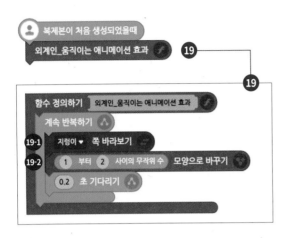

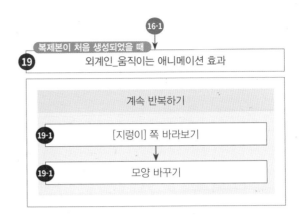

**19** [외계인_움직이는 애니메이션 효과] 함수를 코딩합니다.

**19-1** [외계인]은 [지렁이]를 공격하는 목적을 가지고 있습니다. 따라서 [지렁이] 쪽을 바라보도록 합니다.

**19-2** [외계인] 모양을 바꾸어 현실감 있는 애니메이션 효과를 줍니다.

## [외계인_사라지는 애니메이션 효과] 함수

20번 함수(외계인_사라지는 애니메이션 효과)는 [지렁이]의 [부스트 모드]가 "ON"인 상태에서 [지렁이]에 닿으면 [외계인]이 사라지도록 하는 함수입니다. [복제본이 처음 생성되었을 때] 반복 실행합니다.

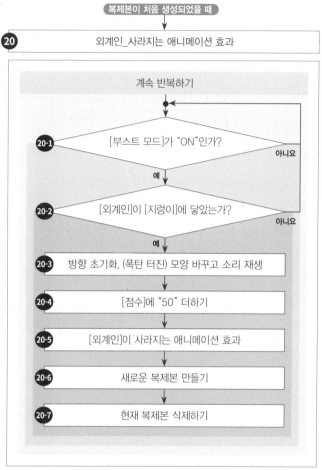

⑳ [외계인_사라지는 애니메이션 효과] 함수를 코딩합니다.

⑳-1 [외계인]이 [지렁이]의 공격을 받을 수 있는 상태인지 확인하기 위해 [부스트 모드]를 확인합니다.

⑳-2 [외계인]이 [지렁이]에 닿았는지 판단하고, 닿았다면 다음 블록을 실행합니다.

⑳-3 [외계인]은 [지렁이] 쪽을 바라보기 때문에 지렁이의 이동에 따라 방향이 계속 변합니다. [외계인]이 [지렁이]에 닿았을 때 (폭탄_터진1) 모양을 정상적으로 표시하기 위해, 방향을 0도로 설정하여 오브젝트가 기울어짐 없이 제대로 보이도록 하고, 모양을 변경합니다.

⑳-4 [지렁이]가 [외계인]을 공격한 상황이므로 [점수]에 "50"을 더합니다.

⑳-5 크기 및 투명도 효과로 [외계인]이 사라지는 애니메이션을 실행합니다.

⑳-6 [외계인]이 사라지고 새로운 [외계인]을 만들기 위해 복제본 만들기를 실행합니다.

⑳-7 [지렁이]에게 공격받은 현재의 [외계인] 복제본을 삭제하여 화면에서 사라지도록 합니다.

# ④ 게임 동작 확인

이 장에서는 미니맵을 만들어 보았습니다. 확대 배경을 이용해 넓은 배경에서 원하는 위치를 작은 창에 표시하는 방법으로 [지렁이] 위치를 표시했습니다. 미니맵은 게임을 만들 때 응용하여 사용할 수 있습니다.

또한 [지렁이] 오브젝트는 고정하고 배경 및 주변 오브젝트를 이동시켜서 실제 이동하는 것과 같은 효과를 표현하는 방법을 배웠습니다. 미로 게임이나 매우 큰 맵을 사용하는 게임 등에 응용해서 게임을 만들 수 있습니다.

함수 블록 코딩이 모두 완료가 되었다면, 엔트리를 실행합니다. [지렁이]가 이동하여 [외계인]을 피하면서 [음식]을 먹고 [지렁이] 꼬리를 키우는 게임을 합니다. [부스트 모드]가 "ON"인 상태에서 [외계인]에 닿으면 추가 점수가 올라가고, "OFF"인 상태에서 [외계인]에 닿으면 게임은 종료됩니다.

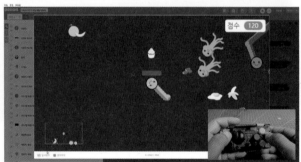

https://youtu.be/M-_dXZMyLlg

182

# ⑤ 생각하기

난이도를 높이거나 게임의 재미를 위해 컴퓨터 지렁이를 만들 수 있습니다. 물론 [외계인]으로 게임을 진행하는 데에도 문제가 없지만, [컴퓨터 지렁이]를 추가하면 게임의 난이도가 더 올라갑니다. 이번 게임에서는 [컴퓨터 지렁이]가 한 마리만 등장하지만, [컴퓨터 지렁이] 오브젝트를 복제해서 원하는 수만큼 만들수 있습니다. 미완성된 [컴퓨터 지렁이]를 완성해 봅니다.

## 8장

# 에어 하키 게임 만들기

에어 하키 게임은 [퍽]을 상대방 골대에 넣는 아케이드 액션 게임입니다. [퍽]은 플레이어가 주고받는 디스크로, [스틱]을 제어하여 [퍽]을 상대방 골대에 넣어야 합니다. 스틱을 위쪽, 아래쪽, 오른쪽, 왼쪽으로 이동하면서 게임을 진행하고, [골대]에 [퍽]이 들어가면 점수가 올라갑니다. 이 게임은 1인용과 2인용을 제공합니다. 1인용 게임은 상대 선수가 자동으로 [스틱]을 제어하며, 2인용 게임은 조이스틱과 PC 키보드를 이용해서 2명이 게임을 할 수 있습니다. 제한 시간이 0이 되면 게임은 종료됩니다.

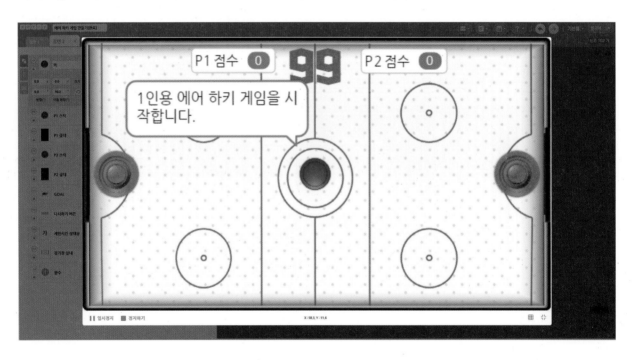

예제파일 : 에어 하키 게임 만들기(예제).ent
완성파일 : 에어 하키 게임 만들기(완성).ent

# ❶ 게임 이해하기

## 1.1 게임 테마

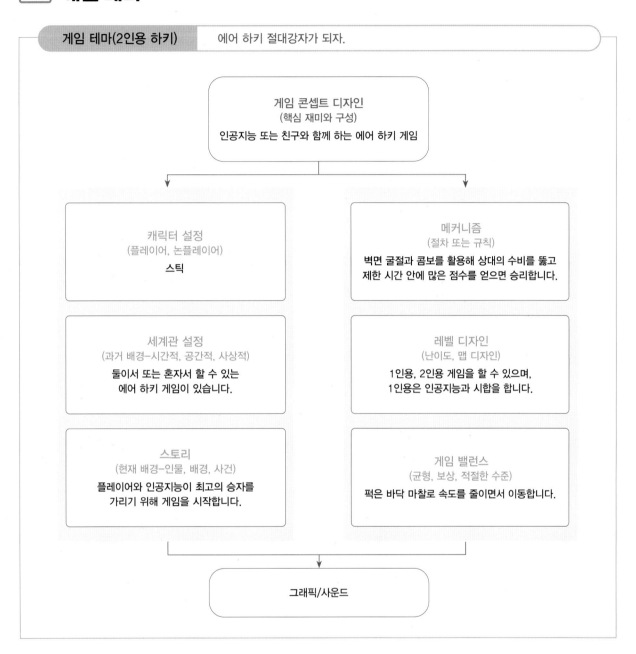

게임 테마(2인용 하키)　　에어 하키 절대강자가 되자.

**게임 콘셉트 디자인**
(핵심 재미와 구성)
인공지능 또는 친구와 함께 하는 에어 하키 게임

**캐릭터 설정**
(플레이어, 논플레이어)
스틱

**메커니즘**
(절차 또는 규칙)
벽면 굴절과 콤보를 활용해 상대의 수비를 뚫고 제한 시간 안에 많은 점수를 얻으면 승리합니다.

**세계관 설정**
(과거 배경–시간적, 공간적, 사상적)
둘이서 또는 혼자서 할 수 있는 에어 하키 게임이 있습니다.

**레벨 디자인**
(난이도, 맵 디자인)
1인용, 2인용 게임을 할 수 있으며, 1인용은 인공지능과 시합을 합니다.

**스토리**
(현재 배경–인물, 배경, 사건)
플레이어와 인공지능이 최고의 승자를 가리기 위해 게임을 시작합니다.

**게임 밸런스**
(균형, 보상, 적절한 수준)
퍽은 바닥 마찰로 속도를 줄이면서 이동합니다.

**그래픽/사운드**

## 1.2 게임 구성

지정된 시간에 상대방 [골대]에 [퍽]을 넣는 구성입니다. [게임 시작] 신호와 [게임 종료] 신호를 이용해 게임 흐름을 제어합니다.

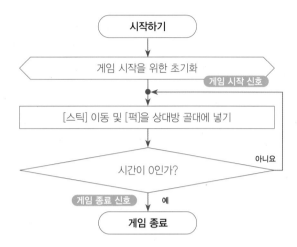

## 1.3 게임 동작

❶ {장면 1}과 {장면 2}로 구성되며, {장면 1}에서 [▶시작하기] 버튼을 클릭하면, 1인용과 2인용 게임을 선택할 수 있습니다.

❷ [퍽] 오브젝트가 게임 시작을 알립니다.

❸ 1인용 게임은, 왼쪽 스틱(P1)이 자동으로 이동하면서 퍽을 오른쪽 [골대]에 넣습니다. 플레이어는 오른쪽 스틱(P2)을 직접 조종하여 [퍽]이 [골대]에 들어가는 것을 막거나, 상대방(왼쪽) [골대]로 [퍽]을 보냅니다.

❹ 2인용 게임은, 왼쪽 스틱(P1)과 오른쪽 스틱(P2)을 2명이 조정하면서 게임을 합니다. 상대방 [골대]에 [퍽]을 넣으면 점수가 올라갑니다.

❺ 시간이 0이 되면 게임은 종료됩니다.

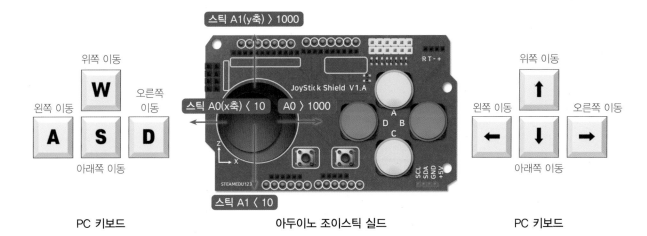

<table>
<tr><td>위쪽 이동</td></tr>
</table>

스틱 A1(y축) 〉1000

JoyStick Shield V1.A

RT-+

위쪽 이동

왼쪽 이동

스틱 A0(x축) 〈 10     A0 〉1000

A B
D
C

오른쪽 이동

W

A S D

오른쪽 이동

아래쪽 이동

Z
X

SCL
SDA
GND
+5V

왼쪽 이동     오른쪽 이동

↑

← ↓ →

STEAMEDU123

스틱 A1 〈 10

아래쪽 이동

PC 키보드

아두이노 조이스틱 실드

PC 키보드

2인용 게임 시 P1 스틱 PC 조작키

1인용 및 2인용 시 P2 스틱 조이스틱 및 PC 조작키

## ② 구조 이해하기

게임은 {장면 1}과 {장면 2}로 구성됩니다. {장면 1}에서 1인용 또는 2인용 게임을 선택하면, {장면 2}에서
게임을 시작합니다. 참고로 {장면 2}에서 [▶시작하기] 버튼을 클릭하면 게임은 실행되지 않습니다.

에어 하키 게임의 오브젝트는 5개입니다. [퍽], [P1 스틱], [P1 골대], [P2 스틱], [P2 골대]로 구성됩니다.
[제한시간], [다시하기] 오브젝트는 공통으로 사용하는 구성으로 1장을 참고합니다.

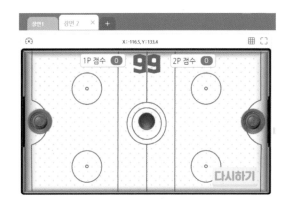

## 2.1 속성

**❶ 제한 시간**: 게임 종료를 위해 제한 시간을 저장합니다.

**❷ 게임 플레이어**: 1인용 또는 2인용 게임을 저장합니다.

**❸ 퍽 위치 준비**: "준비중", "준비 완료"를 저장합니다. [퍽]이 골대에 닿으면, 지정한 위치로 이동하기 위해 "준비중"으로 변경되고, [퍽]이 지정한 위치로 이동하면 "준비 완료"로 변경됩니다.

**❹ 퍽 속도**: [퍽]의 이동 속도를 저장합니다. [퍽]이 [스틱]에 맞으면 초깃값 "15"에서 "−0.08"씩 속도가 줄어들고 "0"이 되면 [퍽]은 멈춥니다. 처음에는 [퍽]이 빠르게 움직이다가 점점 천천히 움직이면서 [퍽]이 멈추는 동작을 구현할 수 있습니다.

**❺ 퍽 위치**: 공격의 순서를 정합니다. "P1 공격" 또는 "P2 공격" 값을 저장합니다.

**❻ 퍽을 친 스틱**: [P1 스틱]에 [퍽]이 맞으면 [P1], [P2 스틱]에 [퍽]이 맞으면 [P2] 값을 저장합니다.

**❼ 퍽 회전**: [퍽]의 회전 각도를 저장합니다.

**❽ 퍽 시작 위−아래**: [퍽]의 시작 위치를 위쪽 또는 아래쪽 동그라미에 무작위로 배치하기 위해 사용됩니다.

**❾ P1 점수**: [퍽]이 [P1 스틱]에 맞고 오른쪽 [P2 골대]에 들어가면, [P1 점수]에 "1"점을 더합니다.

**❿ P2 점수**: [퍽]이 [P2 스틱]에 맞고 왼쪽 [P1 골대]에 들어가면, [P2 점수]에 "1"점을 더합니다.

1. **P1 골 터치**: [P1 골대]에 [퍽]이 닿으면 [P1 골 터치] 신호를 보내어 점수 및 퍽의 위치를 설정합니다.
2. **P2 골 터치**: [P2 골대]에 [퍽]이 닿으면 [P2 골 터치] 신호를 보내어 점수 및 퍽의 위치를 설정합니다.
3. **게임 시작**: {장면 2}가 시작되면, [게임 시작] 신호를 각 오브젝트에 보내어 게임 시작을 알립니다.
4. **게임 종료**: 게임이 종료되면 게임을 다시 시작해야 합니다. 이때 [다시하기] 오브젝트를 실행할 때 사용됩니다.

## 함수 속성

함수 속성은 오브젝트 동작을 실행할 때 사용합니다. 지정된 번호에 따라 블록 코딩을 합니다. 예를 들어, [퍽] 오브젝트는 함수 6개로 구성되며, 함수 이름은 (오브젝트 이름 + 함수 동작 설명)으로 이루어집니다.

오브젝트 이름     함수 동작 설명

퍽\_스틱에 닿으면 튕기기

퍽\_화면 밖으로 이동하면 위치 이동

퍽\_현재 공격 위치 정하기

**퍽 오브젝트**

# 2.2 오브젝트 역할

## 퍽 오브젝트

[퍽]은 스틱에 닿으면 이동합니다. 애니메이션을 사용하지 않기 때문에 이미지 1개로 구성됩니다. [P1 스틱] 또는 [P2 스틱]에 닿으면 회전하면서 [퍽]이 이동하며, 벽에 닿으면 이동 방향 반대로 튀면서 이동합니다.

## P1 스틱 오브젝트

[P1 스틱]은 [퍽]을 맞추어 상대방 골대에 넣습니다. 1인용일 때는 자동으로 움직이며, 2인용일 때는 수동으로 움직입니다. 자동 모드는 스틱이 [퍽]을 따라다니며 [퍽]을 상대방 골대에 넣고, 수동 모드는 사용자가 PC의 W, A, S, D 키를 이용해서 동작을 제어합니다.

## P1 골대 오브젝트

[P1 골대]에 [퍽]이 닿으면 [P2 점수]에 점수를 더하고 [퍽]의 위치를 지정하기 위해 [P1 골 터치] 신호를 보냅니다.

**P2 스틱 오브젝트**

[P2 스틱]은 [퍽]을 맞추어 상대방 골대에 넣습니다. 애니메이션을 사용하지 않기 때문에 이미지 1개로 구성됩니다. [P2 스틱]은 아두이노 조이스틱 실드의 스틱을 왼쪽으로 기울이면 앞으로 이동하고, 오른쪽으로 기울이면 뒤로 이동합니다. 또한 PC의 왼쪽, 오른쪽, 위쪽, 아래쪽 화살표 키를 이용해서 동작을 제어할 수 있습니다.

**P2 골대 오브젝트**

[P2 골대]에 [퍽]이 닿으면 [P1 점수]에 점수를 더하고 [퍽] 위치를 지정하기 위해 [P2 골 터치] 신호를 보냅니다.

# ③ 함수 블록 코딩하기

{장면 1}에서는 게임 사용자를 선택합니다.

❶ [1PLAYER] 또는 [2PLAYER] 오브젝트를 클릭했을 때, [게임 플레이어]에 "1인용" 또는 "2인용"을 저장합니다.

❷ {장면 2} 시작하기를 실행하여 저장된 [게임 플레이어] 값에 따라 1인용 또는 2인용 게임을 시작합니다.

{장면 2} 블록 코딩은 오브젝트 5개로 구성되며, 함수 13개를 사용합니다. 아래 그림의 빨간색 숫자는 오브젝트 고유 번호, 파란색 숫자는 함수 번호, 초록색 글상자는 신호, 빨간색 점선은 블록 코딩의 흐름을 나타냅니다. 코딩은 오브젝트 번호 순서대로 진행합니다.

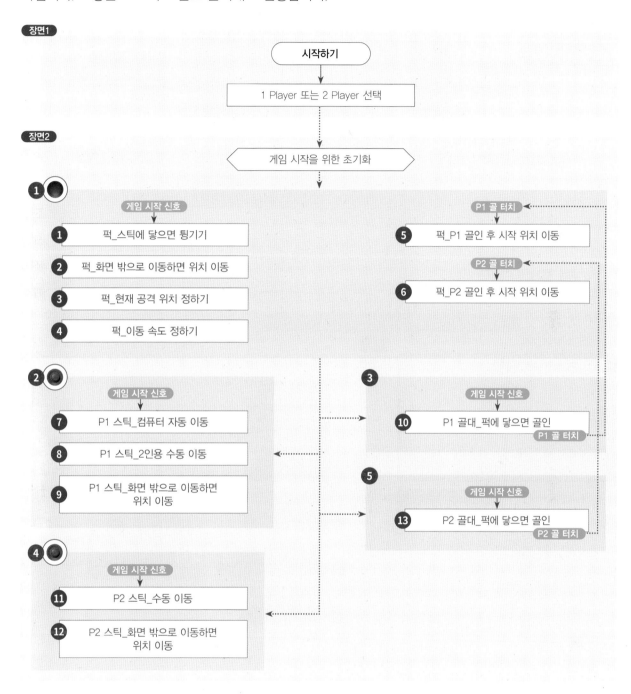

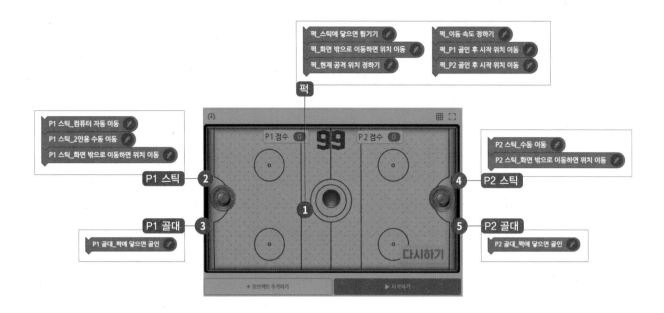

## 80장

## 3.1 퍽 오브젝트

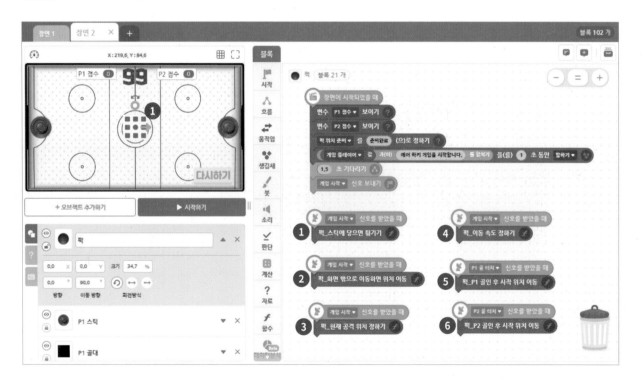

## {장면 2} 게임 초기화

{장면 2}가 실행되면, [P1 점수], [P2 점수]를 화면에 보이게 하고, [퍽 위치 준비] 값에 "준비 완료"를 저장합니다. 게임 시작 메시지를 1초 동안 표시한 후 [게임 시작] 신호를 보냅니다. 참고로 제한 시간은 99초로 기본 설정되어 있습니다.

## [퍽_스틱에 닿으면 튕기기] 함수

1번 함수(퍽_스틱에 닿으면 튕기기)는 [퍽]이 [스틱]에 닿으면 이동 방향의 반대 방향으로 이동하는 함수입니다. [게임 시작] 신호를 받으면 반복 실행합니다.

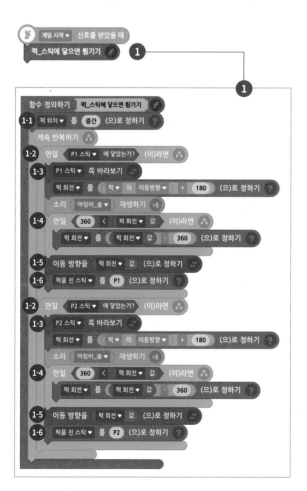

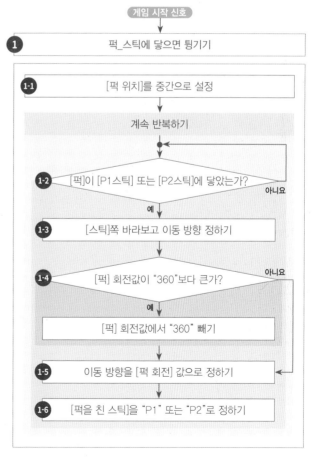

**1** [퍽_스틱에 닿으면 튕기기] 함수를 코딩합니다.

**1-1** 게임이 처음 시작되면, [퍽] 위치를 중간으로 설정합니다.

**1-2** [퍽]이 [P1 스틱] 또는 [P2 스틱]에 닿았는지 판단하고, 닿았다면 다음 블록을 실행합니다.

**1-3** [퍽]이 [스틱] 쪽을 바라보게 하고, [퍽 회전] 값을 설정합니다. [퍽] 이동 방향에 "180"을 더하여 [퍽]이 반대 방향으로 이동하도록 합니다.

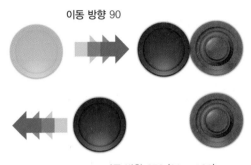

**이동 방향** 90

**이동 방향** 270 (90 + 180)

**1-4** [퍽 회전] 값이 "360"보다 크면 [퍽 회전]을 [퍽 회전] 값에서 "360"만큼 뺀 값으로 설정합니다. 예를 들어, 이동 방향이 270도로 설정되었다면, [퍽 회전] 값은 270+180 = 450도가 됩니다. [퍽 회전] 값이 360도보다 크기 때문에 360도를 빼면 90도가 됩니다. 즉, 왼쪽으로 [퍽]이 이동 중 스틱에 닿으면 [퍽]은 오른쪽으로 이동하게 됩니다.

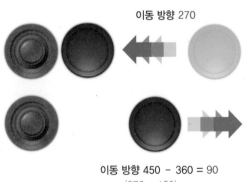

**이동 방향** 270

**이동 방향** 450 - 360 = 90
(270 + 180)

**1-5** 이동 방향을 [퍽 회전] 값으로 정합니다.

**1-6** [퍽을 친 스틱]에 "P1" 또는 "P2"를 저장합니다.

## [퍽_화면 밖으로 이동하면 위치 이동] 함수

2번 함수(퍽_화면 밖으로 이동하면 위치 이동)는 [퍽]이 화면 밖으로 이동하면 화면 안으로 위치를 이동시키는 함수입니다. [게임 시작] 신호를 받으면 반복 실행합니다.

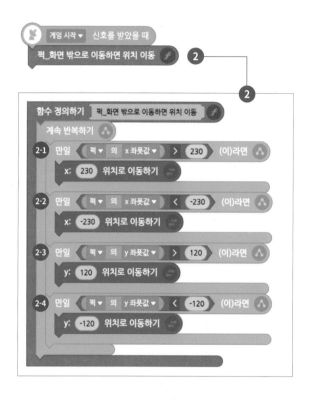

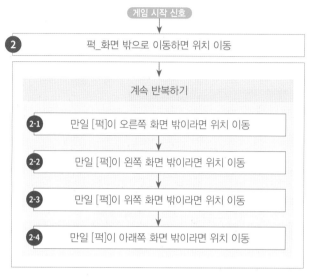

❷ [퍽_화면 밖으로 이동하면 위치 이동] 함수를 코딩합니다.

❷-❶ 만일 [퍽]이 오른쪽 화면 밖으로 이동하면, x좌표를 "230"으로 설정하여 [퍽] 위치를 화면 안으로 이동합니다.

❷-❷ 만일 [퍽]이 왼쪽 화면 밖으로 이동하면, x좌표를 "–230"으로 설정하여 [퍽] 위치를 화면 안으로 이동합니다.

❷-❸ 만일 [퍽]이 위쪽 화면 밖으로 이동하면, y좌표를 "120"으로 설정하여 [퍽] 위치를 화면 안으로 이동합니다.

❷-❹ 만일 [퍽]이 아래쪽 화면 밖으로 이동하면, y좌표를 "–120"으로 설정하여 [퍽] 위치를 화면 안으로 이동합니다.

## [퍽_현재 공격 위치 정하기] 함수

3번 함수(퍽_현재 공격 위치 정하기)는 [퍽]의 현재 공격 위치를 지정하는 함수입니다. [게임 시작] 신호를
받으면 반복 실행합니다.

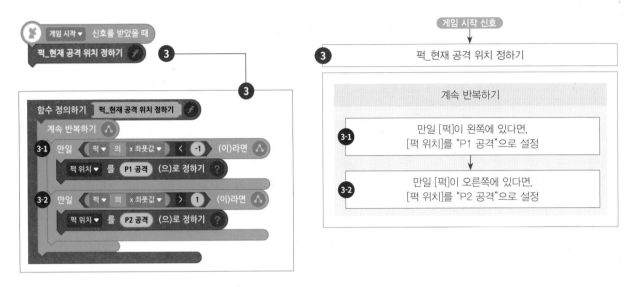

**❸** [퍽_현재 공격 위치 정하기] 함수를 코딩합니다.

**❸-❶** [퍽]은 중앙선을 기준으로 왼쪽 또는 오른쪽에 있을 수 있으며, [P1 스틱] 또는 [P2 스틱]의 공격 판단
을 위해 퍽의 현재 위치를 저장할 필요가 있습니다. [퍽]이 왼쪽에 있다면(퍽의 x좌푯값이 "−1"보다 작
다면), [퍽 위치]에 "P1 공격"을 저장합니다.

**❸-❷** [퍽]이 중앙선을 기준으로 오른쪽에 있다면(퍽의 x좌푯값이 "1"보다 크다면), [퍽 위치]에 "P2 공격"을
저장합니다.

## [퍽_이동 속도 정하기] 함수

4번 함수(퍽_이동 속도 정하기)는 [퍽]이 이동하는 속도를 계산하는 함수입니다. [퍽]은 [스틱]에 닿으면 빠
르게 움직이다가 속도가 점점 천천히 줄어들고, 마지막에는 정지하게 됩니다. [게임 시작] 신호를 받으면
반복 실행합니다.

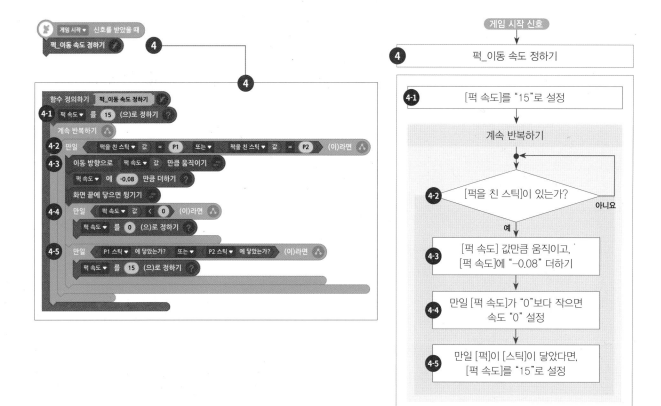

❹ [퍽_이동 속도 정하기] 함수를 코딩합니다.

❹⁻¹ [퍽]의 처음 이동 속도를 "15"로 정합니다. [퍽]이 [스틱]에 닿으면 빠르게 이동하기 때문에 최댓값을 "15"로 설정합니다.

❹⁻² [퍽을 친 스틱]이 있다면 다음 블록을 실행합니다.

❹⁻³ 이동 방향으로 [퍽 속도] 값만큼 움직입니다. 처음에는 "15"만큼 움직이고, "-0.08"씩 더해서 속도가 점점 줄어들도록 합니다. 만약 [퍽]이 화면 끝에 닿으면 이동 반대 방향으로 튕기도록 합니다.

❹⁻⁴ 이동 속도에 "-0.08"씩 반복해서 더하다 보면 0보다 작아질 수 있습니다. 따라서 [퍽 속도]가 "0"보다 작아지지 않도록 [퍽 속도]를 "0"으로 설정합니다.

❹⁻⁵ [퍽] 이동 중에 [스틱]에 닿았다면, [퍽 속도]를 "15"로 설정하여 빠르게 이동하도록 합니다.

5번 함수(퍽_P1 골인 후 시작 위치 이동)는 [퍽]이 [P1 골대]에 들어가면 게임을 시작하기 위해 [퍽]의 위치를 이동하는 함수입니다. [P1 골 터치] 신호를 받으면 실행합니다.

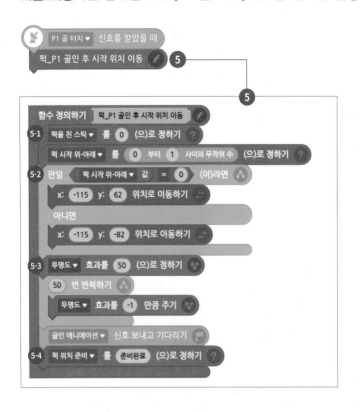

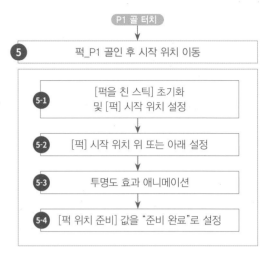

⑤ [퍽_P1 골인 후 시작 위치 이동] 함수를 코딩합니다.

5-1 [퍽을 친 스틱]을 "0"으로 초기화합니다.

5-2 [퍽 시작 위-아래] 값을 무작위로 "0" 또는 "1"로 정합니다. 만약 0이라면 [퍽] 위치를 위쪽으로 이동하고, 1이라면 [퍽] 위치를 아래쪽으로 이동합니다.

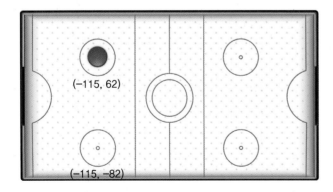

5-3 [퍽]이 화면에 표시될 때 투명도 효과를 주어 천천히 표시되도록 합니다.

5-4 게임 시작을 위해 [퍽] 위치가 준비 완료되었다면 "준비 완료"로 설정합니다.

6번 함수(퍽_P2 골인 후 시작 위치 이동)는 [퍽]이 [P2 골대]에 들어가면 게임을 시작하기 위해 [퍽]의 위치를 이동하는 함수입니다. [P2 골 터치] 신호를 받으면 실행합니다.

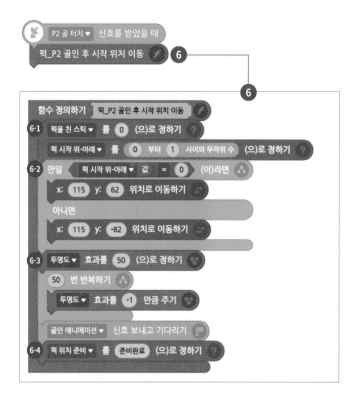

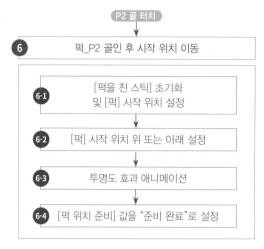

**6** [퍽_P2 골인 후 시작 위치 이동] 함수를 코딩합니다.

**6-1** [퍽을 친 스틱]을 "0"으로 초기화합니다.

**6-2** [퍽 시작 위-아래] 값을 무작위로 "0" 또는 "1"로 정합니다. 만약 0이라면 [퍽] 위치를 위쪽으로 이동하고, 1이라면 [퍽] 위치를 아래쪽으로 이동합니다.

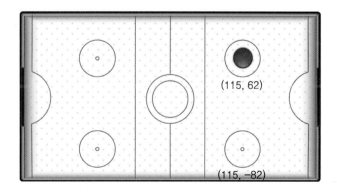

**6-3** [퍽]이 화면에 표시될 때 투명도 효과를 주어 천천히 표시되도록 합니다.

**6-4** 게임 시작을 위해 [퍽] 위치가 준비 완료되었다면 "준비 완료"로 설정합니다.

## 3.2 P1 스틱 오브젝트

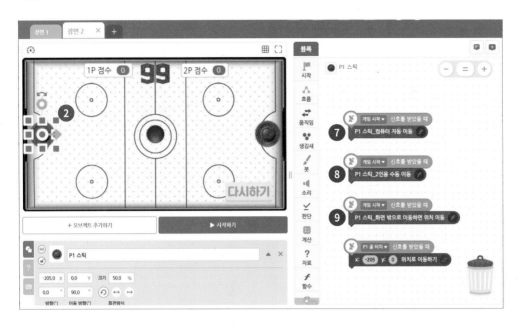

### [P1 스틱_컴퓨터 자동 이동] 함수

7번 함수(P1 스틱_컴퓨터 자동 이동)는 1인용 게임 선택 시 [P1 스틱]이 자동으로 움직이도록 하는 함수입니다. [게임 시작] 신호를 받으면 반복 실행합니다.

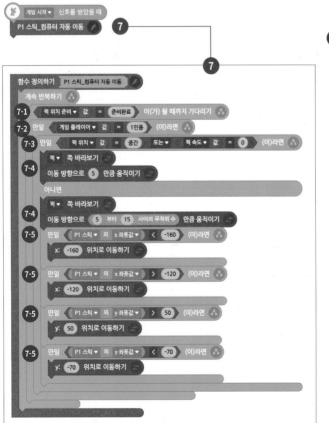

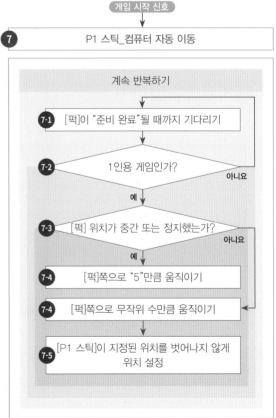

200

**7** [P1 스틱_컴퓨터 자동 이동] 함수를 코딩합니다.

**7-1** [퍽 위치 준비] 값이 "준비 완료"가 될 때까지 다음 동작을 실행하지 않고 기다립니다.

**7-2** 게임 플레이어가 1인용이라면 [P1 스틱]은 자동으로 움직여야 합니다. 따라서 1인용인지 판단하는 동작을 수행합니다.

**7-3** 게임이 처음 시작되면 [퍽]은 화면 중앙에 위치합니다. 또한 [퍽]이 이동하다가 멈출 경우 속도는 0이 됩니다. 이때 [P1 스틱]은 [퍽]을 바라보고 이동 방향으로 "5"만큼 움직입니다.

**7-4** [퍽]이 이동 중일 때 [P1 스틱]은 [퍽]을 바라보고 이동 방향으로 "5~15" 사이의 무작위 수만큼 움직입니다.

**7-5** [P1 스틱]이 왼쪽, 오른쪽, 위쪽, 아래쪽 지정된 위치로 이동합니다. 만약 지정된 위치를 벗어났다면, 위치를 다시 설정해야 합니다. 따라서 [P1 스틱]의 현재 좌푯값을 기준으로 설정된 위치인지 판단하여 [P1 스틱]이 설정한 위치를 벗어났다면, x좌표 또는 y좌표의 위치를 설정합니다.

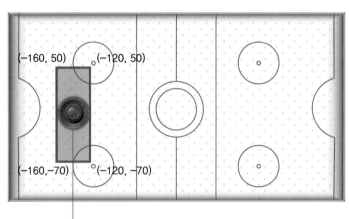

[P1 스틱] 자동 이동 영역

## [P1 스틱_2인용 수동 이동] 함수

8번 함수(P1 스틱_2인용 수동 이동)는 2인용 게임을 할 때 플레이어가 직접 [P1 스틱]을 제어하는 함수입니다. [게임 시작] 신호를 받으면 반복 실행합니다.

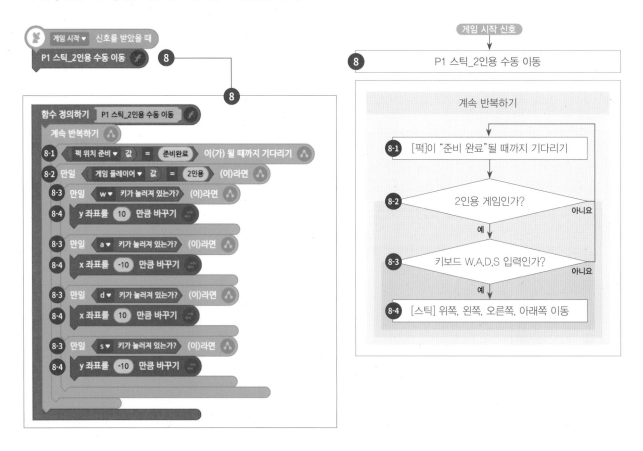

**8** [P1 스틱_2인용 수동 이동] 함수를 코딩합니다.

**8-1** [퍽 위치 준비] 값이 "준비 완료"가 될 때까지 다음 동작을 실행하지 않고 기다립니다.

**8-2** 게임 플레이어가 2인용이라면 [P1 스틱]을 직접 제어할 수 있습니다. 따라서 수동 제어 동작을 위해 2인용인지 판단합니다.

**8-3** 키보드의 W, A, D, S 키가 입력되었는지 판단합니다.

**8-4** W, A, D, S 키가 입력되었다면, 위쪽, 왼쪽, 오른쪽, 아래쪽으로 [P1 스틱]을 "10"만큼 이동합니다.

## [P1 스틱_화면 밖으로 이동하면 위치 이동] 함수

9번 함수(P1 스틱_화면 밖으로 이동하면 위치 이동)는 [P1 스틱]이 화면 밖으로 이동할 때 사용되는 함수입니다. [게임 시작] 신호를 받으면 반복 실행합니다.

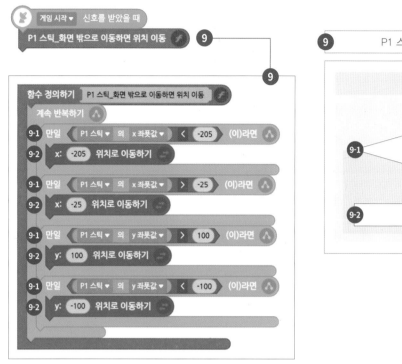

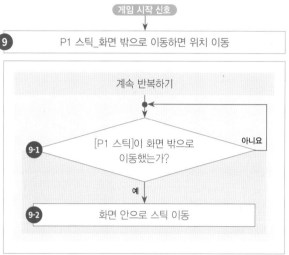

⑨ [P1 스틱_화면 밖으로 이동하면 위치 이동] 함수를 코딩합니다.

⑨-1 만일 [P1 스틱]이 x: −205~−25, y: −100~100 영역을 벗어나는지 판단합니다.

⑨-2 영역을 벗어나면 화면 밖으로 나가기 때문에, [P1 스틱] 위치를 화면 안의 지정된 영역으로 이동합니다.

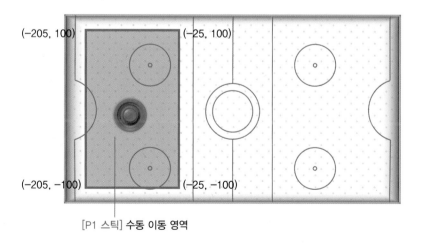

[P1 스틱] 수동 이동 영역

# 3.3 P1 골대 오브젝트

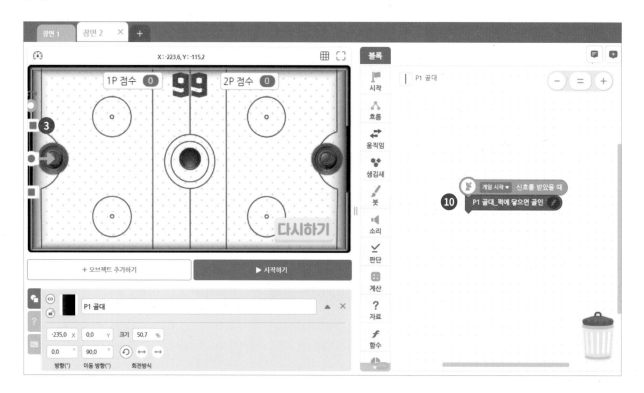

## [P1 골대_퍽에 닿으면 골인] 함수

10번 함수(P1 골대_퍽에 닿으면 골인)는 [P1 골대]에 [퍽]이 닿으면 점수를 올립니다. [게임 시작] 신호를 받으면 반복 실행합니다.

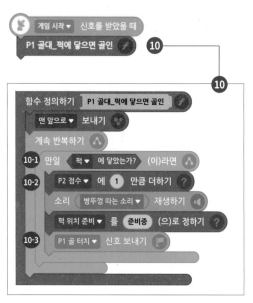

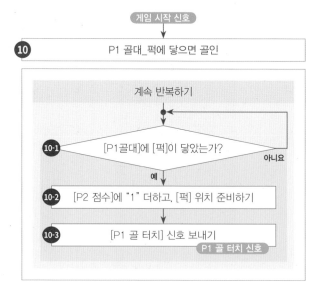

204

**⑩** [P1 골대_퍽에 닿으면 골인] 함수를 코딩합니다.

**⑩-1** [게임 시작] 신호를 받았을 때, 현재 화면에 보이는 [P1 골대] 오브젝트를 맨 앞으로 보냅니다. [P1 골대]에 [퍽]이 닿았다면 다음 블록을 실행합니다.

**⑩-2** [P2 스틱]이 [P1 골대]에 [퍽]을 넣은 것이므로, [P2 점수]에 "1"을 더하고 소리를 재생합니다. [퍽 위치 준비]를 "준비중"으로 변경합니다.

**⑩-3** 다음 게임을 위해 [P1 골 터치] 신호를 보냅니다. [퍽] 위치를 이동하는 동작을 수행하는 함수를 호출하게 됩니다.

## 3.4 P2 스틱 오브젝트

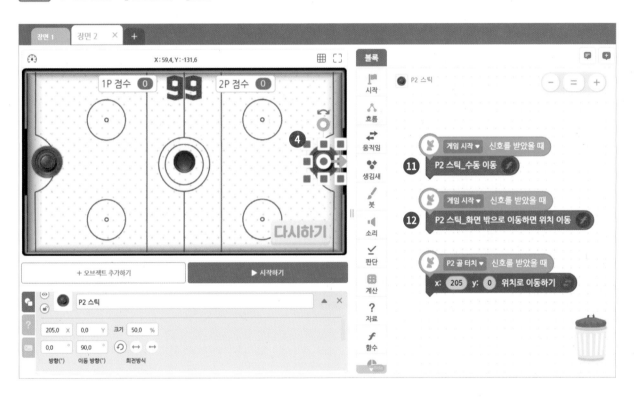

11번 함수(P2 스틱_수동 이동)는 [P2 스틱]을 제어하는 함수입니다. [게임 시작] 신호를 받으면 반복 실행합니다. 1인용 또는 2인용일 때 모두 사용됩니다.

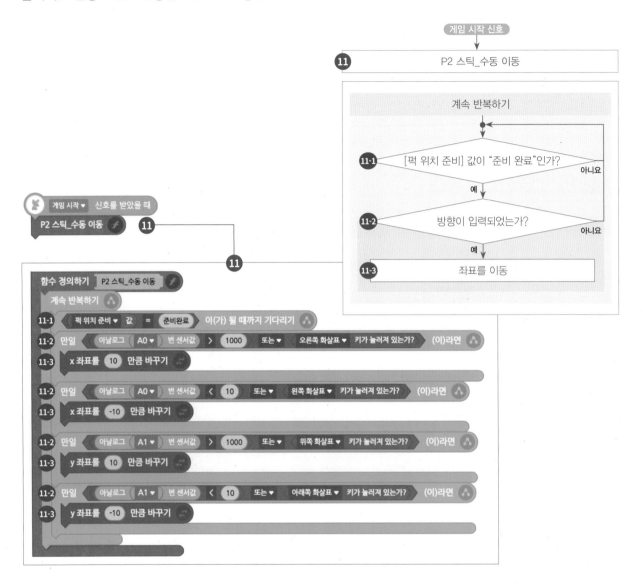

⑪ [P2 스틱_수동 이동] 함수를 코딩합니다.

⑪-1 [퍽 위치 준비] 값이 "준비 완료"가 되면 다음 블록을 실행합니다.

⑪-2 아두이노 조이스틱 실드의 방향 이동 값 또는 PC 키보드의 화살표 키가 눌렸다면 [P2 스틱] 이동 동작을 수행합니다.

⑪-3 [P2 스틱]은 x좌표 또는 y좌표를 "10"만큼 이동합니다.

## [P2 스틱_화면 밖으로 이동하면 위치 이동] 함수

12번 함수(P2 스틱_화면 밖으로 이동하면 위치 이동)는 [P2 스틱]이 화면 밖으로 이동하지 않게 하기 위한 함수입니다. [게임 시작] 신호를 받으면 반복 실행합니다.

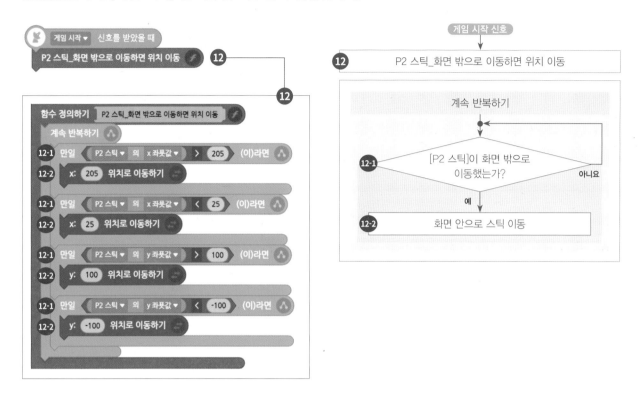

12 [P2 스틱_화면 밖으로 이동하면 위치 이동] 함수를 코딩합니다.

12-1 [P2 스틱]이 화면 밖으로 이동했다면, 화면 안으로 스틱을 이동해야 합니다.

12-2 [P2 스틱]의 x좌표 또는 y좌표를 이동 범위 값만큼 이동합니다. 예를 들어, [P2 스틱]의 x좌푯값이 "205"를 넘어간다면, x좌표를 "205"로 고정하여 화면 밖으로 이동하지 않도록 합니다.

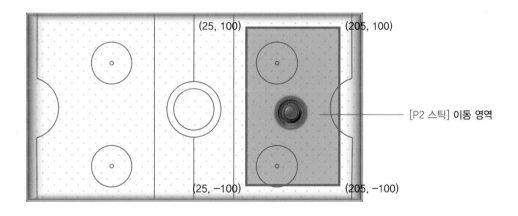

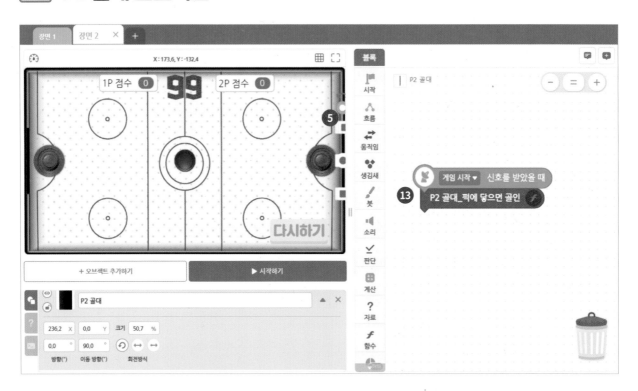

## [P2 골대_퍽에 닿으면 골인] 함수

13번 함수(P2 골대_퍽에 닿으면 골인)는 [P2 골대]에 [퍽]이 닿으면 점수를 올립니다. [게임 시작] 신호를 받으면 반복 실행합니다.

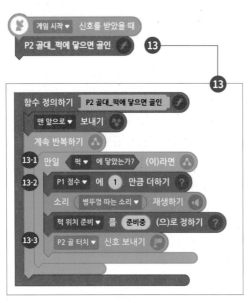

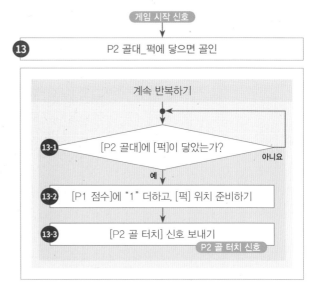

⓭ [P2 골대_퍽에 닿으면 골인] 함수를 코딩합니다.

⓭-1 [게임 시작] 신호를 받았을 때, 현재 화면에 보이는 [P2 골대] 오브젝트를 맨 앞으로 보냅니다. [P2 골대]에 [퍽]이 닿았다면 다음 블록을 실행합니다.

⓭-2 [P1 스틱]이 [P2 골대]에 [퍽]을 넣은 것이므로, [P1 점수]에 "1"만큼 더하고 소리를 재생합니다. [퍽 위치 준비]를 "준비중"으로 변경합니다.

⓭-3 다음 게임을 위해 [P2 골 터치] 신호를 보냅니다.

# ④ 게임 동작 확인

이 장에서는 {장면 1}, {장면 2}를 사용하여 화면 전환을 해 보았습니다. 장면 1, 장면 2, 장면 3 등 여러 장면을 만들어 다양한 이야기가 있는 게임을 만들 수 있습니다.

함수 블록 코딩이 모두 완료되었다면, 엔트리를 실행합니다. [P1 스틱] 또는 [P2 스틱]으로 상대방 [골대]에 [퍽]을 넣어 시간 안에 점수를 많이 얻는 게임을 합니다. [시간]이 0이라면 게임은 종료됩니다.

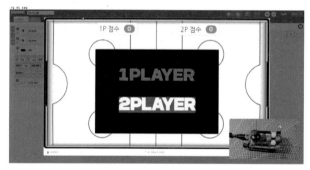
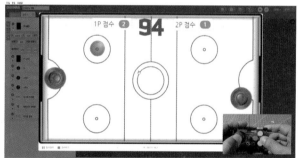
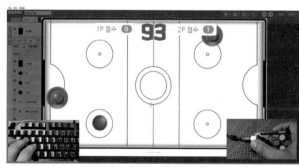
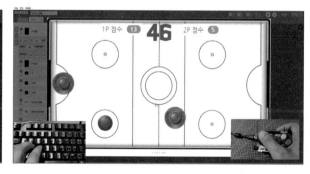

https://youtu.be/WP067Hv8K0M

# 5 생각하기

[골인 애니메이션] 신호를 추가하여 게임의 완성도를 높여 보세요. 다음 블록 1개를 적당한 위치에 찾아 넣으면 골인 애니메이션을 실행할 수 있습니다. 다음 블록 추가 이외에는 오브젝트 및 다른 블록 코딩을 하지 않습니다.

골인 애니메이션 ▼ 신호 보내고 기다리기

## 9장

# 롤링 스카이 게임 만들기

롤링 스카이 게임은 [공]을 튕겨 바닥에 떨어지지 않게 하는 아케이드 플랫폼 게임입니다. 플레이어가 [공]을 조종할 때는 발판 위를 뛰어다니는 점프 컨트롤이 중요합니다. 오른쪽, 왼쪽 이동 및 점프 버튼을 이용해 공을 움직이면서 게임을 할 수 있으며, 바닥이 없는 곳으로 [공]이 떨어지면 게임은 종료됩니다.

 예제파일 : 롤링 스카이 게임 만들기(예제).ent
완성파일 : 롤링 스카이 게임 만들기(완성).ent

# ① 게임 이해하기

## 1.1 게임 테마

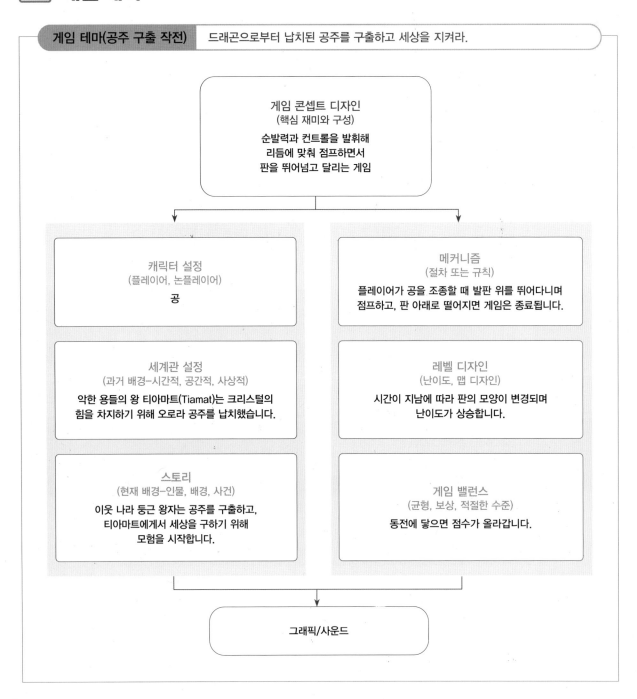

게임 테마(공주 구출 작전) | 드래곤으로부터 납치된 공주를 구출하고 세상을 지켜라.

**게임 콘셉트 디자인**
(핵심 재미와 구성)

순발력과 컨트롤을 발휘해
리듬에 맞춰 점프하면서
판을 뛰어넘고 달리는 게임

**캐릭터 설정**
(플레이어, 논플레이어)

공

**메커니즘**
(절차 또는 규칙)

플레이어가 공을 조종할 때 발판 위를 뛰어다니며
점프하고, 판 아래로 떨어지면 게임은 종료됩니다.

**세계관 설정**
(과거 배경-시간적, 공간적, 사상적)

악한 용들의 왕 티아마트(Tiamat)는 크리스털의
힘을 차지하기 위해 오로라 공주를 납치했습니다.

**레벨 디자인**
(난이도, 맵 디자인)

시간이 지남에 따라 판의 모양이 변경되며
난이도가 상승합니다.

**스토리**
(현재 배경-인물, 배경, 사건)

이웃 나라 둥근 왕자는 공주를 구출하고,
티아마트에게서 세상을 구하기 위해
모험을 시작합니다.

**게임 밸런스**
(균형, 보상, 적절한 수준)

동전에 닿으면 점수가 올라갑니다.

**그래픽/사운드**

## 1.2 게임 구성

[공]이 오른쪽, 왼쪽으로 점프하여 이동하면서 [판]에서 떨어지지 않는 게임 구성입니다. [게임 시작] 신호와 [게임 종료] 신호를 이용해 게임 흐름을 제어합니다.

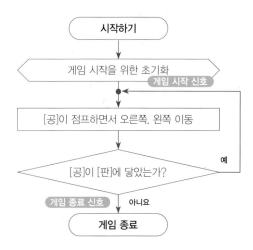

## 1.3 게임 동작

❶ {장면 1}과 {장면 2}로 구성되며, {장면 1}에서 [▶시작하기] 버튼을 클릭하면 게임의 난이도를 선택할 수 있습니다. "초급", "중급", "상급", "지옥급" 4단계 중 한 개를 선택합니다.

❷ [공] 오브젝트가 게임 시작을 알립니다.

❸ [공]을 왼쪽, 오른쪽으로 점프시키면서 바닥에 떨어지지 않도록 합니다.

❹ [공]이 [판]에 닿지 않으면 게임은 종료됩니다.

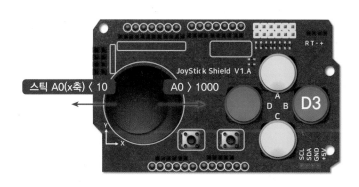

아두이노 조이스틱 실드

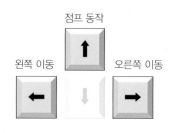

PC 키보드

# ② 구조 이해하기

게임은 {장면 1}과 {장면 2}로 구성됩니다. {장면 1}에서 게임 난이도를 선택하면 {장면 2}에서 게임을 시작합니다. 참고로 {장면 2}에서 [▶시작하기] 버튼을 클릭하면 게임은 실행되지 않습니다.

롤링 스카이 게임의 오브젝트는 3개입니다. [공], [공 그림자], [판]으로 구성되며, [배경], [다시하기] 오브젝트는 공통으로 사용하는 구성으로 1장을 참고합니다.

## ⌗ 2.1 속성

변수 속성

❶ **게임 난이도**: 게임 난이도를 결정합니다. "초급", "중급", "상급", "지옥급" 4단계로 구분됩니다.

❷ **점수**: 점수를 저장합니다. 점수는 [판]이 새로 나올 때마다 1점씩 올라갑니다.

❸ **점프**: 점프 높이를 의미합니다. [공]은 점프하면 위로 올라갔다가 다시 내려오게 되는데, 이때 사용됩니다. [공]의 최대 점프 높이값은 12입니다.

❹ **점프 가능**: 점프가 가능한지 판단합니다. "1"이면 점프 가능, "0"이면 점프한 상태를 의미합니다.

❺ **남은 거리**: 제한 시간과 같은 역할을 합니다. 게임 이동 거리를 %로 표시하며 100%가 되면 게임이 종료됩니다.

❻ **판 이동 속도값**: 입체적인 효과를 줄 때 사용합니다. [판] 크기를 키워 앞으로 다가오는 효과를 줄 수 있는데, 이때 다가오는 속도를 지정합니다. 기본값은 "1"로 설정됩니다. 이 변수는 "판:"으로 표현되는데, 이 오브젝트만 제한해서 사용한다는 의미입니다. [모든 오브젝트에 사용]을 선택하면, 복제된 모든 판이 변수를 같이 사용하기 때문에 변숫값이 누적되면서 [판]의 속도가 빨라져 잘못 동작하는 문제가 있습니다. 따라서 똑같은 속도로 복제된 [판] 이동 속도를 위해서는 복제본이 생성될 때마다 [판] 이동 속도 값을 따로 사용해야 합니다.

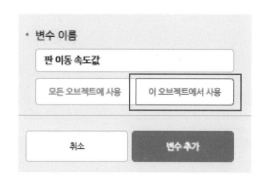

## 신호 속성

❶ **실패**: [공 그림자] 오브젝트가 [판] 위에 있지 않으면, [공]이 [판]에서 떨어진 것으로 판단하고, [실패] 신호를 보냅니다.

❷ **게임 시작**: {장면 2}가 시작되면, [게임 시작] 신호를 각 오브젝트에 보내어 게임 시작을 알립니다.

❸ **게임 종료**: 게임이 종료되면 게임을 다시 시작해야 합니다. 이때 [다시하기] 오브젝트를 실행하기 위해 사용됩니다.

<br/>

**함수 속성**

함수 속성은 오브젝트 동작을 실행할 때 사용합니다.
지정된 번호에 따라 블록 코딩을 합니다. 예를 들어,
[공] 오브젝트는 함수 6개로 구성되며, 함수 이름은
(오브젝트 이름 + 함수 동작 설명)으로 이루어집니다.

공 오브젝트

## 2.2 오브젝트 역할

**공 오브젝트**

[공]은 왼쪽, 오른쪽으로 점프 동작을 하면서 [판] 위
를 이동합니다. 이미지 4개로 구성되며, 공이 굴러가
는 애니메이션 효과를 줄 수 있습니다.

**공 그림자 오브젝트**

[공 그림자]는 [공]이 점프하면 [판]에서 멀어지면서 작아지고, [판]과 가까워지면 커집니다. [공]의 그림자
를 표현함으로써 게임에 사실적인 입체 효과를 줄 수 있습니다. 또한, [공]이 [판] 위에 있는지 판단하는 중
요한 역할을 합니다. 만약 [공 그림자]와 [판]이 닿아 있지 않다면 게임은 종료됩니다.

**판 오브젝트**

[공]이 점프할 수 있는 [판]이 화면에 나타납니다. "초급", "중급", "상급", "지옥급"에 따라 표시되는 판의
종류가 다릅니다. [판]은 이미지 28개를 사용하며, 복제본을 생성하여 화면에 표시합니다. 예를 들어, 모양
에서 11111이라는 이름의 판은 5개 칸이 모두 있음을 의미하고, 11110은 마지막 5번째 칸 없이 4개 칸
만 있음을 의미합니다.

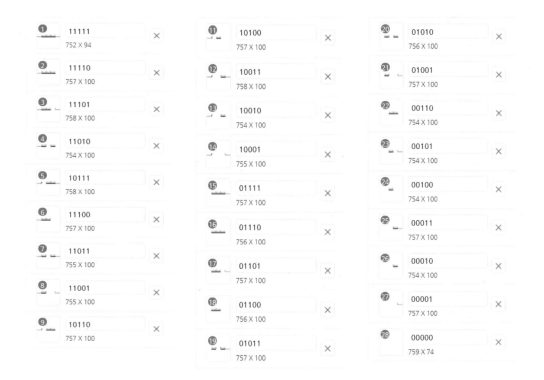

| | | |
|---|---|---|
| **❶** 11111<br>752 X 94 ✕ | **⓫** 10100<br>757 X 100 ✕ | **⓴** 01010<br>756 X 100 ✕ |
| **❷** 11110<br>757 X 100 ✕ | **⓬** 10011<br>758 X 100 ✕ | **㉑** 01001<br>757 X 100 ✕ |
| **❸** 11101<br>758 X 100 ✕ | **⓭** 10010<br>754 X 100 ✕ | **㉒** 00110<br>754 X 100 ✕ |
| **❹** 11010<br>754 X 100 ✕ | **⓮** 10001<br>755 X 100 ✕ | **㉓** 00101<br>754 X 100 ✕ |
| **❺** 10111<br>758 X 100 ✕ | **⓯** 01111<br>757 X 100 ✕ | **㉔** 00100<br>754 X 100 ✕ |
| **❻** 11100<br>757 X 100 ✕ | **⓰** 01110<br>756 X 100 ✕ | **㉕** 00011<br>757 X 100 ✕ |
| **❼** 11011<br>755 X 100 ✕ | **⓱** 01101<br>757 X 100 ✕ | **㉖** 00010<br>754 X 100 ✕ |
| **❽** 11001<br>755 X 100 ✕ | **⓲** 01100<br>756 X 100 ✕ | **㉗** 00001<br>757 X 100 ✕ |
| **❾** 10110<br>757 X 100 ✕ | **⓳** 01011<br>757 X 100 ✕ | **㉘** 00000<br>759 X 74 ✕ |

# ❸ 함수 블록 코딩하기

{장면 1}에서는 게임 난이도를 선택하는 버튼이 표시됩니다.

❶ [게임 난이도]에 "초급", "중급", 상급", "지옥급" 값을 저장합니다.

❷ {장면 2}를 시작합니다.

## 60장

{장면 2} 블록 코딩은 오브젝트 3개로 구성되며, 함수 10개를 사용합니다. 아래 그림의 빨간색 숫자는 오브젝트 고유 번호, 파란색 숫자는 함수 번호, 초록색 글상자는 신호, 하늘색 글상자는 오브젝트 복제본, 빨간색 점선은 블록 코딩의 흐름을 나타냅니다. 코딩은 오브젝트 번호 순서대로 진행합니다.

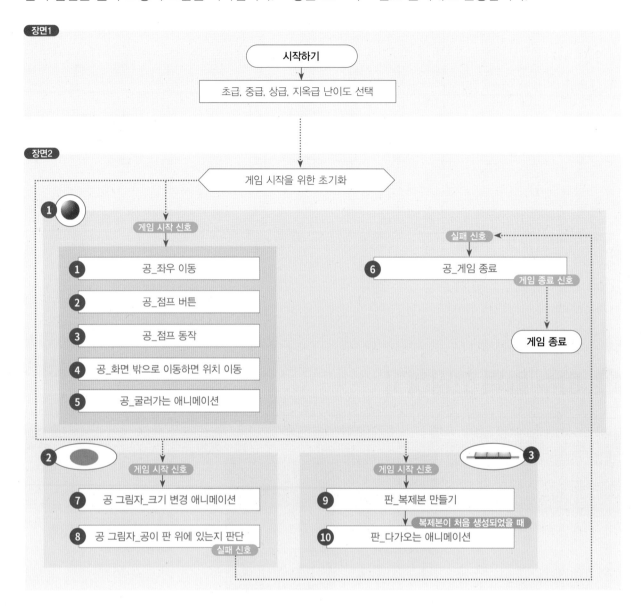

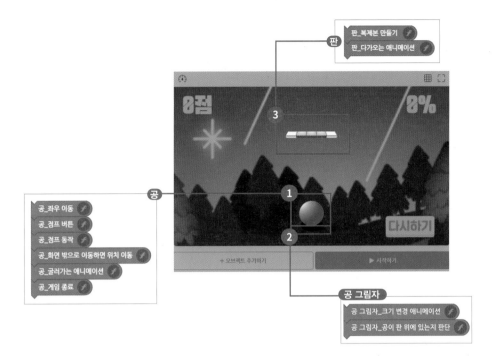

판 ─ 판_복제본 만들기 ✎
      판_다가오는 애니메이션 ✎

③

공 ─ 공_좌우 이동 ✎
      공_점프 버튼 ✎
      공_점프 동작 ✎
      공_화면 밖으로 이동하면 위치 이동 ✎
      공_굴러가는 애니메이션 ✎
      공_게임 종료 ✎

①
②

다시하기

＋ 오브젝트 추가하기    ▶ 시작하기

공 그림자
    공 그림자_크기 변경 애니메이션 ✎
    공 그림자_공이 판 위에 있는지 판단 ✎

## 3.1 공 오브젝트

### 게임 초기화

{장면 2}가 실행되면, {장면 1}에서 재생 중인 소리를 멈추고 {장면 2} 배경 음악을 재생합니다. 게임 시작 메시지를 1초 동안 표시한 후 [게임 시작] 신호를 보냅니다.

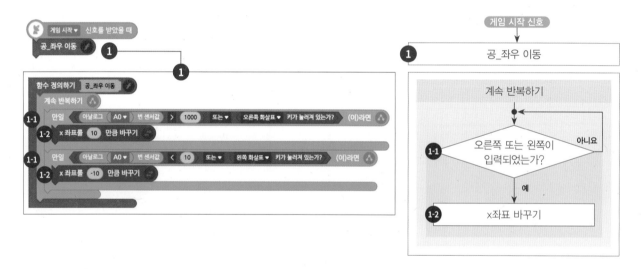

### [공_좌우 이동] 함수

1번 함수(공_좌우 이동)는 [공]이 오른쪽 또는 왼쪽으로 이동하는 함수입니다. [게임 시작] 신호를 받으면 반복 실행합니다.

① [공_좌우 이동] 함수를 코딩합니다.

①-① [공] 오브젝트 이동을 위해 아두이노 조이스틱 실드의 스틱이 오른쪽 또는 왼쪽인지 판단합니다.

①-② 오른쪽이면 x좌표를 "10"만큼 바꾸고 왼쪽이면 x좌표를 "−10"만큼 바꾸어 공을 이동합니다.

## [공_점프 버튼] 함수

2번 함수(공_점프 버튼)는 [공]을 점프시킬 때 사용되는 함수입니다. [게임 시작] 신호를 받으면 반복 실행합니다.

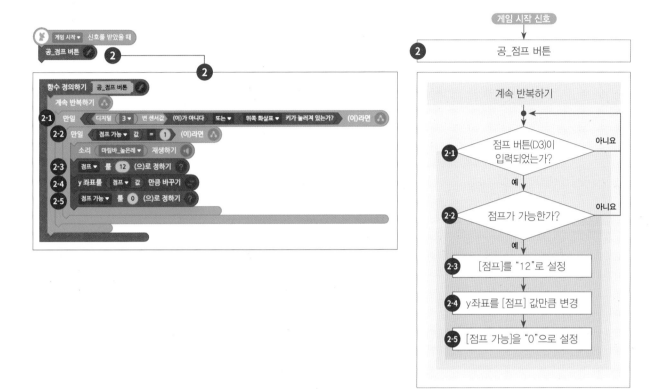

❷ [공_점프 버튼] 함수를 코딩합니다.

**2-1** 아두이노 조이스틱 실드의 D3 버튼 또는 PC의 위쪽 화살표가 입력됐는지 판단합니다.

**2-2** [점프 가능] 값이 "1"이면 [공]이 판 위에 있는 것으로 판단합니다. "0"이면 [공]이 점프한 상태를 의미합니다. [점프 가능] 값이 "1"인지 판단하여 [공]이 점프 가능한 상태인지 확인합니다.

**2-3** [점프]에 [공]의 최대 점프 높이인 "12"를 설정합니다.

**2-4** y좌표를 [점프] 값만큼 바꿉니다.

**2-5** [공]이 점프한 상태를 판단하기 위해 [점프 가능] 값을 "0"으로 설정합니다.

## [공_점프 동작] 함수

3번 함수(공_점프 동작)는 [공]이 점프할 때 사용되는 함수입니다. [게임 시작] 신호를 받으면 반복 실행합니다.

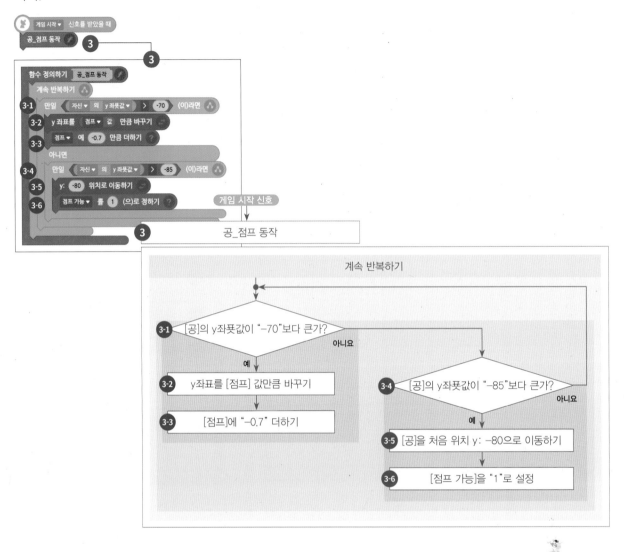

③ [공_점프 동작] 함수를 코딩합니다.

③-1 [공]의 y좌푯값이 "-70"보다 큰지 판단합니다. 점프 버튼을 눌러 [공] 오브젝트의 y좌표를 [점프] 값 "12"만큼 바꾸었기 때문에, 공은 점프 동작을 수행합니다. 즉, y좌푯값은 현재 y좌표 -80에서 [점프] 값인 12만큼 이동한 -68이 됩니다.

③-2 [공]이 올라갔다가 내려오는 동작을 위해 y좌표를 [점프] 값만큼 바꾸고, [점프]에 일정한 값을 더하는 동작을 실행합니다. [점프]는 "12"로 설정되어 있으며, 변경되는 [점프] 값만큼 y좌표값을 계속 반복하면서 바꿉니다.

③-3 [점프] 변수에 "-0.7"만큼 더하면, [점프] 값이 11.3, 10.6…으로 값이 변경됨에 따라 [공]이 위로 올라갔다 아래로 내려오는 효과를 줄 수 있습니다.

| 점프 변수값 | 이동값 | [공] y좌표 만큼 바꾸기 | [공] y 위치 |
|---|---|---|---|
| | | | -80 |
| 12 | -0.7 | 11.3 | -68.7 |
| 11.3 | -0.7 | 10.6 | -58.1 |
| 10.6 | -0.7 | 9.9 | -48.2 |
| 9.9 | -0.7 | 9.2 | -39 |
| 9.2 | -0.7 | 8.5 | -30.5 |
| 8.5 | -0.7 | 7.8 | -22.7 |
| 7.8 | -0.7 | 7.1 | -15.6 |
| 7.1 | -0.7 | 6.4 | -9.2 |
| 6.4 | -0.7 | 5.7 | -3.5 |
| 5.7 | -0.7 | 5 | 1.5 |
| 5 | -0.7 | 4.3 | 5.8 |
| 4.3 | -0.7 | 3.6 | 9.4 |
| 3.6 | -0.7 | 2.9 | 12.3 |
| 2.9 | -0.7 | 2.2 | 14.5 |
| 2.2 | -0.7 | 1.5 | 16 |
| 1.5 | -0.7 | 0.8 | 16.8 |
| 0.8 | -0.7 | 0.1 | 16.9 |
| 0.1 | -0.7 | -0.6 | 16.3 |
| -0.6 | -0.7 | -1.3 | 15 |
| -1.3 | -0.7 | -2 | 13 |
| -2 | -0.7 | -2.7 | 10.3 |
| -2.7 | -0.7 | -3.4 | 6.9 |
| -3.4 | -0.7 | -4.1 | 2.8 |
| -4.1 | -0.7 | -4.8 | -2 |
| -4.8 | -0.7 | -5.5 | -7.5 |
| -5.5 | -0.7 | -6.2 | -13.7 |
| -6.2 | -0.7 | -6.9 | -20.6 |
| -6.9 | -0.7 | -7.6 | -28.2 |
| -7.6 | -0.7 | -8.3 | -36.5 |
| -8.3 | -0.7 | -9 | -45.5 |
| -9 | -0.7 | -9.7 | -55.2 |
| -9.7 | -0.7 | -10.4 | -65.6 |
| -10.4 | -0.7 | -11.1 | -76.7 |
| -11.1 | -0.7 | -11.8 | -88.5 |

[공] 오브젝트 점프 경로

❸-4 [공]이 올라갔다 내려오면서 처음 위치인 y: −80보다 더 아래로 내려갈 수 있습니다. 따라서 [공]이 [판] 아래로 내려가는 것을 방지하기 위해 현재 y좌푯값을 확인합니다. [공]이 아래로 떨어질 때 −76.7, −88.5로 값이 변하므로, 현재 y좌푯값이 −85보다 큰지 확인합니다.

❸-5 "−85"보다 크다면 처음 위치인 y: −80으로 값을 설정합니다.

❸-6 [공]이 처음 위치인 y: −80에 있으면 [판] 위에 있는 것으로 판단하기 때문에, [점프 가능] 값을 "1"로 설정합니다.

## [공_화면 밖으로 이동하면 위치 이동] 함수

4번 함수(공_화면 밖으로 이동하면 위치 이동)는 [공]이 화면 밖으로 나가는 것을 방지하는 함수입니다. [게임 시작] 신호를 받으면 반복 실행합니다.

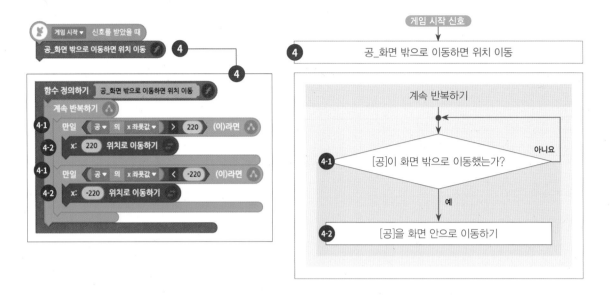

④ [공_화면 밖으로 이동하면 위치 이동] 함수를 코딩합니다.

4-1 [공]은 오른쪽, 왼쪽으로 이동합니다. 이때 x좌푯값이 "220"이나 "−220"을 벗어나 화면 밖으로 벗어날 수 있습니다. 따라서 공이 화면 안에 위치하도록 해야 합니다.

4-2 [공]의 위치를 x: 200 또는 −220으로 이동하여 화면 밖으로 나가지 않도록 합니다.

## [공_굴러가는 애니메이션] 함수

5번 함수(공_굴러가는 애니메이션)는 [공]이 굴러가는 효과를 표현하는 함수입니다. [게임 시작] 신호를 받으면 반복 실행합니다.

❺ [공_굴러가는 애니메이션] 함수를 코딩합니다.

❺-1 [공] 오브젝트는 이미지 4개를 사용하여 공이 굴러가는 애니메이션 효과를 표현할 수 있습니다. 1~4번 이미지를 순서대로 바꾸기 위해 (다음) 모양으로 바꾸기 블록을 실행합니다.

❺-2 [공]이 굴러가는 효과를 표현할 때 이미지를 바꾸는 시간이 필요합니다. 기다리는 시간이 없다면, [공] 애니메이션 효과가 표현되지 않습니다.

### [공_게임 종료] 함수

6번 함수(공_게임 종료)는 [공]이 판 위에 있지 않으면 공이 떨어지는 효과를 주면서 게임을 종료하는 함수입니다. [공]은 점프를 하면 판이 없는 곳에 위치할 수 있습니다. 따라서 게임 실패는 [공]이 판 위에 있는지가 아닌 [공 그림자]로 판단합니다. [공 그림자]가 판 위에 없다면 [게임 종료] 신호를 보냅니다. [실패] 신호를 받으면 반복 실행합니다.

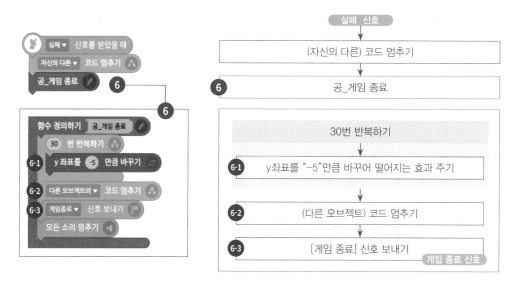

❻ [공_게임 종료] 함수를 코딩합니다.

❻-1 [공] 오브젝트가 판 아래로 떨어지는 효과를 주기 위해, (자신의 다른) 코드 멈추기 블록을 우선 실행해서 [공]의 다른 블록 동작을 멈춥니다. [공]의 y좌표를 "–5"만큼 바꾸는 동작을 30번 반복하여 아래로 떨어지는 효과를 줍니다.

❻-2 [공]이 아래로 떨어지는 효과가 완료되었다면, (다른 오브젝트의) 코드를 멈춥니다.

❻-3 [게임 종료] 신호를 보내고, 모든 소리를 멈춥니다.

225

## 3.2 공 그림자 오브젝트

### [공 그림자_크기 변경 애니메이션] 함수

7번 함수(공 그림자_크기 변경 애니메이션)는 [공]의 크기를 조절하는 함수입니다. [공]이 점프를 하면 판에서 멀어지기 때문에 [공 그림자]는 작아지고, 바닥으로 떨어지면 [공 그림자]는 커집니다. [게임 시작] 신호를 받으면 반복 실행합니다.

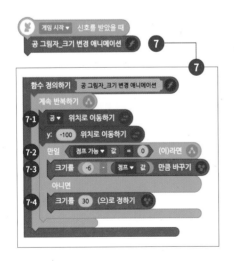

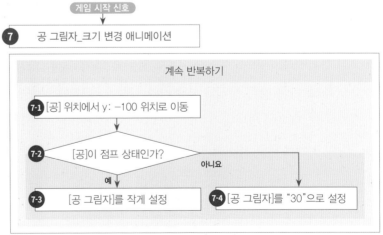

**7** [공 그림자_크기 변경 애니메이션] 함수를 코딩합니다.

**7-1** [공 그림자]를 [공] 위치로 이동합니다. 이렇게 하면 [공]과 [공 그림자]가 겹치기 때문에, [공 그림자] 위치를 y: −100으로 이동합니다.

**7-2** [점프 가능] 값이 "0"인지 판단하여 [공]이 점프한 상태인지 확인합니다.

**7-3** [공]이 점프한 상태라면 위로 올라갔다가 아래로 내려오게 되는데, 이때 그림자도 작아졌다가 다시 커지도록 크기를 바꾸어 줍니다.

**7-4** [공]이 점프하지 않고 [판] 위에 있는 상태라면, [공 그림자] 크기를 "30"으로 설정하여 바닥에 공이 있는 효과를 줍니다.


## [공 그림자_공이 판 위에 있는지 판단] 함수

8번 함수(공 그림자_공이 판 위에 있는지 판단)는 [공 그림자]가 판 위에 있는지 판단하는 함수입니다. 만약 판 위에 있지 않다면 게임은 종료됩니다. [게임 시작] 신호를 받으면 반복 실행합니다.

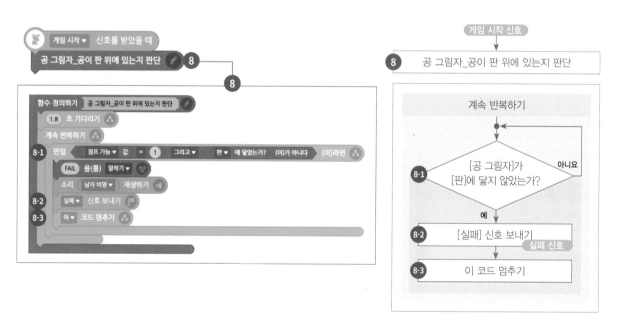

**8** [공 그림자_공이 판 위에 있는지 판단] 함수를 코딩합니다.

**8-1** 점프하지 않은 상태는 [점프 가능] 값이 "1"입니다. [판]에 닿지 않았는지 판단합니다.

**8-2** [판]이 없는 곳이라고 판단하면, [실패] 신호를 보내어 게임을 종료합니다.

**8-3** 이 코드를 멈추어 게임이 계속 진행되지 않도록 합니다.

## 3.3 판 오브젝트

### [판_복제본 만들기] 함수

9번 함수(판_복제본 만들기)는 [판]을 반복해서 만드는 함수입니다. [게임 시작] 신호를 받으면 반복 실행합니다.

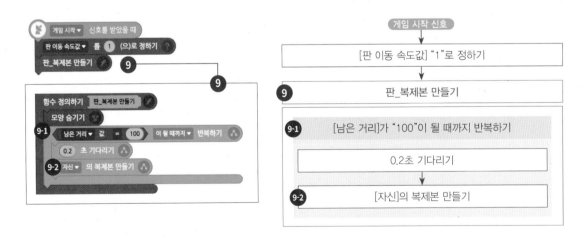

❾ [판_복제본 만들기] 함수를 코딩합니다.

❾⁻¹ [남은 거리]가 "100"이 될 때까지 다음 동작을 반복합니다.

❾⁻² [판]은 0.2초 간격으로 반복하여 [자신]의 복제본을 만듭니다.

10번 함수(판_다가오는 애니메이션)는 [판]이 멀리서 가까이 다가오는 애니메이션 역할을 하는 함수입니다. 또한 "초급", "중급", "상급", "지옥급"에 따라 [판] 종류를 결정해서 게임의 난이도를 조절할 수 있습니다. [복제복이 처음 생성되었을 때] 실행합니다.

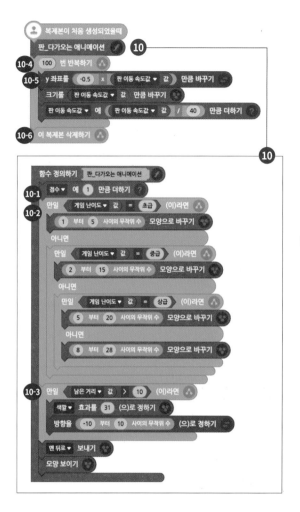

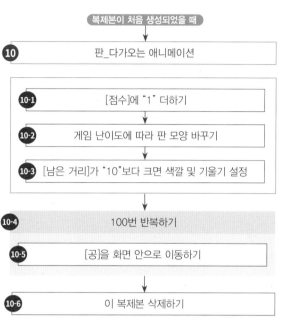

**⑩** [판_다가오는 애니메이션] 함수를 코딩합니다.

**⑩-1** [판] 복제본이 처음 생성되면, [점수]에 "1"만큼 더합니다.

**⑩-2** 게임 난이도에 따라 [판] 모양을 결정할 수 있습니다. 예를 들어, [초급]은 1~5번 모양의 판을 결정할 수 있고, [중급]은 2~15번 모양의 판을 결정할 수 있습니다.

**⑩-3** [남은 거리] 값이 "10"보다 크다면, [공]이 일정 거리 이상 이동했다고 판단하고 판의 색깔 및 방향을 바꾸어 기울어진 효과를 줍니다.

**⑩-4** [판]이 다가오는 애니메이션 효과를 표현하기 위해 100번 반복하기를 시작합니다. 참고로 [판 이동 속도값]은 "이 오브젝트에서 사용"으로 설정했기 때문에 함수 안에 블록을 넣을 수 없습니다. 따라서 함수 밖에 애니메이션 효과를 구현합니다.

**10-5** [판]이 앞으로 다가오면서 천천히 이동하도록 합니다. [판 이동 속도값]에 따라 y좌푯값을 계속 바꾸어 속도를 조절합니다. 현재 [판 이동 속도값]은 1로 설정되어 있으며, 40으로 나누면 0.025가 됩니다. [판 이동 속도값]에 0.025를 더하고 반복하면서 −0.5를 곱하면 값이 작아지기 때문에 속도가 느려지는 효과를 줄 수 있습니다. 또한 크기를 [판 이동 속도값] 만큼 계속 바꾸면 [판] 크기가 점점 커집니다.

**10-6** [판]이 커지면서 아래쪽 화면에 다가왔다면 판의 복제본을 삭제하여 화면에서 보이지 않도록 합니다.

# ④ 게임 동작 확인

이 장에서는 {장면 1}, {장면 2}를 사용하여 화면 전환을 해 보았고, "초급", "중급", "상급", "지옥급"으로 게임의 난이도를 조절하였습니다. 또한, 공이 튀는 동작과 [판] 복제본을 만들어 입체적으로 이동하는 동작을 만들어 봤습니다.

함수 블록 코딩이 모두 완료되었다면, 엔트리를 실행합니다. [공]이 [판] 아래로 떨어지면 게임은 종료됩니다.

https://youtu.be/xR3Lg3qUYe0

# ⑤ 생각하기

게임의 재미를 위해 [공]이 점프를 하면서 동전에 닿으면 추가 점수를 올리도록 코딩해 봅니다. 동전은 앞에서 코딩한 [판] 오브젝트를 참고하여 만들 수 있습니다.

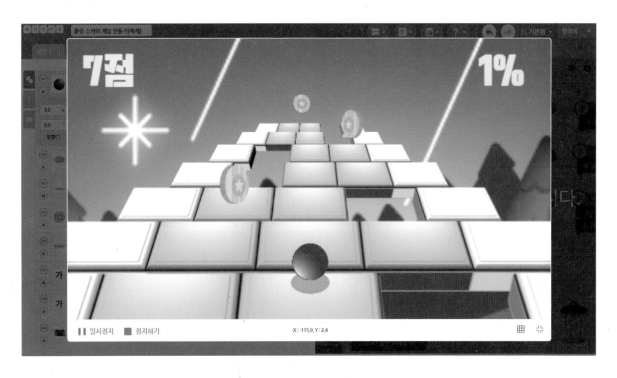

# 10장

# 드래곤 슈팅 게임 만들기

드래곤 슈팅 게임은 드래곤으로부터 지구를 지키는 아케이드 슈팅 액션 게임입니다. [전투기]는 [드래곤] 공격을 피해 [미사일]을 발사합니다. 위쪽, 아래쪽, 오른쪽, 왼쪽으로 이동 및 미사일 버튼을 사용해 [전투기]를 제어할 수 있습니다. [드래곤]은 브레스(불) 공격을 할 수 있습니다. [전투기]는 [드래곤 브레스]를 피하여 동전을 먹으면 점수가 올라갑니다. [전투기]가 [드래곤]과 충돌하거나 브레스를 맞으면 게임은 종료됩니다.

 | 예제파일 : 드래곤 슈팅 게임 만들기(예제).ent
완성파일 : 드래곤 슈팅 게임 만들기(완성).ent

# ❶ 게임 이해하기

## 1.1 게임 테마

게임 테마(지구 방어) · 지구의 운명을 건 최후의 반격에서 살아남아라! 전쟁은 지금부터다.

**게임 콘셉트 디자인**
(핵심 재미와 구성)

우주 최강 종족인 드래곤의 침공으로부터
전투기를 조종하여 지구를 지키는 게임

**캐릭터 설정**
(플레이어, 논플레이어)

전투기, 드래곤

**세계관 설정**
(과거 배경–시간적, 공간적, 사상적)

드래곤이 사는 행성이 초신성 폭발로
앞으로 10년 안에 죽음을 맞이합니다.

**스토리**
(현재 배경–인물, 배경, 사건)

플레이어는 지구방위군 대원이 되어 지구를 침략한
드래곤족으로부터 인류를 구해야 합니다.

**메커니즘**
(절차 또는 규칙)

전투기를 위쪽, 아래쪽, 왼쪽, 오른쪽으로
이동하면서 미사일로 드래곤을 공격합니다.

**레벨 디자인**
(난이도, 맵 디자인)

별 아이템을 획득할 때마다 미사일이 1개, 2개,
3개, 4개, 5개로 업그레이드됩니다.

**게임 밸런스**
(균형, 보상, 적절한 수준)

동전을 획득하면 추가 점수를 얻을 수 있습니다.

**그래픽/사운드**

## 1.2 게임 구성

[전투기]를 이동하면서 [미사일]로 [드래곤]을 공격하는 구성입니다. [게임 시작] 신호와 [게임 종료] 신호를 이용해 게임 흐름을 제어합니다.

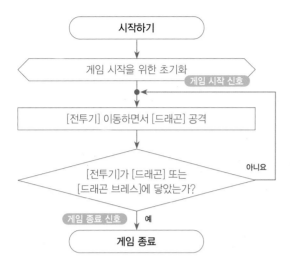

## 1.3 게임 동작

❶ [▶시작하기] 버튼을 클릭하면, [전투기] 오브젝트가 게임 시작을 알립니다.

❷ [전투기]를 위쪽, 아래쪽, 왼쪽, 오른쪽으로 이동하면서 [드래곤]에게 [미사일]을 발사합니다.

❸ [드래곤]은 [드래곤 브레스]로 공격합니다.

❹ [전투기]가 [드래곤] 또는 [드래곤 브레스]에 닿으면 게임이 종료됩니다.

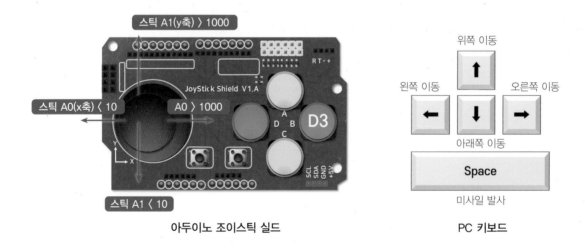

아두이노 조이스틱 실드          PC 키보드

# ❷ 구조 이해하기

드래곤 슈팅 게임의 오브젝트는 4개입니다. [전투기], [미사일], [드래곤], [드래곤 브레스]로 구성되며, [별]은 [미사일] 파워를 올려 주는 역할로 생각하기에서 다룹니다. [배경], [다시하기] 오브젝트는 공통으로 사용하는 구성으로 1장을 참고합니다.

## 2.1 속성

변수 속성

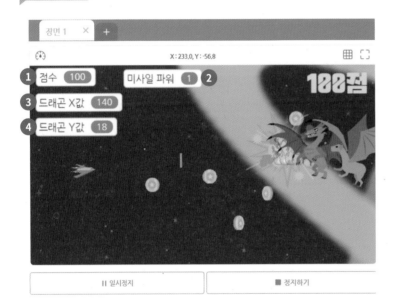

❶ **점수**: [전투기] 오브젝트가 [드래곤]을 맞추거나, [동전]을 획득하면 점수를 저장합니다.

❷ **미사일 파워**: [미사일] 5단계 파워를 저장합니다. 1단계는 [미사일]이 1개이고, 5단계는 [미사일]이 5개입니다. [별] 오브젝트를 획득하면 파워 단계가 올라갑니다.

❸ **드래곤 x값**: [드래곤] 가로 위치를 저장합니다. [드래곤]은 복제본이 무작위 위치에 만들어집니다. 따라서 [드래곤 브레스]의 위치를 지정하기 위해서는 [드래곤]의 위치가 필요합니다.

❹ **드래곤 y값**: [드래곤] 세로 위치를 저장합니다. [드래곤 브레스] 위치를 지정할 때 사용됩니다.

① **게임 시작**: [▶시작하기] 버튼을 선택하면 [게임 시작] 신호를 각 오브젝트에 보내어 게임 시작을 알립니다.

② **게임 종료**: 게임이 종료되면 게임을 다시 시작해야 합니다. 이때 [다시하기] 오브젝트를 실행하기 위해 사용됩니다.

**함수 속성**

함수 속성은 오브젝트 동작을 실행할 때 사용합니다. 지정된 번호에 따라 블록 코딩을 합니다. 예를 들어, [전투기] 오브젝트는 함수 3개로 구성되며, 함수 이름은 (오브젝트 이름 + 함수 동작 설명)으로 이루어집니다.

전투기 오브젝트

## 2.2 오브젝트 역할

**전투기 오브젝트**

[전투기]는 오른쪽, 왼쪽, 위쪽, 아래쪽으로 이동하면서 미사일을 발사합니다. [전투기]는 이미지 4개로 구성되며, 빠르게 날아가는 애니메이션에 사용됩니다. [드래곤] 또는 [드래곤 브레스]에 닿으면 (폭탄_터진) 모양으로 변경됩니다.

[전투기]는 아두이노 조이스틱 실드의 스틱을 왼쪽 또는 오른쪽으로 기울이면 왼쪽 또는 오른쪽으로 이동하고, 위쪽 또는 아래쪽으로 기울이면 위쪽 또는 아래쪽으로 이동합니다. 아두이노 조이스틱 실드의 D3 버튼을 누르면, [미사일]이 오른쪽으로 날아갑니다. 또한 PC의 왼쪽, 오른쪽, 위쪽, 아래쪽 화살표 키 그리고 스페이스 키를 이용해서 동작을 제어할 수 있습니다.

**미사일 오브젝트**

[미사일]은 [드래곤] 및 [드래곤 브레스]를 공격합니다. [미사일]은 이미지 5개로 구성되며, [별] 오브젝트에 닿으면 [미사일] 모양이 단계별로 변경됩니다.

**드래곤 오브젝트**

[드래곤]은 [전투기]를 공격합니다. [전투기] 방향으로 이동하며, 드래곤이 하늘을 나는 모습을 표현하기 위해 이미지 3개로 구성됩니다. [미사일]에 닿으면 (폭탄_터진) 모양으로 변경됩니다.

**드래곤 브레스 오브젝트**

[드래곤 브레스]는 [전투기]를 공격합니다. [드래곤 브레스]는 이미지 5개로 구성되며, 입체적인 동작 애니메이션 효과에 사용됩니다.

# ③ 함수 블록 코딩하기

블록 코딩은 오브젝트 4개로 구성되며, 함수 9개를 사용합니다. 다음 그림의 빨간색 숫자는 오브젝트 고유 번호, 파란색 숫자는 함수 번호, 초록색 글상자는 신호, 하늘색 글상자는 오브젝트 복제본, 빨간색 점선은 블록 코딩의 흐름을 나타냅니다. 코딩은 오브젝트 번호 순서대로 진행합니다.

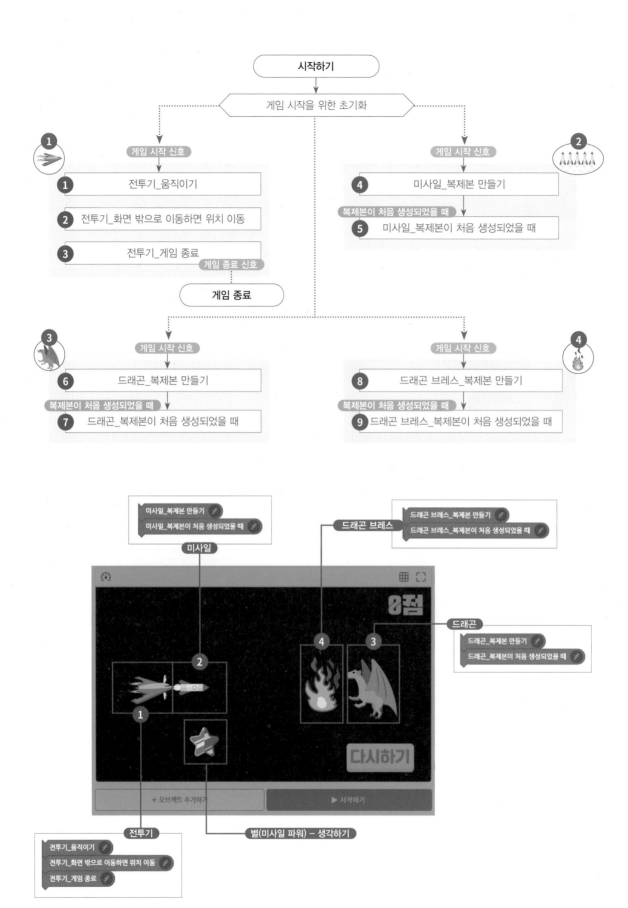

## 3.1 전투기 오브젝트

### 게임 초기화

[▶시작하기] 버튼을 클릭하면 [전투기] 크기를 "30"으로 설정합니다. [게임 시작] 신호를 보내고 메시지를 1초 동안 표시합니다. (전투기 이륙) 소리를 반복 재생합니다.

1번 함수(전투기_움직이기)는 [전투기]가 오른쪽, 왼쪽, 위쪽, 아래쪽으로 이동하는 함수입니다. [게임 시작] 신호를 받으면 반복 실행합니다.

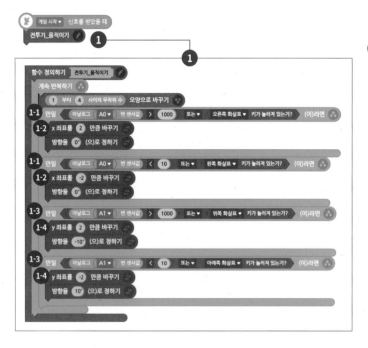

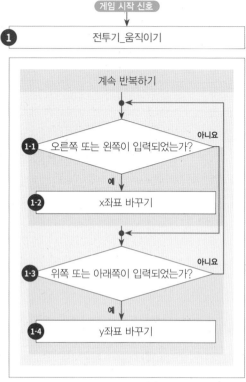

❶ [전투기_움직이기] 함수를 코딩합니다.

❶-❶ [전투기] 모양을 무작위로 바꿉니다. [전투기] 오브젝트의 오른쪽, 왼쪽 움직임이 입력되었는지 판단합니다.

❶-❷ 스틱을 기울이는 방향에 따라 x좌표를 "2" 또는 "–2"만큼 움직입니다.

❶-❸ [전투기] 오브젝트의 위쪽, 아래쪽 움직임이 입력되었는지 판단합니다.

❶-❹ 스틱을 기울이는 방향에 따라 y좌표를 "2" 또는 "–2"만큼 움직이고, 방향을 "10"도 또는 "–10"도 기울여 [전투기] 앞쪽이 위나 아래를 향하게 만들어 줍니다.

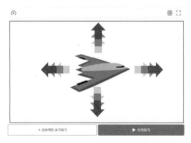
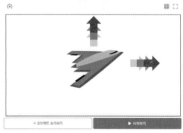
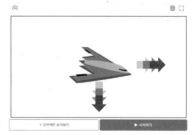

## [전투기_화면 밖으로 이동하면 위치 이동] 함수

2번 함수(전투기_화면 밖으로 이동하면 위치 이동)는 [전투기]가 화면 밖으로 나가면 화면 안으로 위치를 이동시키는 함수입니다. [전투기]가 화면 밖으로 이동하여 보이지 않을 수 있으므로 화면 밖으로 나가지 않도록 코딩합니다. [게임 시작] 신호를 받으면 반복 실행합니다.

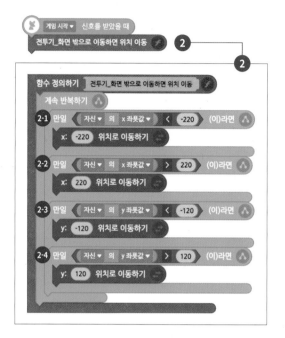

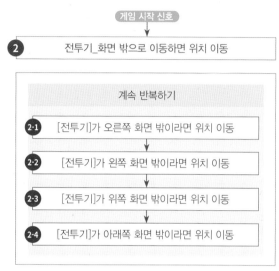

❷ [전투기_화면 밖으로 이동하면 위치 이동] 함수를 코딩합니다.

❷-❶ [전투기]가 왼쪽 화면 밖으로 이동하면, x좌표를 "−220"으로 설정하여 [전투기]를 화면 안으로 이동시킵니다.

❷-❷ [전투기]가 오른쪽 화면 밖으로 이동하면, x좌표를 "220"으로 설정하여 [전투기]를 화면 안으로 이동시킵니다.

❷-❸ [전투기]가 아래쪽 화면 밖으로 이동하면, y좌표를 "−120"으로 설정하여 [전투기]를 화면 안으로 이동시킵니다.

❷-❹ [전투기]가 위쪽 화면 밖으로 이동하면, y좌표를 "120"으로 설정하여 [전투기]를 화면 안으로 이동시킵니다.

## [전투기_게임 종료] 함수

3번 함수(전투기_게임 종료)는 [전투기]가 [드래곤] 또는 [드래곤 브레스]에 닿으면 게임을 종료하는 함수입니다. [게임 시작] 신호를 받으면 반복 실행합니다.

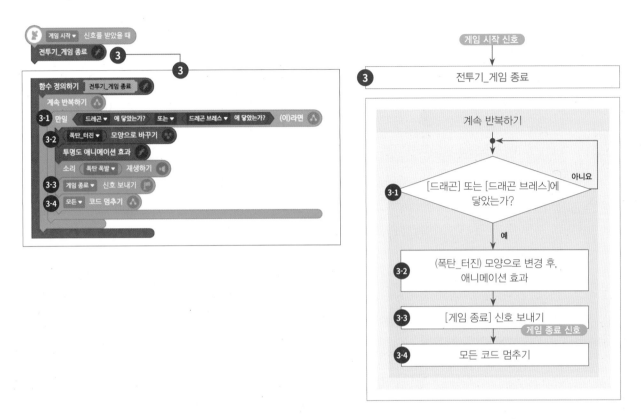

**③** [전투기_게임 종료] 함수를 코딩합니다.

**③-1** [전투기]가 [드래곤] 또는 [드래곤 브레스]와 충돌했는지 판단합니다.

**③-2** 충돌했다면 (폭탄_터진) 모양으로 바꾸고, 투명도 애니메이션 함수를 호출하여 입체적인 효과를 줍니다.

**③-3** 폭발 소리를 재생합니다. [게임 종료] 신호를 보내고 게임을 종료합니다.

**③-4** 실행 중인 모든 코드를 멈춥니다.

### [미사일_복제본 만들기] 함수

4번 함수(미사일_복제본 만들기)는 [미사일]을 반복해서 만드는 함수입니다. [게임 시작] 신호를 받으면 반복 실행합니다.

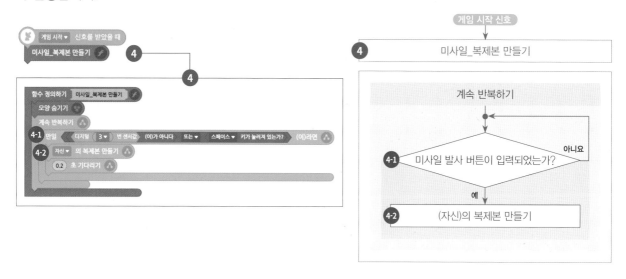

④ [미사일_복제본 만들기] 함수를 코딩합니다.

④-1 아두이노 조이스틱 실드의 D3 버튼 또는 PC의 스페이스 키가 눌리면 복제본을 만듭니다.

④-2 자신의 복제본을 만들고 0.2초 기다립니다.

## [미사일_복제본이 처음 생성되었을 때] 함수

5번 함수(미사일_복제본이 처음 생성되었을 때)는 [미사일] 모양과 동작을 설정하는 함수입니다. [복제본이 처음 생성되었을 때] 실행합니다.

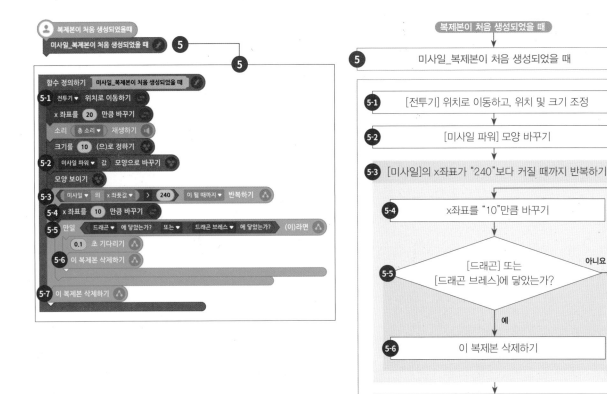

**⑤** [미사일_복제본이 처음 생성되었을 때] 함수를 코딩합니다.

**⑤-1** [미사일]을 [전투기] 위치로 이동합니다. [전투기]와 겹치지 않도록 x좌표를 "20"만큼 바꾸고, 소리와 크기를 설정합니다.

**⑤-2** 5가지 모양 중 [미사일 파워] 값에 해당하는 미사일 모양을 설정합니다.

**⑤-3** [미사일]의 x좌푯값이 "240"보다 클 때까지, 즉 오른쪽 화면을 벗어날 때까지 다음 동작을 반복합니다.

**⑤-4** [미사일]을 오른쪽으로 "10"만큼 이동합니다.

**⑤-5** [미사일]이 [드래곤] 또는 [드래곤 브레스]에 닿았는지 판단합니다.

**⑤-6** 닿았다면 [미사일] 복제본을 삭제합니다.

**⑤-7** [미사일]이 [드래곤] 또는 [드래곤 브레스]에 닿지 않고 화면 오른쪽 밖으로 나간다면, 더 이상 이 [미사일]은 사용되지 않기 때문에 복제본을 삭제합니다.

## 3.3 드래곤 오브젝트

### [드래곤_복제본 만들기] 함수

6번 함수(드래곤_복제본 만들기)는 [드래곤]을 반복해서 만드는 함수입니다. [게임 시작] 신호를 받으면 반복 실행합니다.

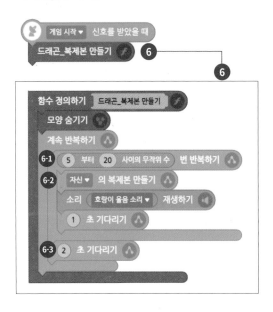

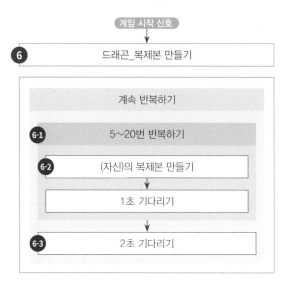

245

**6** [드래곤_복제본 만들기] 함수를 코딩합니다.

**6-1** 5~20 사이의 무작위 수만큼 다음 동작을 반복합니다.

**6-2** (자신)의 복제본을 만들고 (호랑이 울음) 소리를 재생합니다. 1초 기다립니다.

**6-3** [드래곤]을 2초 간격으로 여러 번 반복해 만들어서 [드래곤]이 끊임없이 화면에 무작위로 나오도록 합니다.

## [드래곤_복제본이 처음 생성되었을 때] 함수

7번 함수(드래곤_복제본이 처음 생성되었을 때)는 [드래곤] 위치 이동 및 [미사일]에 닿았을 때 오브젝트를 사라지게 하는 함수입니다. [복제본이 처음 생성되었을 때] 실행합니다.

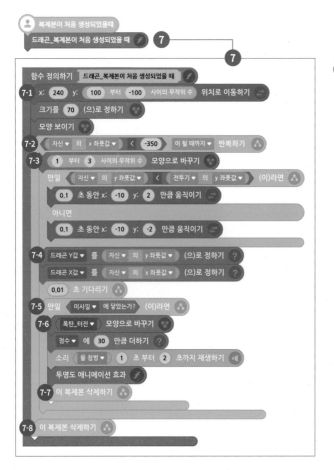

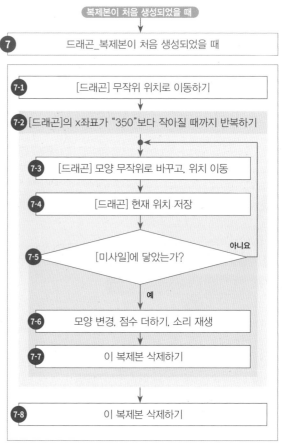

**7** [드래곤_복제본이 처음 생성되었을 때] 함수를 코딩합니다.

**7-1** 복제본이 처음 생성되면, 드래곤 위치를 무작위로 설정하고 크기를 "70"으로 정한 뒤, 모양을 보이게 합니다.

**7-2** [드래곤]은 오른쪽에서 왼쪽으로 이동하기 때문에 x좌푯값이 "−350"보다 작을 때까지, 즉 왼쪽 화면을 벗어날 때까지 다음 동작을 반복합니다.

**7-3** [드래곤]이 움직이는 애니메이션 효과를 표현하기 위해 1~3번 모양으로 무작위로 바꿉니다. [드래곤]의 위치를 0.1초 동안 위 또는 아래로 움직이면서 이동합니다.

**7-4** [드래곤 브레스] 위치를 결정하기 위해, 현재 [드래곤]의 위치를 [드래곤 x값]과 [드래곤 y값]에 저장합니다.

**7-5** 만일 [드래곤]이 [미사일]에 닿았다면, 다음 블록을 실행합니다.

**7-6** (폭탄_터진) 모양으로 변경하고, 점수를 더한 후, 소리를 재생합니다.

**7-7** [드래곤]이 [미사일]에 닿았기 때문에 더 이상 [드래곤] 오브젝트는 필요하지 않습니다. 이 복제본을 삭제합니다.

**7-8** [드래곤]이 [미사일]에 닿지 않고 화면 왼쪽 끝까지 이동했다면 더 이상 [드래곤] 오브젝트는 필요하지 않습니다. 이 복제본을 삭제합니다.

## 3.4 드래곤 브레스 오브젝트

## [드래곤 브레스_복제본 만들기] 함수

8번 함수(드래곤 브레스_복제본 만들기)는 [드래곤 브레스]를 반복해서 만드는 함수입니다. [게임 시작] 신호를 받으면 반복 실행합니다.

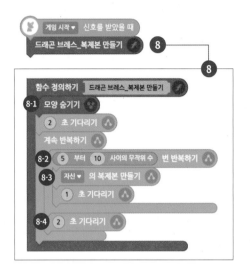 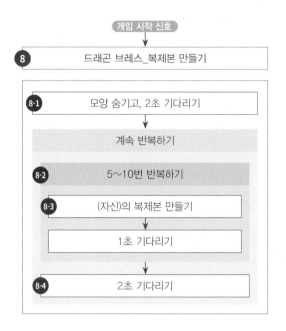

8️⃣ [드래곤 브레스_복제본 만들기] 함수를 코딩합니다.

8️⃣-1️⃣ 게임을 시작하면 [드래곤 브레스]가 화면에 바로 표시되지 않도록, 모양 숨기기를 합니다. 2초 기다리기를 실행하여 [드래곤 브레스]의 적당한 표현 시간을 조절합니다. 게임에서 기다리기 시간을 설정하는 것은 게임 흐름을 적절한 타이밍으로 맞추는 데 매우 유용합니다.

8️⃣-2️⃣ 5~10 사이의 무작위 수만큼 다음 동작을 반복합니다.

8️⃣-3️⃣ (자신)의 복제본을 만듭니다. 1초 간격으로 [드래곤 브레스]가 화면에 나타나도록 합니다.

8️⃣-4️⃣ 2초 기다리기를 실행해서 [드래곤 브레스]가 일정 간격으로 나오는 효과를 줄 수 있습니다.

## [드래곤 브레스_복제본이 처음 생성되었을 때] 함수

9번 함수(드레곤 브레스_복제본이 처음 생성되었을 때)는 [드래곤 브레스]의 위치 이동 및 [미사일]에 닿았을 때 오브젝트를 사라지게 하는 함수입니다. [복제본이 처음 생성되었을 때] 실행합니다.

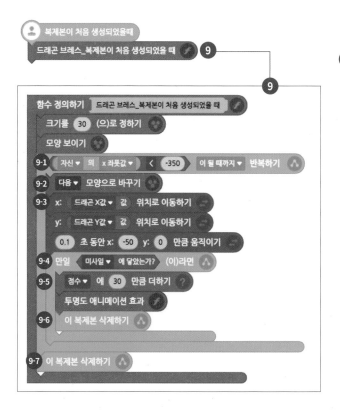

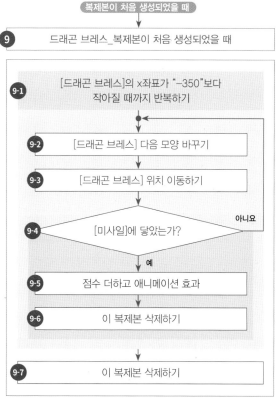

❾ [드래곤 브레스_복제본이 처음 생성되었을 때] 함수를 코딩합니다.

**9-1** [드래곤 브레스]의 복제본이 처음 생성되면, 크기를 설정하고 모양을 보이게 합니다. [드래곤 브레스]는 오른쪽에서 왼쪽으로 이동하기 때문에 x좌푯값이 "−350"보다 작을 때까지 반복합니다.

**9-2** [드래곤]이 움직이는 애니메이션 효과를 주기 위해 다음 모양으로 바꿉니다.

**9-3** [드래곤 x값]과 [드래곤 y값]으로 [드래곤 브레스]의 위치를 이동시키고, 0.1초 동안 x좌표를 "−50"만큼 움직입니다.

**9-4** 만일 [드래곤 브레스]가 [미사일]에 닿았다면, 다음 블록을 실행합니다.

**9-5** 점수를 더하고, 사라지는 애니메이션 효과를 줍니다.

**9-6** [미사일]이 [드래곤 브레스]에 닿았기 때문에, 더 이상 [드래곤 브레스] 오브젝트는 필요하지 않습니다. 이 복제본을 삭제합니다.

**9-7** [드래곤 브레스]가 [미사일]에 닿지 않고 화면 왼쪽 끝까지 이동했다면 더 이상 [드래곤 브레스] 오브젝트는 필요하지 않습니다. 이 복제본을 삭제합니다.

# ④ 게임 동작 확인

이 장에서는 엔트리에서 오브젝트를 제어할 때 필요한 복제본 만들기를 했습니다. 간단한 블록이지만, 다양하게 응용할 수 있습니다. 예를 들어, 배경으로 사용된 [배경_별] 오브젝트가 복제본을 생성하여 동작하는 기본 원리는 똑같습니다. 이처럼 복제본 만들기를 응용하여 다양한 게임 효과를 줄 수 있습니다.

함수 블록 코딩이 모두 완료되었다면, 엔트리를 실행합니다. [전투기]를 이동하면서, [미사일]을 발사하고 [드래곤]을 제거합니다.

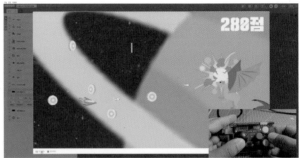

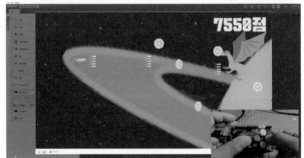

https://youtu.be/mYps5H4z66w

250

# ⑤ 생각하기

[별] 오브젝트는 [전투기]와 닿으면 1~5단계로 [미사일] 모양을 변경합니다. 10초 간격으로 [별] 오브젝트를 만들어 봅니다. [미사일 파워] 값이 5보다 작으면 자신의 복제본을 만듭니다.

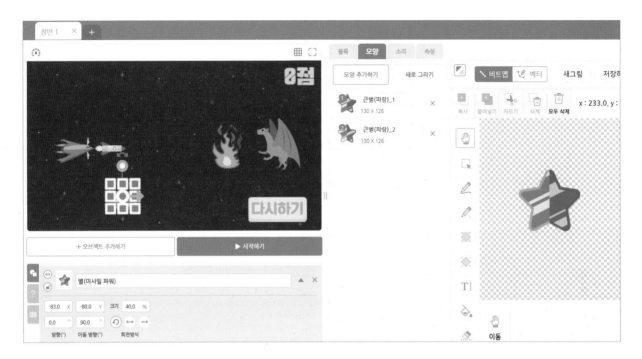

# 11장

# 몬스터 슈팅 게임 만들기

몬스터 슈팅 게임은 [몬스터]가 건물에서 나오면 [총]으로 [몬스터]를 공격하는 아케이드 1인칭 슈팅 게임 (FPS, First Person Shooter)입니다. 오른쪽, 왼쪽 이동 및 [총] 쏘기, [폭탄] 공격으로 게임을 진행합니다. 몬스터인 [도깨비], [처녀 귀신], [좀비]가 지그재그로 다가오면 [총]으로 공격할 수 있습니다. 제한 시간이 0이 되면 게임은 종료됩니다.

📁 | 예제파일 : 몬스터 슈팅 게임 만들기(예제).ent
   | 완성파일 : 몬스터 슈팅 게임 만들기(완성).ent

# ① 게임 이해하기

## 1.1 게임 테마

게임 테마(던전 브레이크) | 헌터가 되어 몬스터를 토벌하고 경북궁을 지켜라.

**게임 콘셉트 디자인**
(핵심 재미와 구성)

헌터가 되어 던전 브레이크로 쏟아져 나오는
몬스터를 총과 폭탄으로 토벌하는 게임

**캐릭터 설정**
(플레이어, 논플레이어)

총, 몬스터(도깨비, 귀신, 좀비)

**세계관 설정**
(과거 배경-시간적, 공간적, 사상적)

평행 우주, 마법과 던전이 존재하는 세상입니다.
경북궁에 레벨 3 던전 포털이 열렸습니다.

**스토리**
(현재 배경-인물, 배경, 사건)

던전 브레이크가 발생했습니다.
당신은 헌터로서 몬스터 토벌을 시작해야 합니다.

**메커니즘**
(절차 또는 규칙)

총을 왼쪽, 오른쪽으로 이동하여
다가오는 몬스터를 토벌합니다.

**레벨 디자인**
(난이도, 맵 디자인)

도깨비, 처녀 귀신, 좀비가 시간이 지남에 따라
순서대로 나타납니다.

**게임 밸런스**
(균형, 보상, 적절한 수준)

폭탄을 3개로 제한합니다.

**그래픽/사운드**

## 1.2 게임 구성

[총]과 [폭탄]을 사용해 [몬스터]를 토벌하는 구성입니다.
[게임 시작] 신호와 [게임 종료] 신호를 이용해 게임 흐름
을 제어합니다.

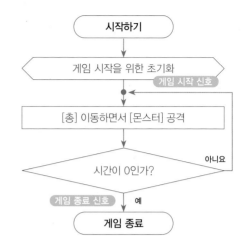

## 1.3 게임 동작

❶ [▶시작하기] 버튼을 클릭하면, [총] 오브젝트가 게임 시작을 알립니다.

❷ [몬스터]인 [도깨비], [처녀 귀신], [좀비]는 난이도에 따라 나타나며, 멀리서부터 다가오면서 공격합니다.

❸ [총]을 오른쪽, 왼쪽으로 움직이면서 [몬스터]를 공격합니다.

❹ [몬스터]가 많이 나타나면, [폭탄]을 던져서 화면에 보이는 모든 [몬스터]를 공격합니다. 단, [폭탄] 개
수는 3개로 제한되어 있습니다.

❺ [시간]이 0이 되면 게임은 종료됩니다.

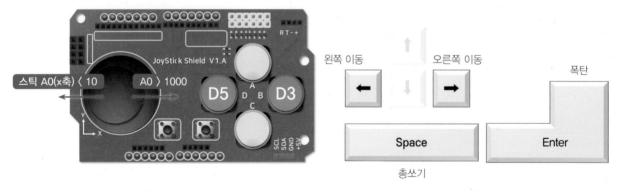

아두이노 조이스틱 실드                    PC 키보드

# ② **구조 이해하기**

몬스터 슈팅 게임의 오브젝트는 5개입니다. [총], [총알], [폭탄], [폭탄 상태 표시], [몬스터]로 구성되며, [다시하기], [제한시간] 오브젝트는 공통으로 사용하는 구성으로 1장을 참고합니다.

## 2.1 **속성**

변수 속성

❶ **점수**: [총알]이 [몬스터]에 닿으면 점수를 저장합니다.

❷ **난이도**: [몬스터]는 3종류입니다. 처음부터 모든 [몬스터]가 나타나지는 않으며, [몬스터 난이도] 리스트와 [난이도] 값을 비교해서 [몬스터]를 화면에 표시합니다. 예를 들어, [난이도] 값이 "0"이고 [몬스터 난이도] 값이 "0"이면 [도깨비]만 화면에 나타납니다. [난이도] 값이 "2"이고, [몬스터 난이도] 값이 "2"이면 [도깨비], [처녀 귀신]이 화면에 나타납니다.

❸ **이동값**: [몬스터]가 앞으로 이동하는 값입니다. [몬스터]는 앞으로 다가오면서 점점 커집니다. [몬스터] 크기가 바뀌면, 이동 속도도 변경되어야 합니다.

❹ **제한 시간**: 시간을 저장합니다. 초깃값은 "120"으로 설정됩니다.

❺ **폭탄 개수**: 폭탄 전체 개수를 저장하며 기본값은 "3"입니다. 아두이노 조이스틱 실드의 D5 버튼 또는 PC의 엔터 키를 누르면 [폭탄]이 나타나고, [폭탄 개수]가 1개 줄어듭니다.

**❻ 폭탄 개수 표시**: [폭탄 개수]는 현재 폭탄의 총 개수를 의미하고, [폭탄 개수 표시]는 사용 가능한 [폭탄]을 화면에 표시할 때 사용하는 위치 변수입니다. 처음에는 화면 오른쪽 상단에 [폭탄 개수]가 3개 표시됩니다. [폭탄 개수]가 줄어 2가 되면 [폭탄]이 2개 표시되는데, 이때 [폭탄 개수 표시] 변수를 사용합니다.

신호 속성

**❶ 게임 시작**: [▶시작하기] 버튼을 선택하면 [게임 시작] 신호를 각 오브젝트에 보내어 게임 시작을 알립니다.

**❷ 게임 종료**: 게임이 종료되면 게임을 다시 시작해야 합니다. 이때 [다시하기] 오브젝트를 실행하기 위해 사용됩니다.

**❸ 폭탄 표시**: 남은 [폭탄 개수]를 표시합니다.

**❹ 폭탄 터진**: [폭탄]이 터질 때 [폭탄 터진] 신호를 보내어 [몬스터] 오브젝트를 삭제합니다.

리스트 속성

**❶ 몬스터 난이도**: [도깨비], [처녀귀신], [좀비]를 난이도에 따라 등장시킵니다. 난이도는 10초 간격으로 1, 2, 3으로 바뀌도록 배경 오브젝트에 코딩되어 있습니다. 난이도는 원하는 대로 조절할 수 있습니다. 리스트 항목 1, 2, 3은 각각 [도깨비], [처녀귀신], [좀비]를 나타냅니다. 즉, 난이도가 0이면 [도깨비], 2이면 [처녀귀신], 3이면 [좀비]가 나타납니다.

256

함수 속성은 오브젝트 동작을 실행할 때 사용합
니다. 함수는 지정된 번호에 따라 블록 코딩을
합니다. 예를 들어, [총] 오브젝트는 함수 1개로
구성되며, 함수 이름은 (오브젝트 이름 + 함수
동작 설명)으로 이루어집니다.

오브젝트 이름 ──┐     ┌── 함수 동작 설명

총. 움직이기

총 오브젝트

## 2.2 오브젝트 역할

총 오브젝트

[총]은 오른쪽, 왼쪽으로 이동합니다. 이미지 3개
로 구성되며, 화면 중앙을 기준으로 오른쪽으로
총이 이동하면 (총_오른쪽) 모양으로, 왼쪽으로
이동하면 (총_왼쪽) 모양으로 변경됩니다. [총]은
아두이노 조이스틱 실드의 스틱을 왼쪽 또는 오
른쪽으로 기울이면 이동합니다. 또한, PC의 왼
쪽, 오른쪽 화살표 키를 이용해서 동작을 제어할
수 있습니다.

총알 오브젝트

[총알]은 [몬스터] 방향으로 이동합니다. 이미지
3개로 구성되며, 화면 중앙을 기준으로 화면 오
른쪽으로 총이 이동하면 (총알_오른쪽) 모양으
로, 왼쪽으로 이동하면 (총알_왼쪽) 모양으로 변
경됩니다. 아두이노 조이스틱 실드의 D3 버튼을
누르거나, PC의 스페이스 키를 이용해서 동작을
실행합니다.

## 폭탄 오브젝트

[폭탄]은 화면에 보이는 [몬스터]를 모두 삭제합니다. [폭탄 터진] 신호와 함께 사용됩니다. [폭탄]은 이미지 2개로 구성되며, (폭탄_터진) 모양으로 변경되면서 효과를 줄 수 있습니다. 아두이노 조이스틱 실드의 D5 버튼을 누르거나, PC 엔터 키를 이용해서 동작을 실행할 수 있습니다.

## 폭탄 상태 표시 오브젝트

[폭탄 상태 표시]는 [폭탄] 개수를 화면에 표시합니다. 기본값으로 "3"을 가집니다. 처음에는 [폭탄] 3개를 표시하고, [폭탄]을 사용할 때마다 1개씩 삭제합니다.

## 몬스터 오브젝트

[몬스터]는 플레이어를 공격합니다. [도깨비], [처녀 귀신], [좀비]로 구성되며, 각 [몬스터]마다 사용되는 이미지는 다릅니다. 예를 들어, [도깨비]는 애니메이션 효과를 표현하기 위해 이미지 7개로 구성됩니다. [총알]이 닿으면 터진 모양으로 바뀌고, 아래쪽 벽, 즉 플레이어에 닿으면 플레이어가 공격받았다고 판단하고 −50점이 적힌 이미지로 변경됩니다.

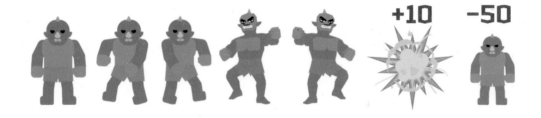

# ③ 함수 블록 코딩하기

블록 코딩은 오브젝트 5개로 구성되며, 함수 13개를 사용합니다. 아래 그림의 빨간색 숫자는 오브젝트 고유 번호, 파란색 숫자는 함수 번호, 초록색 글상자는 신호, 하늘색 글상자는 오브젝트 복제본, 빨간색 점선은 블록 코딩의 흐름을 나타냅니다. 코딩은 오브젝트 번호 순서대로 진행합니다.

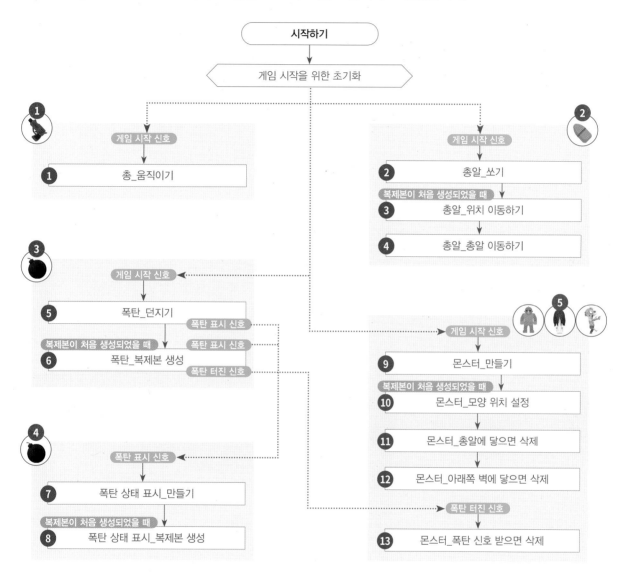

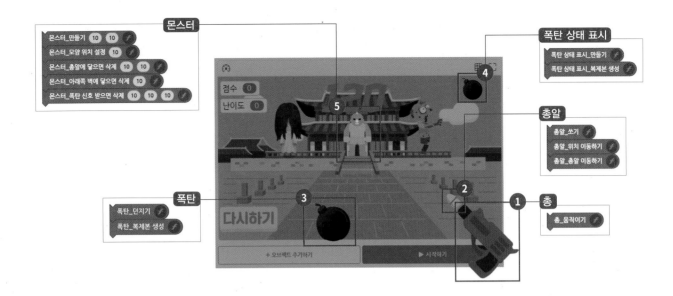

## 3.1 총 오브젝트

### 게임 초기화

[▶시작하기] 버튼을 클릭하면, 게임 시작 메시지를
1초 동안 말하고 [게임 시작] 신호를 보냅니다.

## [총_움직이기] 함수

1번 함수(총_움직이기)는 [총]을 오른쪽, 왼쪽으로 이동하는 함수입니다. [게임 시작] 신호를 받으면 반복
실행합니다.

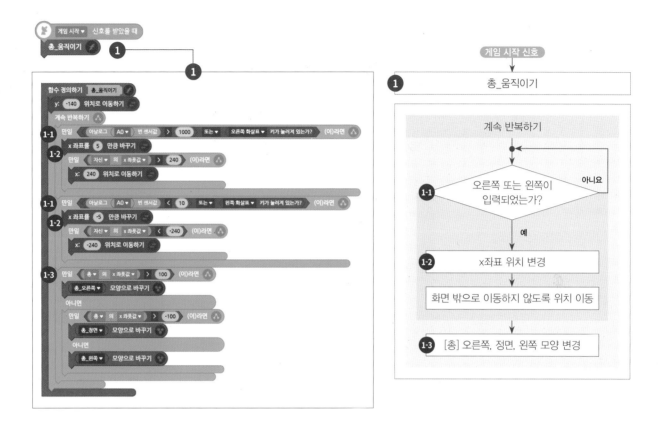

❶ [총_움직이기] 함수를 코딩합니다.

1-1 [총] 이동을 위해 아두이노 조이스틱 실드가 오른쪽 또는 왼쪽인지 판단합니다.

1-2 x좌표를 설정합니다. 만일 [총]이 화면 끝으로 이동했다면, 화면 밖으로 [총]이 이동하지 않도록 x좌표
의 위치를 고정합니다.

1-3 왼쪽, 중앙, 오른쪽 위치에 따라서 [총]이 바라보는 모양을 변경합니다.

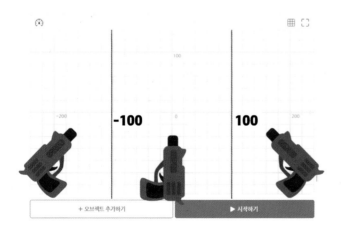

## 3.2 총알 오브젝트

### [총알_쏘기] 함수

2번 함수(총알_쏘기)는 총알의 복제본을 만드는 함수입니다. [게임 시작] 신호를 받으면 반복 실행합니다.

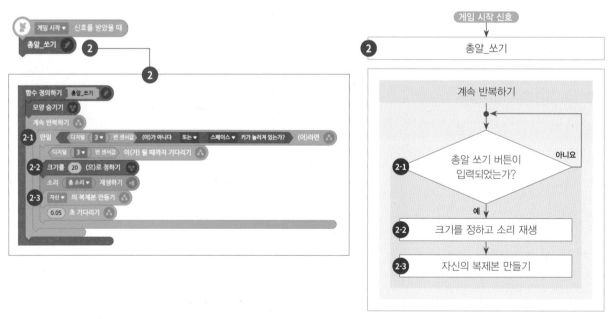

❷ [총알_쏘기] 함수를 코딩합니다.

2-1 아두이노 조이스틱 실드의 D3 버튼 또는 스페이스 키가 눌렸는지 판단하고 다음 블록을 실행합니다.

2-2 총알 크기를 정하고, 소리를 재생합니다.

2-3 [총알]이 이동하는 효과를 위해 자신의 복제본을 만들고 0.05초 기다립니다.

## [총알_위치 이동하기] 함수

3번 함수(총알_위치 이동하기)는 [총]이 움직이는 위치에 따라 총알의 모양을 변경하는 함수입니다. [복제본이 처음 생성되었을 때] 실행합니다.

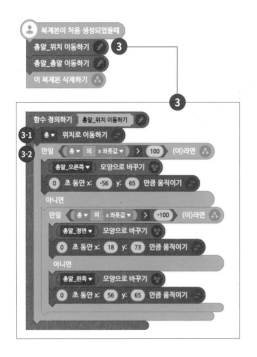

**3** [총알_위치 이동하기] 함수를 코딩합니다.

**3-1** [총알]을 [총] 위치로 이동합니다.

**3-2** 만일 [총]이 오른쪽에 있다면 [총알_오른쪽] 모양으로 변경 후 위치를 보정하고, 중앙에 있다면 [총알_정면] 모양으로 변경하고 위치를 보정합니다. [총]이 왼쪽에 있다면, [총알_왼쪽] 모양으로 변경하고 위치를 보정합니다.

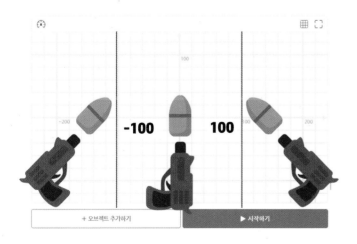

4번 함수(총알_총알 이동하기)는 [총]의 위치에 따라 [총알]을 이동시키는 함수입니다. [총알_위치 이동하기] 함수가 실행된 후 실행합니다.

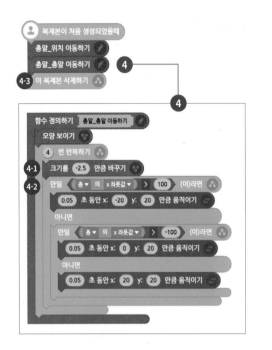

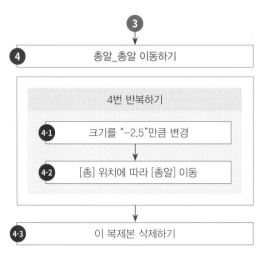

❹ [총알_총알 이동하기] 함수를 코딩합니다.

❹-❶ [총알]은 가깝거나 멀리 있는 [몬스터]를 공격할 때 사용합니다. [총알]은 가까이 있을 때 크게 표시되고, 멀리 날아가면 작게 표시되어야 합니다. 따라서 크기를 "–2.5"씩 4번 반복해서 변경합니다.

❹-❷ [총알]은 [총]이 바라보고 있는 방향으로 날아가는 위치를 지정해야 합니다. 예를 들어, [총]이 왼쪽에 있다면 [총알]은 1시 방향인 오른쪽 위로 날아가도록 설정합니다.

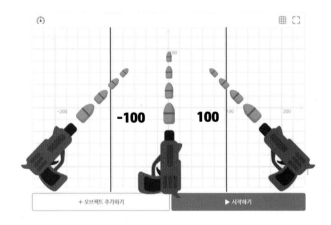

❹-❸ 총알이 지정한 위치로 이동했기 때문에 더 이상 복제본을 사용하지 않습니다. 따라서 이 복제본을 삭제합니다.

## 3.3 폭탄 오브젝트

### [폭탄_던지기] 함수

5번 함수(폭탄_던지기)는 [폭탄] 복제본을 만드는 함수입니다. [게임 시작] 신호를 받으면 반복 실행합니다.

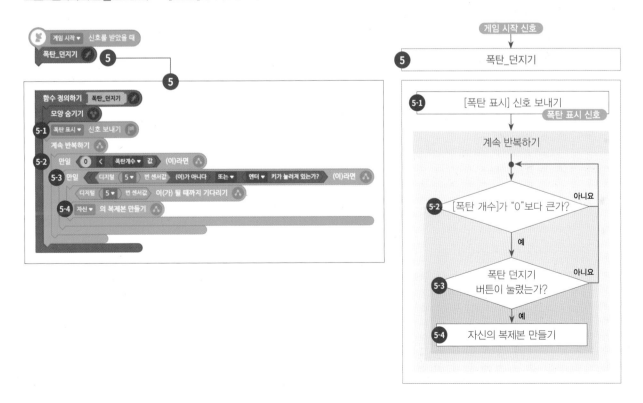

265

**⑤** [폭탄_던지기] 함수를 코딩합니다.

**⑤-1** 게임이 시작되면 [폭탄]을 숨깁니다. [폭탄 표시] 신호를 보내어, 폭탄 개수만큼 [폭탄]을 화면에 표시합니다.

**⑤-2** [폭탄 개수] 값이 "0"보다 큰지 판단합니다. [폭탄 개수]는 기본값이 "3"입니다.

**⑤-3** 아두이노 조이스틱 실드의 D5 버튼 또는 PC의 엔터 키 입력을 판단하고 다음 블록을 실행합니다.

**⑤-4** 폭탄 복제본을 만듭니다.


## [폭탄_복제본 생성] 함수

6번 함수(폭탄_복제본 생성)는 [폭탄]이 굴러가는 애니메이션과 폭파되는 애니메이션에 사용되는 함수입니다. [복제본이 처음 생성되었을 때] 실행합니다.

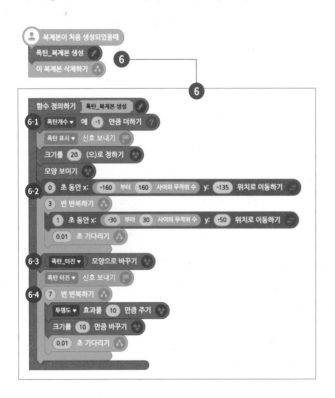

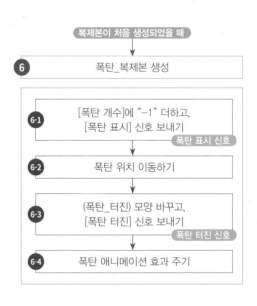

**⑥** [폭탄_복제본 생성] 함수를 코딩합니다.

**⑥-1** [폭탄]을 던진 상황이므로 [폭탄 개수]에 "−1"을 더합니다. 예를 들어, [폭탄 개수]가 "3"이었다면, [폭탄 개수]는 "2"가 됩니다. [폭탄 표시] 신호를 보내 화면에 [폭탄 개수] 값만큼 [폭탄]을 표시합니다.

**⑥-2** [폭탄]이 화면 중앙으로 이동하는 애니메이션을 구현합니다.

**⑥-3** (폭탄_터진) 모양으로 바꾸고, [폭탄 터진] 신호를 보내어 화면에 보이는 모든 [몬스터]를 삭제합니다.

**⑥-4** (폭탄_터진) 모양이 사라질 때 투명해지면서 크기가 커지는 애니메이션 효과를 표현합니다.

## 3.4 폭탄 상태 표시 오브젝트

### [폭탄 상태 표시_만들기] 함수

7번 함수(폭탄 상태 표시_만들기)는 현재 [폭탄] 개수를 화면에 표시하는 함수입니다. [폭탄 표시] 신호를 받으면 실행합니다.

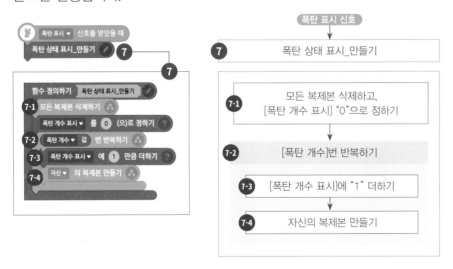

**7** [폭탄 상태 표시_만들기] 함수를 코딩합니다.

**7-1** [폭탄 상태 표시]의 모든 복제본을 삭제하고, [폭탄 개수 표시]를 "0"으로 초기화합니다.

**7-2** [폭탄 개수] 값만큼 반복합니다. 예를 들어, [폭탄 개수]가 3이라면 3번 반복합니다.

**7-3** [폭탄 개수 표시]에 "1"만큼 더합니다. [폭탄 개수 표시]는 [폭탄 개수]를 표시할 위치를 계산할 때 사용합니다.

**7-4** [폭탄 상태 표시] 복제본을 만듭니다.

## [폭탄 상태 표시_복제본 생성] 함수

8번 함수(폭탄 상태 표시_복제본 생성)는 [폭탄 상태 표시]의 위치를 설정하고 화면에 표시하는 함수입니다. [복제본이 처음 생성되었을 때] 실행합니다.

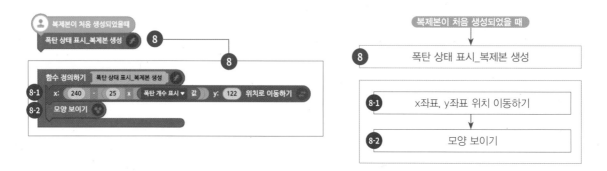

**8** [폭탄 상태 표시_복제본 생성] 함수를 코딩합니다.

**8-1** [폭탄 개수]만큼 [폭탄]을 반복해서 표시하는데, x좌표를 [폭탄 개수 표시] 값만큼 보정합니다.

**8-2** [폭탄 상태 표시] 오브젝트 모양을 보입니다.

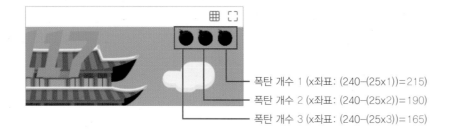

폭탄 개수 1 (x좌표: (240−(25x1))=215)
폭탄 개수 2 (x좌표: (240−(25x2))=190)
폭탄 개수 3 (x좌표: (240−(25x3))=165)

## 3.5 몬스터 오브젝트

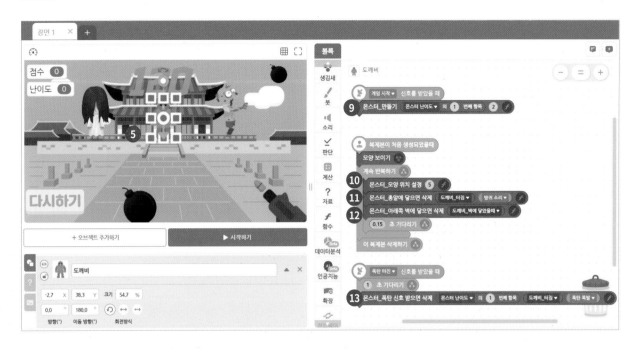

### [몬스터_만들기] 함수

9번 함수(몬스터_만들기)는 [몬스터] 복제본을 만드는 함수입니다. [게임 시작] 신호를 받으면 반복 실행합니다.

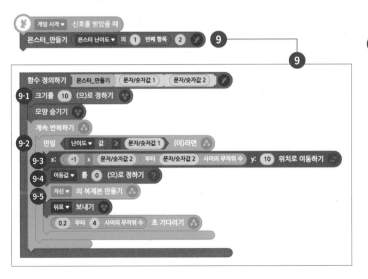

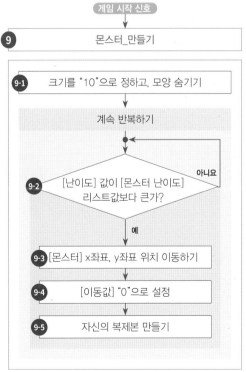

**❾** [몬스터_만들기] 함수를 코딩합니다.

**❾-1** [몬스터 난이도] 리스트에 따라 [도깨비], [처녀 귀신], [좀비]가 화면에 나타나도록 설정할 수 있습니다. [난이도]의 초깃값은 "0"입니다. 근정전 배경 오브젝트에는 시작하기 버튼을 클릭하면 10초 간격으로 난이도에 "1"을 3번 반복해서 더하는 코드가 설정되어 있습니다. 즉, 10초 간격으로 난이도가 1, 2, 3으로 변경됩니다. [몬스터] 오브젝트는 [게임 시작] 신호를 받으면 몬스터의 크기를 "10"으로 정하고, 모양을 숨깁니다.

**❾-2** [난이도] 값이 [몬스터 난이도] 리스트보다 큰 값인지 판단합니다. [몬스터 난이도] 리스트는 첫 번째 항목이 0, 두 번째 항목이 2, 세 번째 항목이 3으로 설정되어 있습니다. 현재 [난이도]는 "1"이고 [도깨비]의 리스트 값은 "0"이기 때문에, [도깨비] 복제본을 만들 수 있습니다. 참고로 리스트 값이 "2"인 [처녀 귀신]은 [난이도]가 "2"가 되는 10초 뒤에 나타나고, 리스트 값이 "3"인 [좀비]는 [난이도]가 "3"이 되는 20초 뒤에 나타납니다.

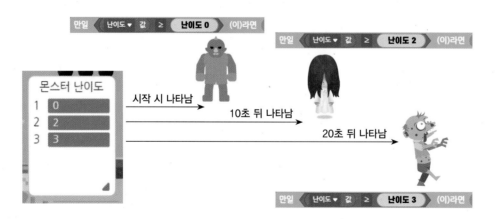

**TIP**

함수 정의하기에서 (문자/숫자값1)은 [몬스터 난이도]의 (1)번째 항목을 의미하며, (문자/숫자값2)는 몬스터가 나타나는 x좌표의 무작위 위치를 의미합니다. 엔트리에서는 함수의 값을 전달할 때 (문자/숫자값)이라는 이름을 사용합니다. (문자/숫자값)은 함수의 이름에서 확인할 수 있습니다.

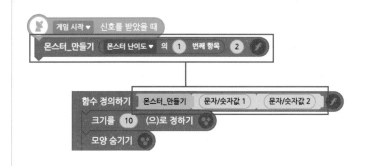

**9-3** [도깨비] 위치를 무작위로 지정합니다.

**9-4** [도깨비]는 멀리서 점점 다가오면서 모양이 커집니다. 따라서 처음 [몬스터]가 만들어지면, [이동값]을 "0"으로 초기화해서 값을 지정할 준비를 합니다.

**9-5** [도깨비] 복제본을 만들고, 복제본 뒤로 보내기를 합니다. 만약 뒤로 보내기를 하지 않는다면, 새로 만들어지는 [도깨비] 복제본이 이전에 만들어진 복제본 위에 표시되어 겹치는 문제가 생깁니다. 따라서 뒤로 보내기로 복제본이 겹칠 때 잘못 표시되는 문제를 해결합니다.

## [몬스터_모양 위치 설정] 함수

10번 함수(몬스터_모양 위치 설정)는 [몬스터] 애니메이션 효과와 이동하는 모양을 표현하는 함수입니다. [복제본이 처음 생성되었을 때] 실행합니다.

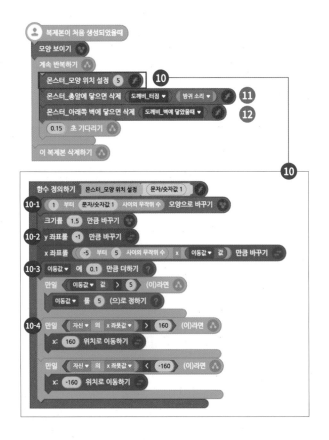

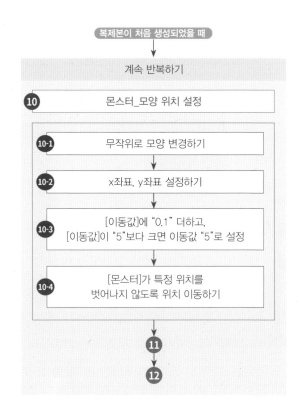

**10** [몬스터_모양 위치 설정] 함수를 코딩합니다.

**10-1** 복제본이 처음 생성되면 모양을 보이게 합니다. [몬스터]의 모양을 무작위로 변경하여 애니메이션 효과를 표시하고 크기를 "1.5"만큼 바꿉니다.

**10-2** 몬스터가 앞으로 다가오면서 왼쪽, 오른쪽으로 이동하도록 x, y좌푯값을 바꿉니다.

**10-3** 계속 반복하면서 [이동값]에 "0.1"만큼 더합니다. 만약 [이동값]이 "5"를 넘으면 이동 간격이 너무 커지므로 [이동값]을 "5"로 고정합니다.

**10-4** [몬스터]가 왼쪽, 오른쪽 특정 위치를 벗어나지 않도록 최대 이동 위치를 고정합니다. 예를 들어, 오른쪽은 x좌표 160이 최대 이동 거리입니다.

## [몬스터_총알에 닿으면 삭제] 함수

11번 함수(몬스터_총알에 닿으면 삭제)는 [몬스터]가 총알에 닿을 때 사용되는 함수입니다. [복제본이 처음 생성되었을 때] 실행합니다.

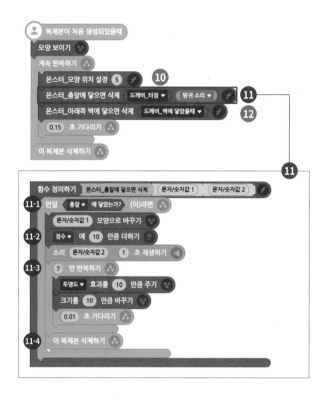

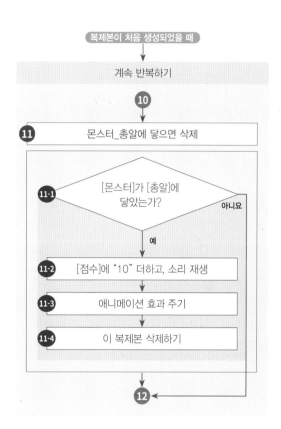

**11** [몬스터_총알에 닿으면 삭제] 함수를 코딩합니다.

**11-1** [도깨비]가 [총알]에 닿았다면, (도깨비_터짐) 모양으로 바꿉니다.

**11-2** [점수]에 "10"을 더하고, (방귀 소리)를 1초 재생합니다.

**11-3** [도깨비]가 터지는 효과를 위해 투명도와 크기를 변경합니다.

**11-4** 더 이상 [도깨비]를 사용하지 않기 때문에, 이 복제본을 삭제합니다.

## [몬스터_아래쪽 벽에 닿으면 삭제] 함수

12번 함수(몬스터_아래쪽 벽에 닿으면 삭제)는 [몬스터]가 아래쪽 벽, 즉 플레이어를 공격할 때 사용되는 함수입니다. [복제본이 처음 생성되었을 때] 실행합니다.

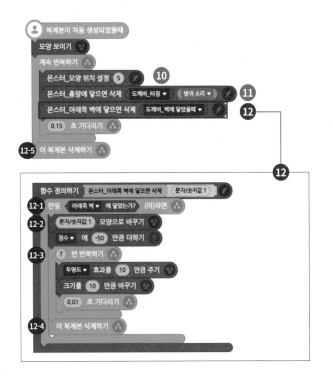

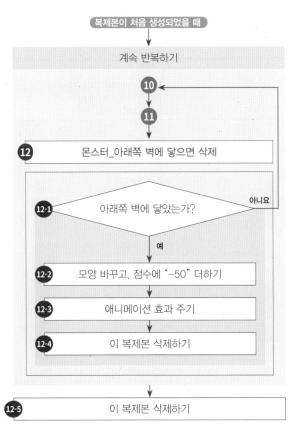

⑫ [몬스터_아래쪽 벽에 닿으면 삭제] 함수를 코딩합니다.

⑫-1 [도깨비]가 아래쪽 벽에 닿았는지 판단합니다. 즉, 플레이어를 공격했는지 판단합니다.

⑫-2 아래쪽 벽에 닿았다면 (도깨비_벽에 닿았을 때) 모양으로 바꿉니다. 플레이어는 공격을 받았기 때문에 마이너스 점수를 받습니다.

⑫-3 투명도와 크기를 변경하여 애니메이션 효과를 표시합니다.

⑫-4 [도깨비]가 플레이어를 공격했다고 판단했으므로, 화면을 가리지 않도록 복제본을 삭제합니다.

⑫-5 만약 11, 12번 함수가 진행되는 동안 [도깨비] 복제본을 삭제하지 않았다면, 더 이상 복제본을 사용하지 않는 것으로 판단하고 이 복제본을 삭제합니다.

## [몬스터_폭탄 신호 받으면 삭제] 함수

13번 함수(몬스터_폭탄 신호 받으면 삭제)는 [폭탄]이 터지면 모든 [몬스터]를 삭제하는 함수입니다. [폭탄 터진] 신호를 받으면 실행합니다.

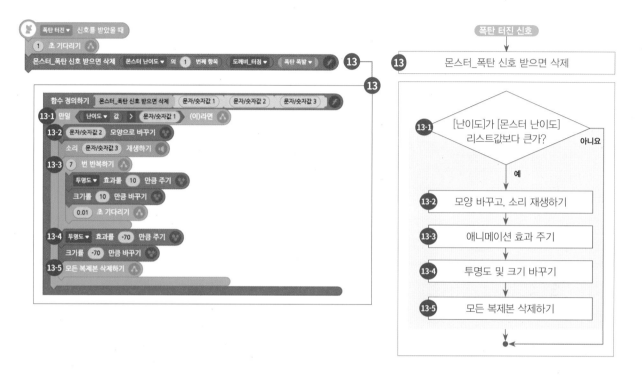

⓭ [몬스터_폭탄 신호 받으면 삭제] 함수를 코딩합니다.

⓭-1 [난이도] 값에 따라 나타나는 몬스터를 확인합니다.

⓭-2 [난이도] 값이 [몬스터 난이도] 리스트값보다 크다면, (도깨비_터짐) 모양으로 바꾸고 (폭탄 폭발) 소리를 재생합니다.

⓭-3 애니메이션 효과를 표현합니다.

⓭-4 투명도, 크기를 설정합니다.

⓭-5 화면에 보이는 모든 [몬스터] 복제본을 삭제합니다.

275

# ④ 게임 동작 확인

이 장에서는 복제본 만들기를 배웠습니다. 복제본은 다양하게 활용할 수 있습니다. [총알]을 발사할 수 있고, [몬스터]를 만들 수 있습니다. 또한 [폭탄], [폭탄 상태 표시] 등 반복적으로 사용하는 오브젝트를 쉽게 만들 때 매우 유용하게 사용할 수 있습니다.

함수 블록 코딩이 모두 완료되었다면, 엔트리를 실행합니다. [총]을 이동하여 [몬스터]를 공격하고, [몬스터]가 너무 많다면 [폭탄]을 사용해서 게임을 진행합니다. 만약 [제한 시간]이 0이라면 게임은 종료됩니다.

https://youtu.be/RyHz8XyYixo

276

# ⑤ 생각하기

[몬스터]는 [도깨비]뿐만 아니라 [처녀 귀신], [좀비]가 있습니다. 하지만, [처녀 귀신], [좀비] 블록이 완성되지 않았습니다. [처녀 귀신]과 [좀비] 오브젝트를 완성해 봅니다.

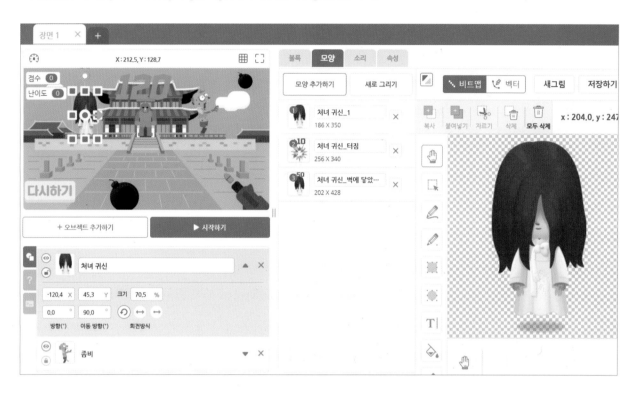

**12장**

# 바다에 쓰레기가 떨어지면 슈팅 게임 만들기

바다에 쓰레기가 떨어지면 슈팅 게임은 떨어지는 [쓰레기]를 주우면서 [상어]를 피하는 아케이드 슈팅 액션 게임입니다. [잠수부]는 위쪽, 아래쪽, 오른쪽, 왼쪽으로 이동하면서 [상어]와 [아귀]의 공격을 피해 작살을 쏘고, [쓰레기]를 주우면 점수를 얻습니다. 제한 시간이 0이 되면 게임은 종료됩니다.

예제파일 : 바다에 쓰레기가 떨어지면 슈팅 게임 만들기(예제).ent
완성파일 : 바다에 쓰레기가 떨어지면 슈팅 게임 만들기(완성).ent

# ① 게임 이해하기

## 1.1 게임 테마

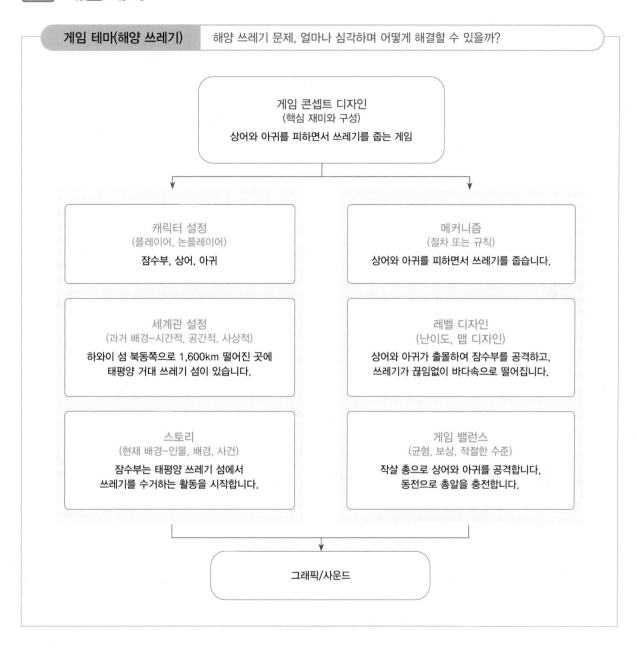

| 게임 테마(해양 쓰레기) | 해양 쓰레기 문제, 얼마나 심각하며 어떻게 해결할 수 있을까? |

**게임 콘셉트 디자인**
(핵심 재미와 구성)
상어와 아귀를 피하면서 쓰레기를 줍는 게임

**캐릭터 설정**
(플레이어, 논플레이어)
잠수부, 상어, 아귀

**메커니즘**
(절차 또는 규칙)
상어와 아귀를 피하면서 쓰레기를 줍습니다.

**세계관 설정**
(과거 배경-시간적, 공간적, 사상적)
하와이 섬 북동쪽으로 1,600km 떨어진 곳에
태평양 거대 쓰레기 섬이 있습니다.

**레벨 디자인**
(난이도, 맵 디자인)
상어와 아귀가 출몰하여 잠수부를 공격하고,
쓰레기가 끊임없이 바다속으로 떨어집니다.

**스토리**
(현재 배경-인물, 배경, 사건)
잠수부는 태평양 쓰레기 섬에서
쓰레기를 수거하는 활동을 시작합니다.

**게임 밸런스**
(균형, 보상, 적절한 수준)
작살 총으로 상어와 아귀를 공격합니다.
동전으로 총알을 충전합니다.

**그래픽/사운드**

## 1.2 게임 구성

[잠수부]가 이동하면서 바다에 떨어지는 [쓰레기]를 줍는 구성입니다. [게임 시작] 신호와 [게임 종료] 신호를 이용해 게임 흐름을 제어합니다.

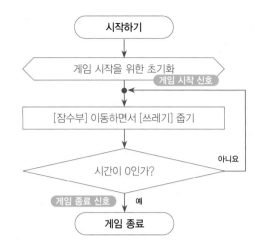

## 1.3 게임 동작

❶ [▶시작하기] 버튼을 클릭하면, [잠수부]가 게임 시작을 알립니다.

❷ 위에서 [쓰레기]가 떨어집니다. [쓰레기]가 바닥에 떨어지기 전에 잠수부가 [쓰레기]를 줍습니다.

❸ [쓰레기]를 줍지 못하도록 [상어]와 [아귀]가 나타나서 방해합니다.

❹ [잠수부]는 [작살 총]을 이용해 [상어]와 [아귀]를 공격할 수 있으며, 동전에 닿으면 [작살 총알] 개수가 늘어납니다.

❺ 산소가 떨어지는 시간까지 최대한 많은 [쓰레기]를 줍습니다. 만약 산소통 시간이 0이 되면 게임은 종료됩니다.

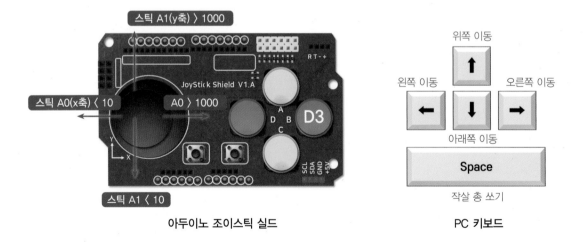

아두이노 조이스틱 실드          PC 키보드

# ② 구조 이해하기

바다에 쓰레기가 떨어지면 슈팅 게임의 오브젝트는 6개입니다. [잠수부], [작살 총], [작살 총알], [작살 총 알 표시], [동전], [쓰레기]로 구성됩니다. [상어/아귀] 오브젝트는 기본 코딩이 완료되어 있으며, [다시하기], [제한시간] 오브젝트는 공통으로 사용하는 구성으로 1장을 참고합니다.

## 2.1 속성

변수 속성

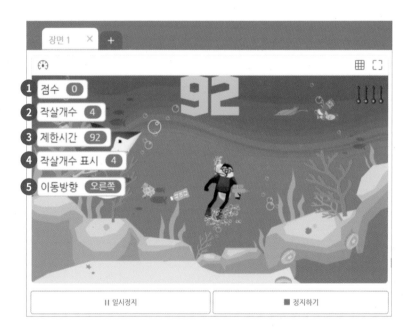

1. **점수**: [잠수부]가 [쓰레기]를 주우면 점수를 저장합니다.

2. **작살 개수**: [상어], [아귀]로부터 공격을 피하기 위해 [작살 총알]을 사용하며, 남은 작살 개수를 표시합니다.

3. **제한 시간**: 게임의 재미를 위해 시간 제한 값을 저장합니다.

4. **작살 개수 표시**: 남은 작살 개수를 화면에 표시합니다.

5. **이동 방향**: [잠수부]가 오른쪽 또는 왼쪽으로 이동할 때 바라보는 방향을 저장하고, 모양을 변경합니다.

추가로, [아귀 x좌표], [아귀 y좌표], [상어 x좌표], [상어 y좌표], [쓰레기 x좌표], [쓰레기 y좌표] 변수는 생 각하기에서 다룰 점수 상태 창을 만들 때 사용합니다.

❶ **게임 시작**: [▶시작하기] 버튼을 선택하면 [게임 시작] 신호를 각 오브젝트에 보내어 게임 시작을 알립니다.

❷ **게임 종료**: 게임이 종료되면 게임을 다시 시작해야 합니다. 이때 [다시하기] 오브젝트를 실행하기 위해 사용됩니다.

❸ **작살 표시 업데이트**: 작살을 화면에 표시할 때 사용합니다.

❹ **아귀와 충돌할 때 점수**: [잠수부]가 [아귀]와 닿으면, [아귀] 위치에 점수를 표시하고 [점수]에 "−50"을 더합니다. 생각하기에서 만들 점수 상태 창을 표시하기 위해 사용됩니다.

❺ **상어와 충돌할 때 점수**: [잠수부]가 [상어]와 닿으면, [상어] 위치에 점수를 표시하고 [점수]에 "−50"을 더합니다. 생각하기에서 만들 점수 상태 창을 표시하기 위해 사용됩니다.

❻ **쓰레기 주웠을 때 점수**: [잠수부]가 [쓰레기]에 닿으면, [쓰레기] 위치에 랜덤 점수를 표시하고 애니메이션 효과를 줍니다. 생각하기에서 만들 점수 상태 창을 표시하기 위해 사용됩니다.

❼ **쓰레기 바닥에 닿았을 때 점수**: [쓰레기]가 바닥에 닿으면, [쓰레기] 위치에 "−50" 점수를 표시하고 애니메이션 효과를 줍니다. 생각하기에서 만들 점수 상태 창을 표시하기 위해 사용됩니다.

함수 속성은 오브젝트 동작을 실행할 때 사용합니다. 지정된 번호에 따라 블록 코딩을 합니다. 예를 들어, [잠수부] 오브젝트는 함수 3개로 구성되며, 함수 이름은 (오브젝트 이름 + 함수 동작 설명)으로 이루어집니다.

잠수부 오브젝트

# 2.2 오브젝트 역할

## 잠수부 오브젝트

[잠수부] 오브젝트는 원하는 방향으로 이동하며, 이미지 4개를 사용하여 움직이는 애니메이션을 표현합니다. 이동 방향에 따라 왼쪽, 오른쪽 모양을 지정할 수 있으며, 마치 바닷속에서 헤엄치는 듯한 모습을 표현할 수 있습니다. 아두이노 조이스틱 실드의 스틱을 왼쪽 또는 오른쪽으로 기울이면 [잠수부]가 왼쪽 또는 오른쪽으로 이동하고, 위쪽 또는 아래쪽으로 기울이면 [잠수부]가 위쪽 또는 아래쪽으로 이동합니다. 아두이노 조이스틱 실드의 D3 버튼을 누르면, 작살 총알을 발사합니다. 또한, PC의 왼쪽, 오른쪽, 위쪽, 아래쪽 화살표 키 그리고 스페이스 키를 이용해서 동작을 제어할 수 있습니다.

## 작살 총 오브젝트

[작살 총] 오브젝트는 특별한 기능을 가지고 있지 않지만, [잠수부]가 움직일 때마다 함께 움직이면서 게임에 사실감을 표현합니다. 또한, [작살 총]에서 [작살 총알]이 발사되는 게임 효과를 줍니다.

## 작살 총알 오브젝트

[작살 총알] 오브젝트는 [상어] 또는 [아귀]를 공격할 때 사용합니다. 이미지 4개로 구성되며, 공기 방울이 움직이는 효과와 함께 왼쪽 또는 오른쪽으로 이동하는 애니메이션에 사용됩니다.

[작살 총알 표시] 오브젝트는 [작살 총알]의 현재 개수를 표시합니다. [작살 총알]은 게임이 시작되면 5개가 표시됩니다. [잠수부]가 [작살 총알]을 발사할 때마다 1개씩 줄어들고, [동전]에 닿으면 [작살 총알] 개수가 1개씩 늘어납니다.

## 동전 오브젝트

[동전] 오브젝트는 [작살 총알]을 보충합니다. 이미지 5개로 구성되며, 동전이 회전하는 애니메이션 효과를 표시합니다.

## 쓰레기 오브젝트

[쓰레기] 오브젝트는 위에서 아래로 회전하면서 떨어집니다. 이미지 13개로 구성되며, [쓰레기 주웠을 때 점수], [쓰레기가 바닥에 닿았을 때 점수] 신호를 사용합니다.

284

# ❸ 함수 블록 코딩하기

블록 코딩은 오브젝트 6개로 구성되며, 함수 13개를 사용합니다. 아래 그림의 빨간색 숫자는 오브젝트의 고유 번호, 파란색 숫자는 함수, 초록색 글상자는 신호, 하늘색 글상자는 오브젝트 복제본, 빨간색 점선은 블록 코딩 흐름을 의미합니다. 코딩은 오브젝트 번호 순서대로 진행합니다.

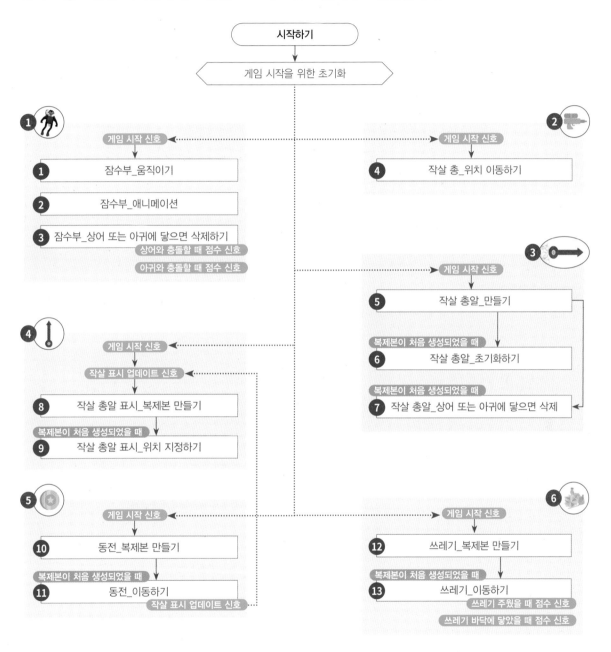

작살총_위치 이동하기  작살총
쓰레기
쓰레기_복제본 만들기
쓰레기_이동하기

작살 총알 표시
작살 총알 표시_복제본 만들기
작살 총알 표시_위치 지정하기

잠수부
잠수부_움직이기
잠수부_애니메이션
잠수부_상어 또는 아귀에 닿으면 삭제하기

작살 총알
작살 총알_만들기
작살 총알_초기화 하기
작살 총알_상어 또는 아귀에 닿으면 삭제

동전
동전_복제본 만들기
동전_이동하기

## 3.1 잠수부 오브젝트

### 게임 초기화

[▶시작하기] 버튼을 클릭하면 게임 시작 메시지를 1초 동안 표시한 후 [게임 시작] 신호를 보냅니다.

시작하기 버튼을 클릭했을 때
바다에 쓰레기가 떨어지면 슈팅 게임을 시작합니다. 을(를) 1 초 동안 말하기 ▼
게임 시작 ▼ 신호 보내기 🏳

## [잠수부_움직이기] 함수

1번 함수(잠수부_움직이기)는 잠수부가 왼쪽, 오른쪽, 위쪽, 아래쪽으로 이동하기 위한 함수입니다. [게임 시작] 신호를 받으면 반복 실행합니다.

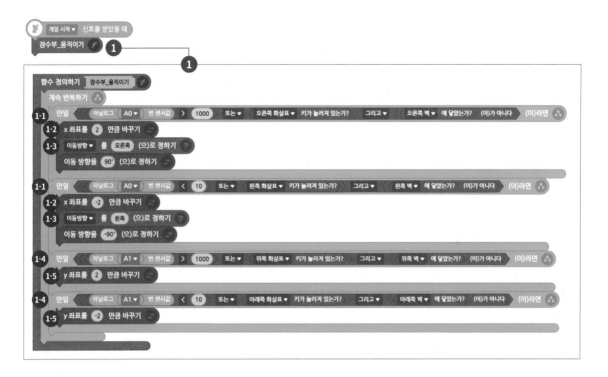

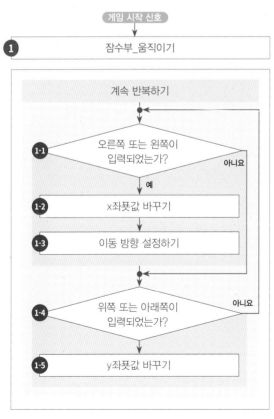

**❶** [잠수부_움직이기] 함수를 코딩합니다.

**1-1** 아두이노 조이스틱의 왼쪽 또는 오른쪽 이동에 대한 입력을 수신합니다.

**1-2** [잠수부]의 x좌표를 "2" 또는 "−2"만큼 바꾸어 이동합니다.

**1-3** [잠수부]가 오른쪽으로 이동한다면 [이동 방향] 값을 오른쪽, 이동 방향을 "90"도로 정합니다. [잠수부]
가 왼쪽으로 이동한다면, [이동 방향] 값을 왼쪽, 이동 방향을 "−90"도로 정합니다.

**1-4** 아두이노 조이스틱의 위쪽 또는 아래쪽 이동에 대한 입력을 수신합니다.

**1-5** [잠수부]가 위쪽 또는 아래쪽으로 이동하기 위해 y좌표를 "2" 또는 "−2"만큼 바꿉니다.

## [잠수부_애니메이션] 함수

2번 함수(잠수부_애니메이션)는 게임의 사실감을 높이기 위해 [잠수부]가 움직이는 애니메이션을 표현하
는 함수입니다. [게임 시작] 신호를 받으면 반복 실행합니다.

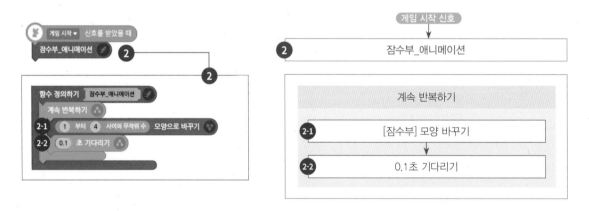

**❷** [잠수부_애니메이션] 함수를 코딩합니다.

**2-1** 잠수부 모양을 무작위로 바꾸면서 물속에서 수영하고 있는 효과를 표현합니다.

**2-2** 너무 빠르거나 너무 느리지 않게 수영하는 애니메이션 효과를 연출하도록 0.1초 기다립니다.

## [잠수부_상어 또는 아귀에 닿으면 삭제하기] 함수

3번 함수(잠수부_상어 또는 아귀에 닿으면 삭제하기)는 [잠수부]가 [상어] 또는 [아귀]에 닿았을 때 실행되는 함수입니다. [게임 시작] 신호를 받으면 반복 실행합니다.

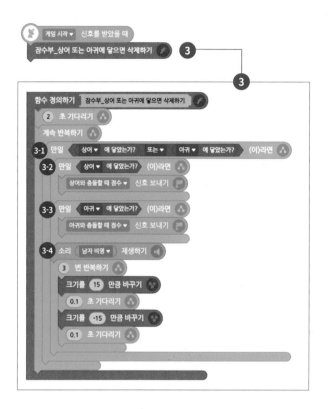
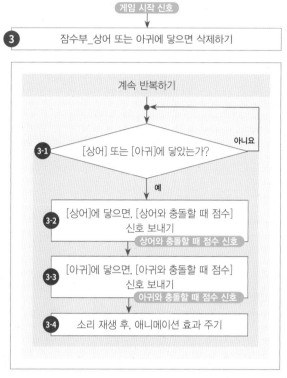

❸ [잠수부_상어 또는 아귀에 닿으면 삭제하기] 함수를 코딩합니다.

❸⁻¹ [잠수부]가 [상어] 또는 [아귀]에 닿았는지 판단합니다.

❸⁻² 만일 [잠수부]가 [상어]에 닿았다면, [상어와 충돌할 때 점수] 신호를 보냅니다.

❸⁻³ 만일 [잠수부]가 [아귀]에 닿았다면, [아귀와 충돌할 때 점수] 신호를 보냅니다.

❸⁻⁴ (남자 비명) 소리를 재생하고, [잠수부]가 커졌다 작아지는 애니메이션 효과를 표현합니다.

## 3.2 작살 총 오브젝트

### [작살 총_위치 이동하기] 함수

4번 함수(작살 총_위치 이동하기)는 [작살 총]을 [잠수부] 위치에 맞춰 이동하는 함수입니다. [게임 시작] 신호를 받으면 반복 실행합니다.

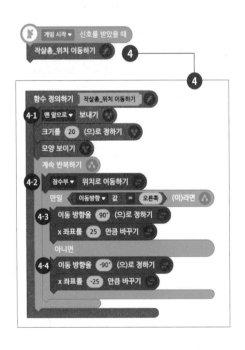

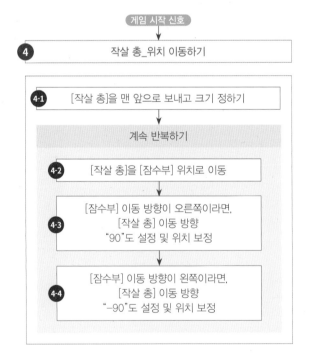

❹ [작살 총_위치 이동하기] 함수를 코딩합니다.

❹⁻¹ [작살 총]을 [잠수부]보다 앞에 배치하기 위해 (맨 앞으로) 보내고 크기를 "20"으로 지정합니다.

❹⁻² [잠수부] 위치로 [작살 총]을 계속 반복하여 이동합니다. [잠수부]가 왼쪽, 오른쪽, 위쪽, 아래쪽으로 이동하기 때문에 [작살 총]도 함께 이동해야 합니다.

❹⁻³ [잠수부] 이동 방향이 오른쪽이라면, [작살 총]도 잠수부 이동 방향에 맞추어 이동 방향을 90도로 설정하고, 작살 총을 [잠수부] 손 위치에 맞추기 위해 x좌표를 "25"만큼 바꿉니다.

❹⁻⁴ [잠수부] 이동 방향이 왼쪽이라면, [작살 총]도 [잠수부] 이동 방향에 맞추어 이동 방향을 –90도로 설정하고, 작살 총을 [잠수부] 손 위치에 맞추기 위해 x좌표를 "–25"만큼 바꿉니다.

[작살 총] 이동 방향 : 90
[작살 총] x좌표 : 25 이동

[잠수부] 오브젝트 이동 방향 : 오른쪽

[작살 총] 이동 방향 : –90
[작살 총] x좌표 : –25 이동

[잠수부] 오브젝트 이동 방향 : 왼쪽

## 3.3 작살 총알 오브젝트

## [작살 총알_만들기] 함수

5번 함수(작살 총알_만들기)는 [작살 총알] 복제본을 만드는 함수입니다. [게임 시작] 신호를 받으면 반복 실행합니다.

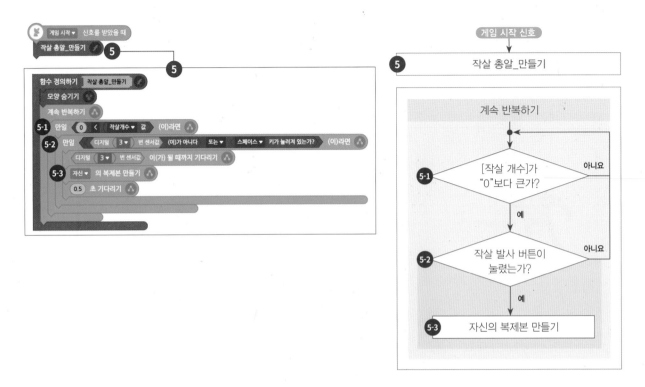

❺ [작살 총알_만들기] 함수를 코딩합니다.

❺-1 [작살 개수] 값이 "0"보다 큰지 판단합니다. 게임을 시작하면 [작살 개수]의 초깃값이 "5"로 설정되고, 작살 발사 버튼을 누르면 1개씩 줄어듭니다. 만약 [작살 개수] 값이 없다면 더 이상 [작살 총알]을 발 사할 수 없기 때문에 동작하지 않아야 합니다.

❺-2 아두이노 조이스틱 실드의 D3 버튼 또는 PC의 스페이스 키가 눌렸는지 판단합니다.

❺-3 버튼을 눌렀을 때 연속해서 발사되지 않도록 [작살 총알] 자신의 복제본을 만들고 0.5초 기다립니다.

## [작살 총알_초기화하기] 함수

6번 함수(작살 총알_초기화하기)는 [작살 총알]을 초기화하는 함수입니다. [복제본이 처음 생성되었을 때] 실행합니다.

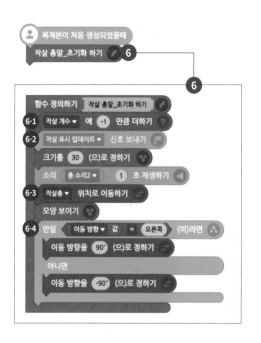
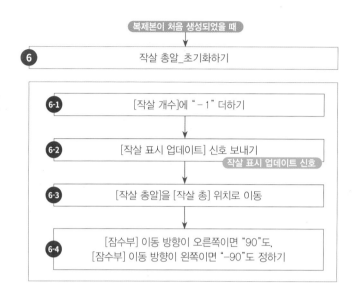

**❻** [작살 총알_초기화하기] 함수를 코딩합니다.

**❻-1** 작살이 1개 발사된 상태이므로, [작살 개수] 값에 "−1"을 더합니다.

**❻-2** [작살 표시 업데이트] 신호를 보내어 화면에 표시되는 [작살 총알 표시] 오브젝트를 다시 그리는 동작을 실행합니다. [작살 총알]의 크기를 정하고 소리를 재생합니다.

**❻-3** [작살 총알]을 [작살 총] 위치로 이동하여, 발사되는 효과를 연출합니다.

**❻-4** [잠수부] 이동 방향이 오른쪽이라면, [작살 총알]도 오른쪽으로 이동해야 하므로 [작살 총알] 이동 방향을 "90"으로 설정합니다. [잠수부] 이동 방향이 왼쪽이라면, [작살 총알] 이동 방향을 "−90"으로 설정합니다.

## [작살 총알_상어 또는 아귀에 닿으면 삭제] 함수

7번 함수(작살 총알_상어 또는 아귀에 닿으면 삭제)는 [작살 총알]이 이동하면서 [상어] 또는 [아귀]에 닿으면 복제본을 삭제하는 함수입니다. [복제본이 처음 생성되었을 때] 실행합니다.

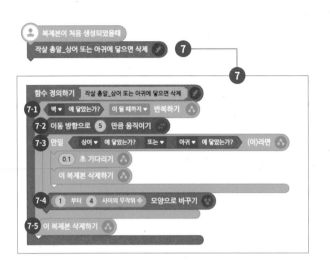

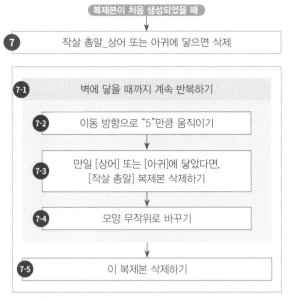

❼ [작살 총알_상어 또는 아귀에 닿으면 삭제] 함수를 코딩합니다.

❼⁻¹ [작살 총알]이 오른쪽 또는 왼쪽 벽에 닿을 때까지 반복합니다.

❼⁻² [작살 총알]을 이동 방향으로 "5"만큼 이동합니다.

❼⁻³ 만일 [작살 총알]이 [상어] 또는 [아귀]에 닿으면 복제본을 삭제합니다.

❼⁻⁴ [작살 총알]이 이동하면서 만드는 물보라를 연출하기 위해 작살 총알을 무작위 모양으로 바꿉니다.

❼⁻⁵ [작살 총알]이 [상어] 또는 [아귀]에 닿지 않고 오른쪽 또는 왼쪽 벽에 닿았다면 더 이상 [작살 총알] 오브젝트는 사용하지 않기 때문에 이 복제본을 삭제합니다.

# 3.4 작살 총알 표시 오브젝트

## [작살 총알 표시] 초기화하기

게임 시작 신호를 받았을 때, [작살 개수]를 초깃값인 "5"로 정한 후 [작살 표시 업데이트] 신호를 보냅니다.

## [작살 총알 표시_복제본 만들기] 함수

8번 함수(작살 총알 표시_복제본 만들기)는 현재 작살 개수를 표시하는 함수입니다. [작살 표시 업데이트] 신호를 받으면 반복 실행합니다.

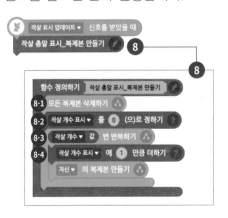

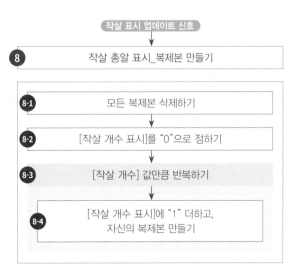

**⑧** [작살 총알 표시_복제본 만들기] 함수를 코딩합니다.

**⑧-1** 작살 총알을 표시하기 위해서 현재 화면에 표시되는 모든 복제본을 삭제합니다.

**⑧-2** [작살 개수 표시]를 "0"으로 초기화합니다.

**⑧-3** 현재 [작살 개수] 값만큼 반복해서 다음 동작을 실행합니다.

**⑧-4** [작살 개수 표시]에 "1"을 더합니다. 예를 들어, [작살 개수] 값이 "5"라면 5번 반복합니다. [작살 총알 표시] 오브젝트를 화면에 표시하기 위해 복제본을 만듭니다.


## [작살 총알 표시_위치 지정하기] 함수

9번 함수(작살 총알 표시_위치 지정하기)는 [작살 총알 표시] 오브젝트 복제본의 위치를 지정하는 함수입니다. [복제본이 처음 생성되었을 때] 실행합니다.

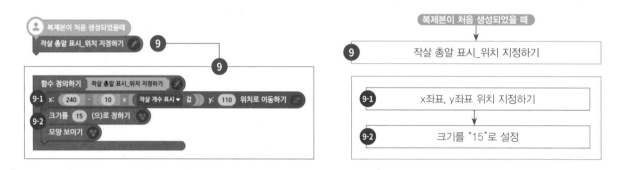

**⑨** [작살 총알 표시_위치 지정하기] 함수를 코딩합니다.

**⑨-1** 복제본이 처음 생성되었을 때, [작살 총알 표시] 오브젝트 복제본 x, y의 좌표를 지정해서 화면에 표시합니다.

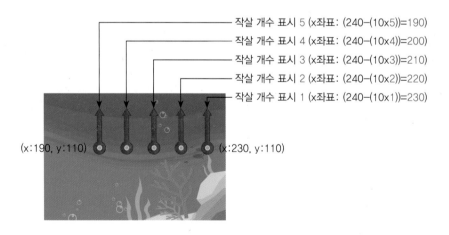

작살 개수 표시 5 (x좌표: (240−(10x5))=190)
작살 개수 표시 4 (x좌표: (240−(10x4))=200)
작살 개수 표시 3 (x좌표: (240−(10x3))=210)
작살 개수 표시 2 (x좌표: (240−(10x2))=220)
작살 개수 표시 1 (x좌표: (240−(10x1))=230)

(x:190, y:110)     (x:230, y:110)

**⑨-2** [작살 총알 표시] 복제본 크기를 "15"로 정하고, 모양을 보이게 합니다.

## 3.5 동전 오브젝트

### [동전_복제본 만들기] 함수

10번 함수(동전_복제본 만들기)는 [동전] 오브젝트 복제본을 만드는 함수입니다. [게임 시작] 신호를 받으면 반복 실행합니다.

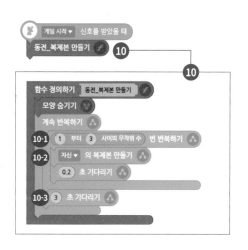 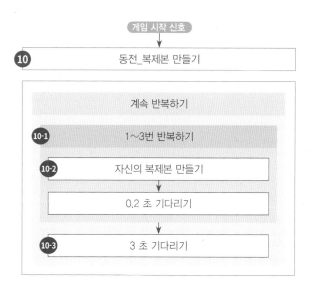

⑩ [동전_복제본 만들기] 함수를 코딩합니다.

⑩-❶ [동전]은 [작살 총알]을 보충하는 역할을 합니다. 따라서 동전 복제본이 한 번에 1~3개씩 화면에 나타나도록 연출합니다.

**10-2** [동전] 복제본을 만들고 0.2초 기다립니다.

**10-3** 1~3개의 무작위 [동전] 복제본을 만들고 난 후, 3초 기다리는 동작을 수행합니다. 시간을 3초 이상 설정한다면, [동전]은 천천히 만들어지고, 3초 이하로 설정한다면 [동전]은 빠르게 화면에 나타납니다.

## [동전_이동하기] 함수

11번 함수(동전_이동하기)는 [동전]이 아래쪽으로 회전하면서 이동하는 함수입니다. [복제본이 처음 생성되었을 때] 실행합니다.

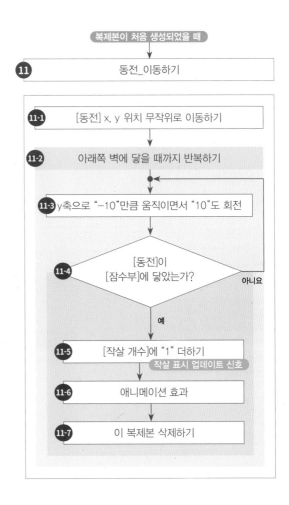

298

⑪ [동전_이동하기] 함수를 코딩합니다.

⑪-1 [동전] 오브젝트 복제본의 x좌표를 −200~200으로, y좌표를 135로 이동합니다. 애니메이션 효과를 위해 [동전] 모양을 바꾸고 크기를 "20"으로 설정합니다.

⑪-2 [동전]이 아래쪽 벽에 닿을 때까지 다음 동작을 반복합니다.

⑪-3 [동전]이 위에서 아래로 떨어지는 효과를 연출하기 위해 0.1초 동안 y좌표를 "−10"만큼 움직이고 방향을 "10"도씩 회전해서 [동전]이 회전하는 효과를 줍니다.

⑪-4 [동전]이 [잠수부]에 닿았는지 판단합니다.

⑪-5 [잠수부]에 닿았다면 소리를 재생하고 [작살 개수] 값에 "1"만큼 더합니다. [작살 표시 업데이트] 신호를 보내어 [작살 총알 표시] 오브젝트를 다시 그리는 동작을 수행합니다.

⑪-6 [동전]이 투명해지면서 커지는 애니메이션 효과를 연출합니다.

⑪-7 더 이상 [동전] 오브젝트 복제본을 사용하지 않기 때문에 이 복제본을 삭제합니다.

## 3.6 쓰레기 오브젝트

## [쓰레기_복제본 만들기] 함수

12번 함수(쓰레기_복제본 만들기)는 쓰레기 복제본을 만드는 함수입니다. [게임 시작] 신호를 받으면 반복 실행합니다.

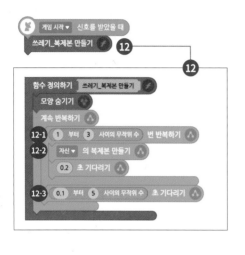

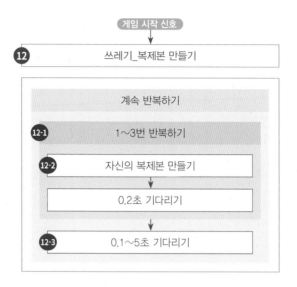

⑫ [쓰레기_복제본 만들기] 함수를 코딩합니다.

⑫-1 [쓰레기]는 점수를 더하는 역할을 합니다. [쓰레기] 복제본이 한 번에 1~3개씩 화면에 나타나도록 연출합니다.

⑫-2 [쓰레기] 복제본을 만들고 0.2초 기다립니다.

⑫-3 1~3개의 [쓰레기] 복제본을 만들고 난 후, 0.1~5초 기다리는 동작을 수행합니다.

## [쓰레기_이동하기] 함수

13번 함수(쓰레기_이동하기)는 [쓰레기]가 아래쪽으로 회전하면서 이동하는 함수입니다. [복제본이 처음 생성되었을 때] 실행합니다.

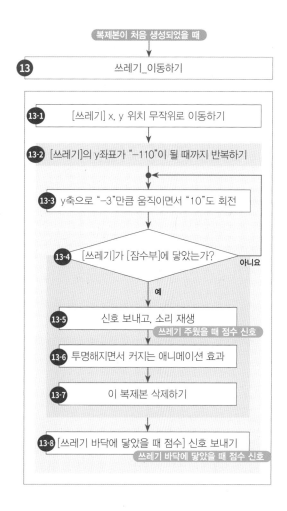

**13** [쓰레기_이동하기] 함수를 코딩합니다.

**13-1** [쓰레기] 오브젝트 복제본의 x좌표를 −200~200으로, y좌표를 135로 이동하고, 쓰레기 랜덤 점수값을 "10~50"으로 무작위로 정합니다. 쓰레기 모양을 무작위로 바꾸고 크기를 "20"으로 설정합니다.

**13-2** [쓰레기]의 y좌푯값이 "−110"이 될 때까지, 즉 바닥에 닿을 때까지 반복합니다.

**13-3** [쓰레기]가 위에서 아래로 떨어지는 효과를 연출하기 위해 0.1초 동안 y좌푯값을 "−3"만큼 움직이고, 방향을 "10"도씩 회전해서 [쓰레기]가 회전하는 효과를 줍니다. 또한, [쓰레기]의 현재 x, y 좌표를 변수에 저장합니다. 이 변수는 [잠수부]가 [쓰레기]에 닿아 [점수 상태] 오브젝트를 화면에 표시할 때 사용하며, 이는 생각하기에서 다룹니다.

**13-4** [쓰레기]가 [잠수부]에 닿았는지 판단합니다.

**13-5** [잠수부]에 닿았다면 [쓰레기 주웠을 때 점수] 신호를 보내, 점수를 화면에 표시합니다.

13-6 [쓰레기]가 투명해지면서 커지는 애니메이션 효과를 연출합니다.

13-7 [쓰레기]가 [잠수부]에 닿았기 때문에, 더 이상 [쓰레기] 오브젝트 복제본을 사용하지 않으므로 이 복제본을 삭제합니다.

13-8 만일 [쓰레기]가 [잠수부]에 닿지 않고 바닥에 닿을 때까지 내려간다면, [쓰레기 바닥에 닿았을 때 점수] 신호를 보내고 (방귀 소리3) 소리를 재생합니다.

# ④ 게임 동작 확인

이 장에서는 [쓰레기], [작살 총알 표시], [작살 총알]을 반복적으로 만들어 보았습니다. [상어], [아귀], [물고기]도 복제본을 이용해서 만들어져 있습니다. 복제본 만들기는 응용하기에 따라 반복적인 동작을 쉽게 만들 수 있습니다.

함수 블록 코딩이 모두 완료되었다면, 엔트리를 실행합니다. [잠수부]를 이동하면서 [상어], [아귀]의 공격을 피하고 [쓰레기]를 줍습니다. 산소통 시간이 0이 되면 게임은 종료됩니다.

https://youtu.be/8kaVPkFkCE0

302

# ❺ 생각하기

게임의 재미를 위해 점수 상태 창을 만들어 [상어와 충돌할 때 점수], [아귀와 충돌할 때 점수], [쓰레기 바닥에 닿았을 때 점수], [쓰레기 주웠을 때 점수]를 화면에 표시해 봅니다. [점수 상태] 글 상자 오브젝트를 이용해 점수를 화면에 표시할 수 있습니다.

# 해적선 맞추기 게임 만들기

해적선 맞추기 슈팅 게임은 해적으로부터 [여객선]을 보호하는 아케이드 1인칭 슈팅 게임(FPS, First Person Shooter)입니다. [대포]의 [조준경]을 위쪽, 아래쪽, 오른쪽, 왼쪽으로 이동하면서 [대포]를 발사하여 [해적선]을 맞춥니다. 하지만 [대포]의 정확도는 높지 않으며, 바람의 영향으로 [포탄]이 원하는 방향으로 정확히 날아가지 않을 수 있습니다. 제한 시간이 0이 되면 게임은 종료됩니다.

 예제파일 : 해적선 맞추기 게임 만들기(예제).ent
완성파일 : 해적선 맞추기 게임 만들기(완성).ent

# ① 게임 이해하기

## 1.1 게임 테마

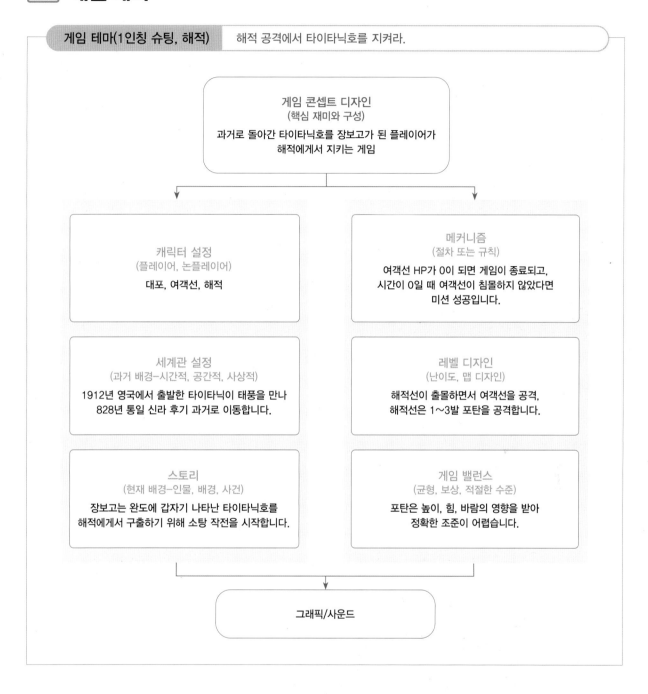

게임 테마(1인칭 슈팅, 해적)　해적 공격에서 타이타닉호를 지켜라.

**게임 콘셉트 디자인**
(핵심 재미와 구성)
과거로 돌아간 타이타닉호를 장보고가 된 플레이어가
해적에게서 지키는 게임

**캐릭터 설정**
(플레이어, 논플레이어)
대포, 여객선, 해적

**메커니즘**
(절차 또는 규칙)
여객선 HP가 0이 되면 게임이 종료되고,
시간이 0일 때 여객선이 침몰하지 않았다면
미션 성공입니다.

**세계관 설정**
(과거 배경-시간적, 공간적, 사상적)
1912년 영국에서 출발한 타이타닉이 태풍을 만나
828년 통일 신라 후기 과거로 이동합니다.

**레벨 디자인**
(난이도, 맵 디자인)
해적선이 출몰하면서 여객선을 공격,
해적선은 1~3발 포탄을 공격합니다.

**스토리**
(현재 배경-인물, 배경, 사건)
장보고는 완도에 갑자기 나타난 타이타닉호를
해적에게서 구출하기 위해 소탕 작전을 시작합니다.

**게임 밸런스**
(균형, 보상, 적절한 수준)
포탄은 높이, 힘, 바람의 영향을 받아
정확한 조준이 어렵습니다.

**그래픽/사운드**

## 1.2 게임 구성

해적에게서 [여객선]을 지키는 구성입니다. [게임 시작] 신
호와 [게임 종료] 신호를 이용해 게임 흐름을 제어합니다.

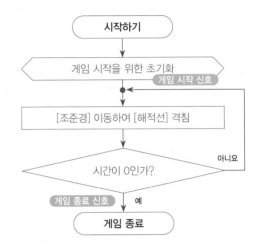

## 1.3 게임 동작

❶ [NPC]가 게임 설명을 시작합니다. 만약 설명을 듣고 싶지 않다면 화면 중앙에 있는 버튼을 클릭하여
게임을 시작합니다.

❷ [여객선]은 HP가 표시됩니다. [해적선]이 화면에 나타납니다.

❸ [해적선]은 포탄으로 [여객선]을 공격합니다.

❹ [여객선]이 [해적선] 포탄을 맞았다면 [여객선 HP]가 줄어듭니다.

❺ [조준경]을 왼쪽, 오른쪽, 위쪽, 아래쪽으로 이동하면서 [해적선]이 [여객선]을 공격하지 못하도록 포탄
을 발사하여 침몰시킵니다.

❻ 주어진 시간 동안 [여객선]이 침몰하지 않았다면, 미션 성공이 표시되며 게임은 종료됩니다. 하지만
[해적선]의 공격으로 [여객선]이 침몰한다면, 미션 실패가 표시되며 게임은 종료됩니다.

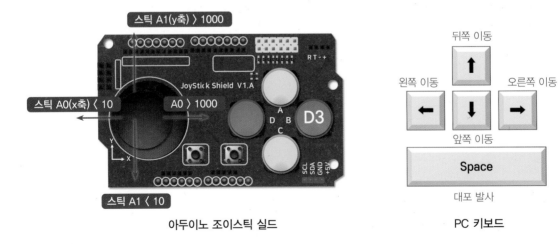

아두이노 조이스틱 실드                    PC 키보드

# ② 구조 이해하기

게임은 {장면 1}과 {장면 2}로 구성됩니다. {장면 1}은 [NPC]가 게임을 설명합니다. 본격적인 게임은 {장면 2}에서 시작됩니다. 참고로 {장면 2}에서 [▶시작하기] 버튼을 클릭하면 게임은 실행되지 않습니다.

해적선 맞추기 게임의 오브젝트는 6개입니다. [NPC], [여객선], [조준경], [포탄], [해적선], [해적선 포탄]으로 구성되며, [배경], [다시하기], [제한시간] 오브젝트는 공통으로 사용하는 구성으로 1장을 참고합니다.

## 2.1 속성

변수 속성

① **여객선 HP**: [여객선]의 상태를 저장하는 변수입니다. HP(Hit Point)는 [여객선]이 [해적선]의 공격을 버틸 수 있는 능력을 수치로 표현한 것입니다. 초깃값은 "1000"입니다. [해적선]의 포탄이 [여객선]에 닿으면, −10에서 −40까지 무작위로 HP가 줄어듭니다.

② **점수**: [해적선]을 침몰시키면 무작위로 점수가 저장됩니다.

③ **포탄 상태**: "대포 준비", "대포 발사" 상태값을 저장합니다. "대포 준비" 상태일 때만 대포를 발사할 수 있습니다.

**❹ 높이**: [포탄]이 이동할 때 사용되는 y좌표(세로) 움직임을 저장하는 변수입니다. 20~80 범위를 가집니다. 초깃값은 "52"입니다.

**❺ 힘**: [포탄]이 이동할 때 x좌표(가로) 움직임에 사용되는 변수입니다. 초깃값은 "40"이며, [힘]에 따라 [포탄]이 느리게 또는 빠르게 오른쪽으로 이동합니다.

**❻ 바람**: [포탄]이 이동할 때 사용되는 변수입니다. [바람] 값에 따라 [포탄]이 원하는 위치로 이동하지 않을 수 있습니다. [포탄]은 포물선으로 이동하며 [바람], [힘], [높이], [중력]의 영향을 받습니다. [중력] 값은 고정된 값을 사용합니다.

추가로, [시작 글자 문자], [시작 글자 순서], [해적선 무작위 점수] 변수는 {장면 1} 및 기타 다른 오브젝트에서 사용하며, [높이 임시값], [비행 시간], [해적선 x좌표], [해적선 y좌표], [포탄 물보라 x좌표], [포탄 물보라 y좌표], [포탄 x좌표], [포탄 y좌표], [중력] 변수는 함수 블록 코딩하기에서 자세히 알아봅니다.

---

### 신호 속성

**❶ 게임 시작**: 게임 시작을 알립니다. {장면 2}가 시작되면 NPC가 [게임 시작] 신호를 각 오브젝트에 보냅니다.

**❷ 게임 종료**: 게임이 종료되면 게임을 다시 시작해야 합니다. 이때 [다시하기] 오브젝트를 실행할 때 사용합니다.

**❸ 해적선이 포탄에 닿았을 때**: 침몰하는 [해적선] 위에 10~100 사이의 무작위 숫자를 표시합니다.

**❹ 포탄 장전**: [포탄]을 장전할 때 사용합니다. [포탄] 위치를 대포로 옮기고, 포탄 상태를 "대포 준비"로 변경합니다.

**❺ 대포 발사**: [포탄]을 발사할 때 사용합니다.

**❻ 포탄 바다에 떨어질 때**: [포탄]이 바다에 떨어져 물보라가 생길 때 사용합니다.

**❼ 미션 결과**: 지정된 시간이 지난 후 [여객선]이 침몰하지 않았다면 미션 성공을 표시하고, [여객선]이 침몰했다면 미션 실패를 표시합니다.

**함수 속성**

함수 속성은 오브젝트 동작을 실행할 때 사용합니다. 지정된 번호에 따라 블록 코딩을 합니다. 예를 들어, [여객선] 오브젝트는 함수 2개로 구성되며, 함수 이름은 (오브젝트 이름 + 함수 동작 설명)으로 이루어집니다.

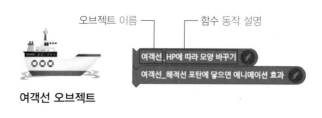

오브젝트 이름 ┐      ┌ 함수 동작 설명

여객선_HP에 따라 모양 바꾸기
여객선_해적선 포탄에 닿으면 애니메이션 효과

**여객선 오브젝트**

## 2.2 오브젝트 역할

**NPC 오브젝트**

[NPC] 오브젝트는 게임 진행 상황을 설명하며, {장면 1}과 {장면 2}에서 사용됩니다.

**여객선 오브젝트**

[여객선] 오브젝트는 게임의 중심입니다. 이미지 4개로 구성되며, HP에 따라 여객선 모양을 변경합니다.

**조준경 오브젝트**

[조준경] 오브젝트는 아두이노 조이스틱 실드의 스틱을 이용해 원하는 방향으로 이동을 제어합니다. 스틱의 왼쪽, 오른쪽, 위쪽, 아래쪽 움직임에 따라 [조준경]도 왼쪽, 오른쪽, 위쪽, 아래쪽으로 이동합니다. 또한, PC의 왼쪽, 오른쪽, 위쪽, 아래쪽 화살표 키 그리고 스페이스 키를 이용해서 동작을 제어할 수 있습니다.

**포탄 오브젝트**

[포탄] 오브젝트는 플레이어가 [해적선]을 침몰시킬 때 사용합니다. 대포를 발사하면 [포탄]은 [해적선] 방향으로 이동합니다.

[해적선] 오브젝트는 [여객선]을 공격합니다. [해적선]은 복제본을 만들어 [포탄]을 발사합니다. 이미지 4개로 구성되며, 플레이어의 [포탄]에 맞으면 해적선 HP가 줄어들면서 침몰하는 애니메이션을 보여 줍니다.

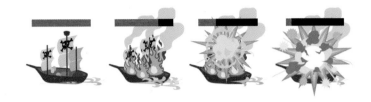

해적선 포탄 오브젝트

[해적선 포탄] 오브젝트는 [해적선]에서 [포탄]이 발사되어 [여객선]을 공격합니다. 이미지 2개로 구성되며, 바다에 떨어지면 물보라 모양으로 변경됩니다.

## ③ 함수 블록 코딩하기

{장면 1}에서는 NPC가 게임을 설명합니다.

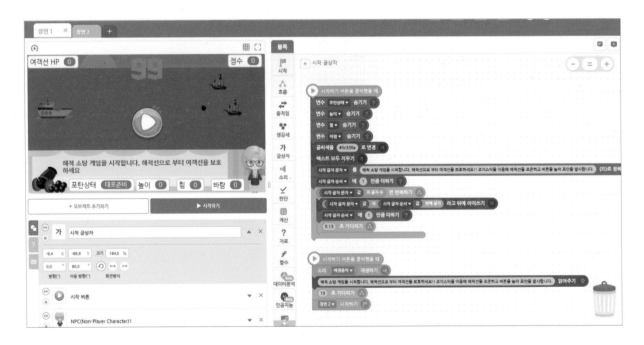

❶ [▶시작하기] 버튼을 클릭하면 배경 음악을 실행하고, 게임 시작 메시지를 화면에 표시합니다.

❷ [NPC]가 이를 읽어 주고, {장면 2}를 시작합니다.

{장면 2} 블록 코딩은 오브젝트 6개로 구성되며, 함수 15개를 사용합니다. 아래 그림의 빨간색 숫자는 오브젝트 고유 번호, 파란색 숫자는 함수 번호, 초록색 글상자는 신호, 하늘색 글상자는 오브젝트 복제본, 빨간색 점선은 블록 코딩의 흐름을 나타냅니다. 코딩은 오브젝트 번호 순서대로 진행합니다.

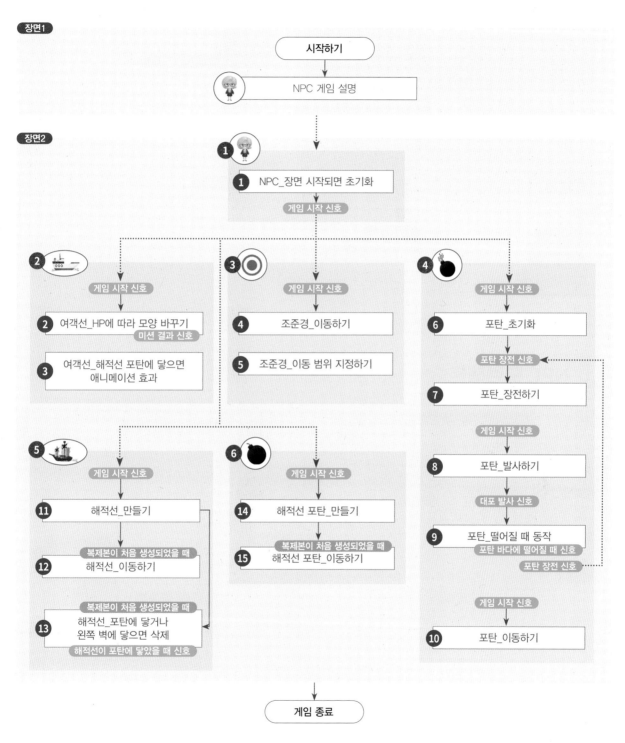

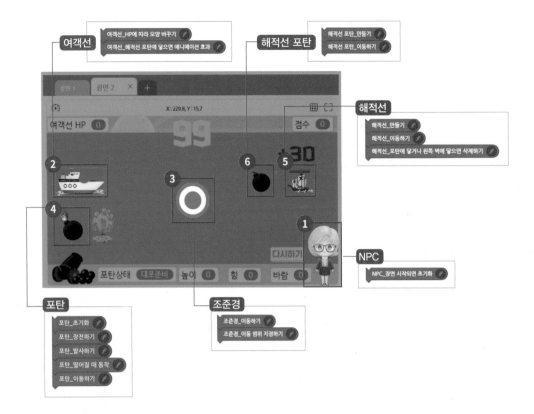

여객선
- 여객선_HP에 따라 모양 바꾸기
- 여객선_해적선 포탄에 닿으면 애니메이션 효과

해적선 포탄
- 해적선 포탄_만들기
- 해적선 포탄_이동하기

해적선
- 해적선_만들기
- 해적선_이동하기
- 해적선_포탄에 닿거나 왼쪽 벽에 닿으면 삭제하기

NPC
- NPC_장면 시작되면 초기화

포탄
- 포탄_초기화
- 포탄_장전하기
- 포탄_발사하기
- 포탄_떨어질 때 동작
- 포탄_이동하기

조준경
- 조준경_이동하기
- 조준경_이동 범위 지정하기

## ③.1 NPC 오브젝트

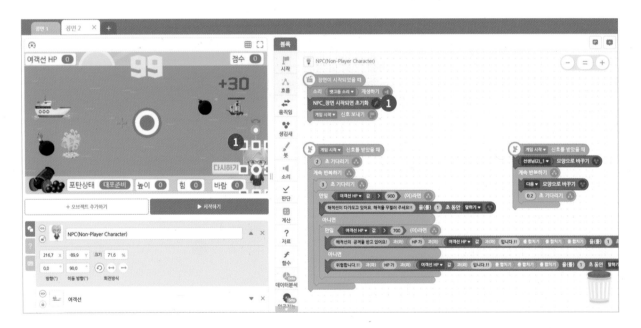

## [NPC_장면 시작되면 초기화] 함수

1번 함수(NPC_장면 시작되면 초기화)는 {장면 2}에서 [NPC] 오브젝트가 게임 준비할 때 실행하는 함수입니다. [장면이 시작되었을 때] 실행합니다.

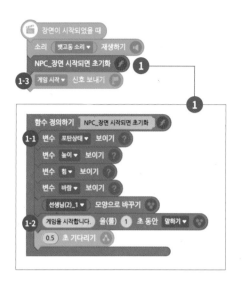
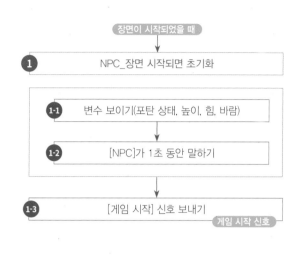

① [NPC_장면 시작되면 초기화] 함수를 코딩합니다.

**1-1** 장면이 시작되면 [포탄 상태], [높이], [힘], [바람] 변수를 화면에 표시합니다.

**1-2** [NPC]가 게임 시작을 1초 동안 말합니다.

**1-3** [게임 시작] 신호를 보내어 게임을 시작합니다.

## 3.2 여객선 오브젝트

## [여객선_HP에 따라 모양 바꾸기] 함수

2번 함수(여객선_HP에 따라 모양 바꾸기)는 [여객선 HP] 값에 따라 모양을 바꾸는 함수입니다. [여객선 HP] 값이 0보다 작다면 침몰한 것으로 판단하고 [미션 결과] 신호를 보내 게임을 종료합니다. [게임 시작] 신호를 받으면 반복 실행합니다.

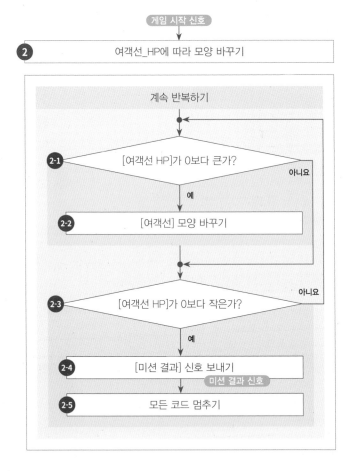

❷ [여객선_HP에 따라 모양 바꾸기] 함수를 코딩합니다.

②-❶ [여객선 HP] 값이 900보다 크거나, 700보다 작거나, 300보다 작은지 판단합니다.

②-❷ 여객선 모양은 [여객선 HP] 값에 따라 변경해서 사실감 있게 표현합니다.

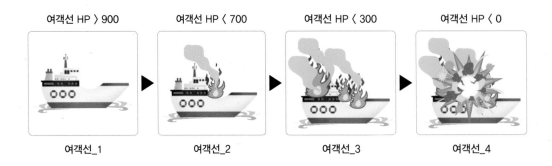

| 여객선 HP 〉 900 | 여객선 HP 〈 700 | 여객선 HP 〈 300 | 여객선 HP 〈 0 |
| 여객선_1 | 여객선_2 | 여객선_3 | 여객선_4 |

**2-3** 해적선의 공격으로 [여객선 HP] 값이 0보다 작다면 [여객선]은 침몰한다고 판단할 수 있습니다.

**2-4** 따라서 (여객선_4) 모양으로 변경하고 [미션 결과] 신호를 보내어 게임을 종료합니다.

**2-5** 모든 코드를 멈추어 더 이상 게임이 진행되지 않도록 합니다.

## [여객선_해적선 포탄에 닿으면 애니메이션 효과] 함수

3번 함수(여객선_해적선 포탄에 닿으면 애니메이션 효과)는 [여객선]이 [해적선 포탄]에 닿았을 때 사용되는 애니메이션 함수입니다. [게임 시작] 신호를 받으면 반복 실행합니다.

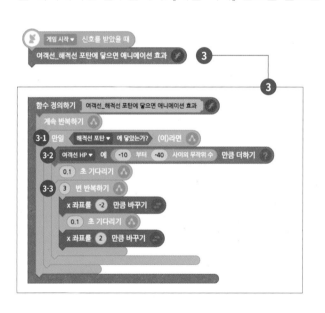

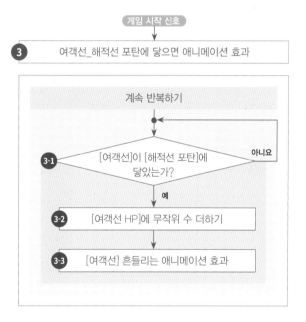

**3** [여객선_해적선 포탄에 닿으면 애니메이션 효과] 함수를 코딩합니다.

**3-1** [여객선]이 [해적선 포탄]에 닿는지 판단하고 다음 동작을 실행할지 결정합니다.

**3-2** [해적선]으로부터 공격을 받았기 때문에 [여객선 HP] 값이 줄어듭니다. [해적선 포탄]은 [여객선]에 직접 피해를 줄 수 있지만, 여객선 옆에 떨어져서 간접 피해를 줄 수도 있습니다. 따라서 [여객선 HP] 값에 "−10~−40" 사이의 무작위 수만큼 더합니다.

315

**3-3** [여객선]이 [해적선 포탄]의 공격으로 충격을 받았습니다. [여객선]이 흔들리는 애니메이션을 표현하여 사실적인 효과를 보여 줍니다.

## 3.3 조준경 오브젝트

**[조준경_이동하기] 함수**

4번 함수(조준경_이동하기)는 [조준경]을 이동해서 [해적선]을 공격하는 함수입니다. [게임 시작] 신호를 받으면 반복 실행합니다.

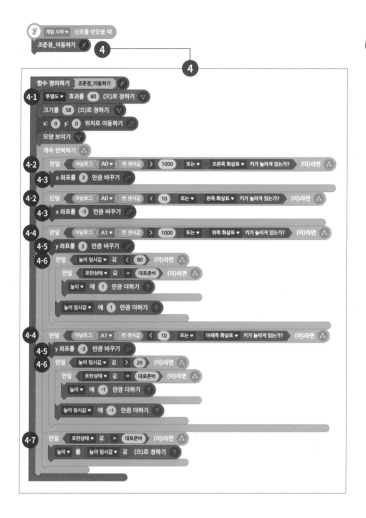

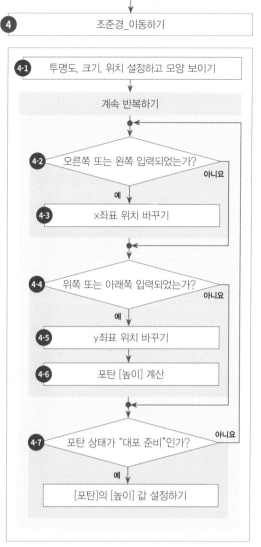

❹ [조준경_이동하기] 함수를 코딩합니다.

④-❶ [조준경]의 투명도, 크기, 위치를 설정하고 모양을 보이게 합니다.

④-❷ 아두이노 조이스틱 실드의 스틱을 오른쪽 또는 왼쪽으로 이동할 때, [조준경] 이동 동작을 판단합니다.

④-❸ [조준경]의 x좌표를 "3" 또는 "−3"만큼 바꿉니다.

④-❹ 아두이노 조이스틱 실드의 스틱을 위쪽 또는 아래쪽으로 이동할 때, [조준경] 이동 동작을 판단합니다.

④-❺ [조준경]의 y좌표를 "3" 또는 "−3"만큼 바꿉니다.

④-❻ [포탄]은 [조준경] 방향으로 이동하며, [높이], [힘], [바람], [중력] 변수의 영향을 받습니다. [포탄]의 [높이]는 [조준경]이 위쪽 또는 아래쪽으로 이동할 때 20~80 범위에서 값을 계산합니다. 이때 [높이]와 [높이 임시값] 변수가 같이 사용됩니다. [높이] 변수는 [포탄]의 정확한 이동을 위해 사용되며, [높이 임시값]은 지정된 범위를 벗어나도 입력 값을 보정해서 오류가 생기지 않도록 하는 역할을 합니다. 엔트

리의 y좌표는 중심점이 0이며 위로는 +값을, 아래는 -값을 가집니다. [포탄]의 [높이]를 계산할 때는 +, - 값을 정확하게 계산하기 힘듭니다. 따라서 정확한 계산을 위해 [포탄]의 [높이] 초깃값인 "52"를 기준으로 +값을 가지는 범위인 20~80으로 [높이] 값을 변경해서 사용할 수 있습니다. 이 블록에서는 [조준경]이 위로 이동할 때 [높이 임시값]이 최댓값인 80보다 작다면, [높이]와 [높이 임시값]에 "1"씩 더하고, 아래로 이동할 때 [높이 임시값]이 최솟값인 20보다 크다면 [높이]와 [높이 임시값]이 "-1"씩 더합니다. 참고로, [높이] 초깃값과 [높이 임시값] 초기 설정은 [포탄] 오브젝트에서 합니다.

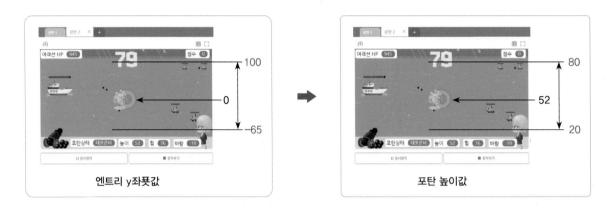

엔트리 y좌푯값    포탄 높이값

**4-7** [조준경]이 이동할 때는 [포탄 상태] 값이 "대포 준비" 상태이며, [조준경] 높이 위치에 해당하는 y값인 [높이 임시값]을 [높이] 변수에 저장합니다.

## [조준경_이동 범위 지정하기] 함수

5번 함수(조준경_이동 범위 지정하기)는 [조준경]이 지정된 범위 안에서 이동할 때 사용되는 함수입니다. [게임 시작] 신호를 받으면 반복 실행합니다.

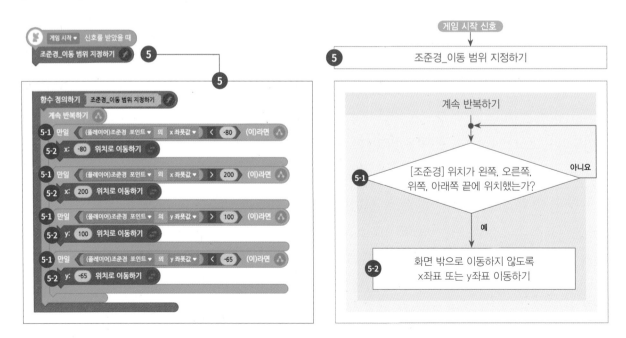

❺ [조준경_이동 범위 지정하기] 함수를 코딩합니다.

❺⁻¹ [조준경]이 x: −80∼200, y: −65∼100 범위가 맞는지 판단합니다.

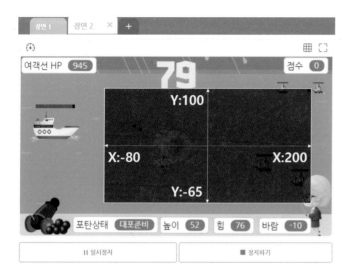

❺⁻² [조준경]이 지정한 범위를 벗어나면, 위치를 고정하여 범위를 벗어나지 않도록 합니다.

## 3.4 포탄 오브젝트

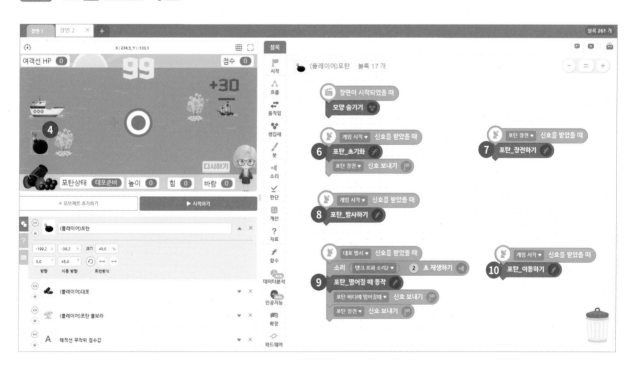

6번 함수(포탄_초기화)는 [포탄] 초깃값을 설정하는 함수입니다. [게임 시작] 신호를 받으면 실행합니다.

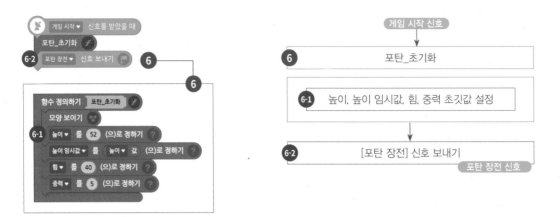

**⑥** [포탄_초기화] 함수를 코딩합니다.

**6-1** [포탄]이 이동할 때 영향을 주는 [높이], [높이 임시값], [힘], [중력]을 설정합니다. [높이]는 포탄이 포물선으로 이동할 때 사용되는 세로 값으로 "52"를 설정합니다. [높이 임시값]은 포탄의 이동 범위를 지정할 때 정수를 사용하기 위한 값으로, [높이] 값으로 정합니다. [힘]은 [포탄]이 이동하는 속도에 사용되는 값으로 "40"을 설정합니다. [중력]은 고정된 값으로 "5"로 설정합니다. [포탄]이 포물선을 그리면서 가까이 또는 멀리 떨어질 때 [높이], [높이 임시값], [힘], [중력] 값에 따라 정확도가 달라집니다.

**6-2** [포탄 장전] 신호를 보내어 [포탄]을 장전합니다.

**[포탄_장전하기] 함수**

7번 함수(포탄_장전하기)는 [포탄]을 장전할 때 사용되는 함수입니다. [포탄 장전] 신호를 받으면 실행합니다.

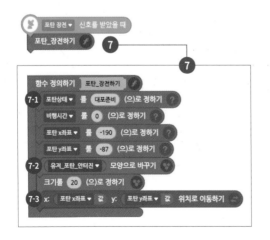
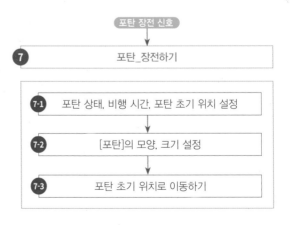

**7** [포탄_장전하기] 함수를 코딩합니다.

**7-1** [포탄]을 발사하기 전, 초깃값을 설정합니다. [포탄 상태]가 "대포 준비" 상태일 때는 [포탄]을 [해적선] 으로 날릴 수 있으며, "대포 발사" 상태에서는 [포탄]을 발사할 수 없습니다. [비행 시간]은 포탄이 이 동한 시간을 의미하며, [포탄 x좌표]와 [포탄 y좌표]는 [대포]의 위치로 [포탄]을 이동하기 위한 위치 값 입니다.

**7-2** "대포 준비" 상태에서의 [포탄]의 모양과 크기를 설정합니다.

**7-3** [포탄 x좌표], [포탄 y좌표] 값으로 [포탄]의 위치를 이동합니다.

### [포탄_발사하기] 함수

8번 함수(포탄_발사하기)는 [포탄]을 발사할 때 사용되는 함수입니다. [게임 시작] 신호를 받으면 반복 실 행합니다.

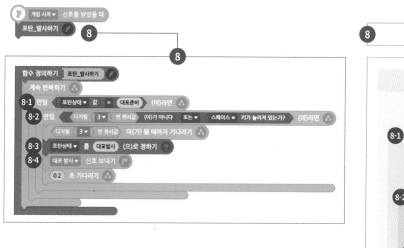

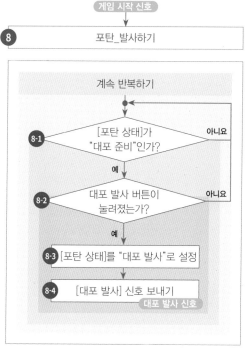

**8** [포탄_발사하기] 함수를 코딩합니다.

**8-1** [포탄]은 "대포 준비" 상태에서만 발사할 수 있습니다. 따라서 [포탄 상태] 값이 "대포 준비" 상태인지 판단합니다.

**8-2** 아두이노 조이스틱 실드의 D3 버튼 또는 PC의 스페이스 키가 눌렸는지 판단합니다.

**8-3** 버튼이 입력되었다면, "대포 준비"에서 "대포 발사"로 상태를 변경합니다.

**8-4** [대포 발사] 신호를 보내어 [포탄]을 이동하기 시작합니다.

## [포탄_떨어질 때 동작] 함수

9번 함수(포탄_떨어질 때 동작)는 [포탄]이 이동하면서 떨어질 때 사용되는 함수입니다. [대포 발사] 신호를 받으면 반복 실행합니다.

**9** [포탄_떨어질 때 동작] 함수를 코딩합니다.

**9-1** [비행 시간]에 "0.1"만큼 더합니다. [포탄]은 야구공을 던진 것처럼 위로 올라갔다가 아래로 떨어지는 포물선 운동을 하면서 [해적선] 쪽으로 이동합니다. 이때 포탄은 회전을 합니다. x좌표는 [비행 시간] 값, y좌표는 [높이] 값을 이용해 [포탄]의 이동을 계산합니다. [포탄 x좌표], [포탄 y좌표]는 [포탄]의 낙하 지점을 저장합니다.

x좌표: 포탄x좌표 + {(힘 x 비행 시간) − (바람 x 비행 시간)}
y좌표: 포탄y좌표 + [{높이− (중력 x 비행 시간)} x 비행 시간]

**9-2** [포탄]이 이동하는 경로를 그리기로 표현합니다. [포탄 물보라 x좌표], [포탄 물보라 y좌표] 변수는 포탄이 떨어진 위치에 물보라를 표현할 때 사용되며, [포탄]의 x, y좌푯값을 저장해 사용합니다.

**9-3** [포탄]이 원하는 방향으로 이동하지 않거나, 화면 밖으로 이동하는 문제가 생길 수 있습니다. 따라서 조건을 사용해 [포탄]의 이동 거리를 제어합니다. 만일 [포탄]이 오른쪽 또는 아래쪽 벽에 닿으면 더 이상 이동할 필요가 없기 때문에 반복을 중단합니다.

**9-4** 만일 [포탄]이 [해적선]에 닿으면 더 이상 이동할 필요가 없기 때문에 반복을 중단합니다.

**9-5** 만일 [포탄]이 조준경 포인트(+모양)에 닿았거나 포인트 오른쪽 범위를 넘어가면 더 이상 이동할 필요가 없기 때문에 반복을 중단합니다.

**9-6** 만일 포탄 물보라의 x좌표가 "−100"보다 크거나 y좌표가 "−70"보다 작다면 더 이상 이동할 필요가 없기 때문에 반복을 중단합니다.

**9-7** 그린 붓을 모두 지웁니다.

**9-8** [포탄 바다에 떨어질 때] 신호를 보냅니다. [포탄 물보라] 오브젝트가 이 신호를 받고 물보라 이미지를 화면에 표시합니다.

**9-9** [포탄 초기화] 신호를 보냅니다. 다음 [포탄] 발사를 준비합니다.

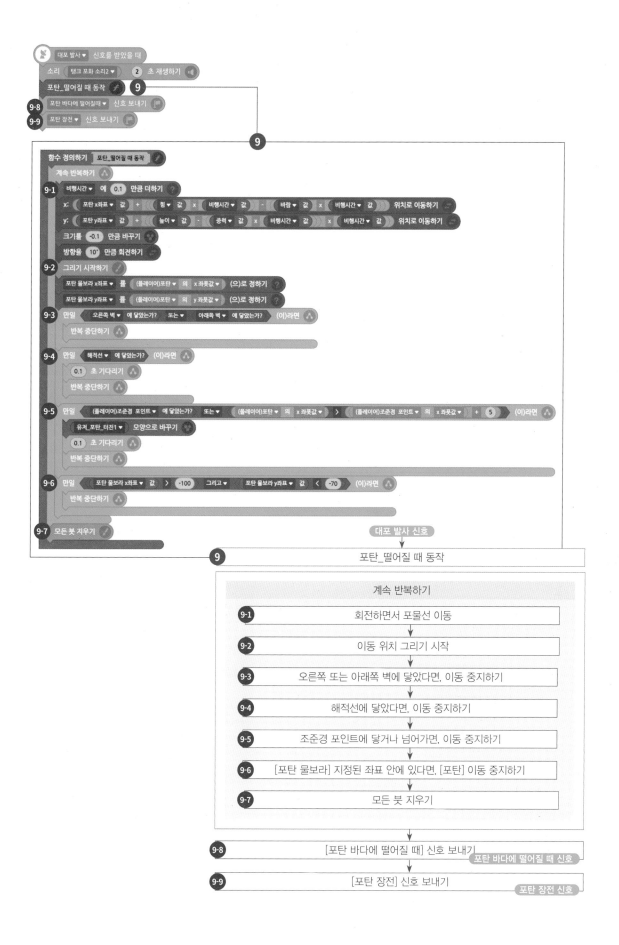

대포 발사 ▼ 신호를 받았을 때
소리 탱크 포화 소리2 ▼ 2 초 재생하기 ◀)
포탄_떨어질 때 동작 ✎ 9
9-8 포탄 바다에 떨어질때 ▼ 신호 보내기 🏳
9-9 포탄 장전 ▼ 신호 보내기 🏳

함수 정의하기 포탄_떨어질 때 동작 ✎
계속 반복하기 ⌒
9-1 비행시간 ▼ 에 0.1 만큼 더하기 ?
x: 포탄 x좌표 ▼ 값 + 힘 ▼ 값 x 비행시간 ▼ 값 - 바람 ▼ 값 x 비행시간 ▼ 값 위치로 이동하기
y: 포탄 y좌표 ▼ 값 + 높이 ▼ 값 - 중력 ▼ 값 x 비행시간 ▼ 값 x 비행시간 ▼ 값 위치로 이동하기
크기를 -0.1 만큼 바꾸기 ⚙
방향을 10° 만큼 회전하기 ↻
9-2 그리기 시작하기 ✎
포탄 물보라 x좌표 ▼ 를 (플레이어)포탄 ▼ 의 x좌푯값 ▼ (으)로 정하기 ?
포탄 물보라 y좌표 ▼ 를 (플레이어)포탄 ▼ 의 y좌푯값 ▼ (으)로 정하기 ?
9-3 만일 오른쪽 벽 ▼ 에 닿았는가? 또는 ▼ 아래쪽 벽 ▼ 에 닿았는가? (이)라면 ⌒
반복 중단하기 ⌒
9-4 만일 해적선 ▼ 에 닿았는가? (이)라면 ⌒
0.1 초 기다리기 ⌒
반복 중단하기 ⌒
9-5 만일 (플레이어)조준경 포인트 ▼ 에 닿았는가? 또는 ▼ (플레이어)포탄 ▼ 의 x좌푯값 ▼ > (플레이어)조준경 포인트 ▼ 의 x좌푯값 ▼ + 5 (이)라면 ⌒
유저_포탄_터진1 ▼ 모양으로 바꾸기 ⚙
0.1 초 기다리기 ⌒
반복 중단하기 ⌒
9-6 만일 포탄 물보라 x좌표 ▼ 값 > -100 그리고 포탄 물보라 y좌표 ▼ 값 < -70 (이)라면 ⌒
반복 중단하기 ⌒
9-7 모든 붓 지우기 ✎

대포 발사 신호

9

포탄_떨어질 때 동작

| 계속 반복하기 |
|---|
| 9-1 회전하면서 포물선 이동 |
| 9-2 이동 위치 그리기 시작 |
| 9-3 오른쪽 또는 아래쪽 벽에 닿았다면, 이동 중지하기 |
| 9-4 해적선에 닿았다면, 이동 중지하기 |
| 9-5 조준경 포인트에 닿거나 넘어가면, 이동 중지하기 |
| 9-6 [포탄 물보라] 지정된 좌표 안에 있다면, [포탄] 이동 중지하기 |
| 9-7 모든 붓 지우기 |

9-8 [포탄 바다에 떨어질 때] 신호 보내기

포탄 바다에 떨어질 때 신호

9-9 [포탄 장전] 신호 보내기

포탄 장전 신호

13장

323

## [포탄_이동하기] 함수

10번 함수(포탄_이동하기)는 [포탄]이 [조준경 포인트]로 정확하게 이동하도록 [힘], [바람]을 조절하는 함수입니다. [게임 시작] 신호를 받으면 실행합니다.

```
게임 시작 ▼ 신호를 받았을 때
포탄_이동하기 🔧 (10)

10

함수 정의하기 포탄_이동하기 🔧
계속 반복하기
  10-1 만일 <포탄상태 ▼ 값 = 대포준비> (이)라면
    만일 <(플레이어)조준경 포인트 ▼ 의 x좌푯값 ▼ > 40> (이)라면
      만일 <(플레이어)조준경 포인트 ▼ 의 y좌푯값 ▼ > -30> (이)라면
        10-2 만일 <(플레이어)조준경 포인트 ▼ 의 x좌푯값 ▼ > 40 그리고 ▼ (플레이어)조준경 포인트 ▼ 의 x좌푯값 ▼ < 100> (이)라면
          10-3 힘 ▼ 룰 80 (으)로 정하기
          10-4 바람 ▼ 룰 0 (으)로 정하기
        아니면
        10-2 만일 <(플레이어)조준경 포인트 ▼ 의 x좌푯값 ▼ > 100 그리고 ▼ (플레이어)조준경 포인트 ▼ 의 x좌푯값 ▼ < 150> (이)라면
          10-3 힘 ▼ 룰 110 (으)로 정하기
          10-4 바람 ▼ 룰 -10 (으)로 정하기
        아니면
          10-3 힘 ▼ 룰 130 (으)로 정하기
          10-4 바람 ▼ 룰 -20 (으)로 정하기
      아니면
        10-3 힘 ▼ 룰 60 (으)로 정하기
        10-4 바람 ▼ 룰 -50 (으)로 정하기
    아니면
      만일 <(플레이어)조준경 포인트 ▼ 의 y좌푯값 ▼ > -30> (이)라면
        10-2 만일 <(플레이어)조준경 포인트 ▼ 의 x좌푯값 ▼ > -20 그리고 ▼ (플레이어)조준경 포인트 ▼ 의 x좌푯값 ▼ < 50> (이)라면
          10-3 힘 ▼ 룰 76 (으)로 정하기
          10-4 바람 ▼ 룰 -10 (으)로 정하기
        아니면
          만일 <(플레이어)조준경 포인트 ▼ 의 x좌푯값 ▼ > -60 그리고 ▼ (플레이어)조준경 포인트 ▼ 의 x좌푯값 ▼ < -20> (이)라면
          10-3 힘 ▼ 룰 55 (으)로 정하기
          10-4 바람 ▼ 룰 -10 (으)로 정하기
        아니면
          10-3 힘 ▼ 룰 40 (으)로 정하기
          10-4 바람 ▼ 룰 0 (으)로 정하기
      아니면
        10-3 힘 ▼ 룰 60 (으)로 정하기
        10-4 바람 ▼ 룰 0 (으)로 정하기
```

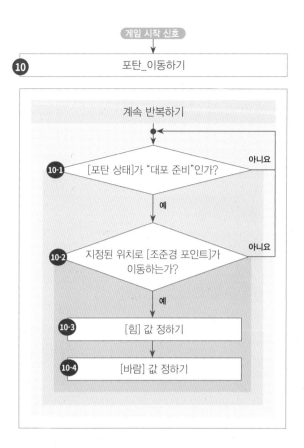

⑩ [포탄_이동하기] 함수를 코딩합니다.

⑩-1 [포탄 상태]가 "대포 준비"인지 판단합니다.

⑩-2 [조준경 포인트]가 지정된 위치인지 판단합니다.

⑩-3 위치별로 [힘] 변수를 변경하여 [포탄]이 이동하는 거리를 조절합니다.

⑩-4 위치별로 [바람] 변수를 변경하여 [포탄]이 이동하는 거리를 조절합니다. [포탄]은 포물선 이동을 하면서 [높이], [힘], [중력], [바람] 등의 영향을 받아 정확한 위치에 떨어지는 것이 어렵습니다. 따라서 [힘], [바람] 값은 특정한 공식 없이 직접 [포탄] 이동을 확인해서 정한 값입니다.

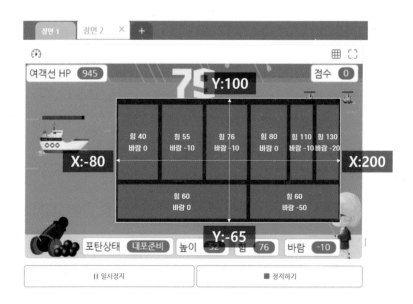

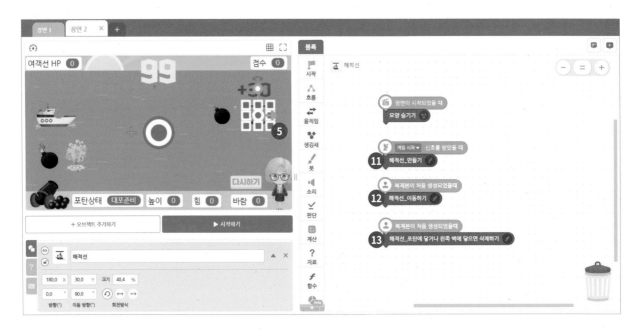

## [해적선_만들기] 함수

11번 함수(해적선_만들기)는 [해적선] 복제본을 만드는 함수입니다. [게임 시작] 신호를 받으면 반복 실행합니다.

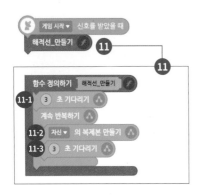
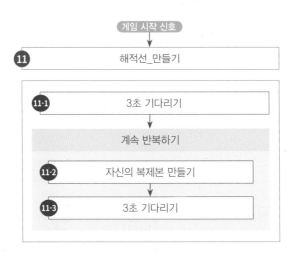

⑪ [해적선_만들기] 함수를 코딩합니다.

⑪-1 [게임 시작] 신호를 받으면 3초 기다립니다.

⑪-2 자신의 복제본을 반복해서 만듭니다.

⑪-3 복제본을 만들고 3초 기다립니다.

326

## [해적선_이동하기] 함수

12번 함수(해적선_이동하기)는 [해적선]이 왼쪽으로 이동하는 함수입니다. [복제본이 처음 생성되었을 때] 반복 실행합니다.

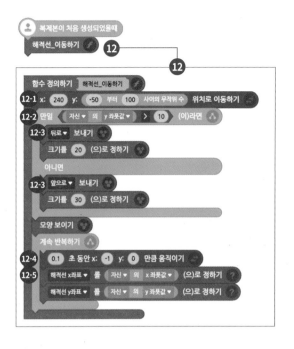 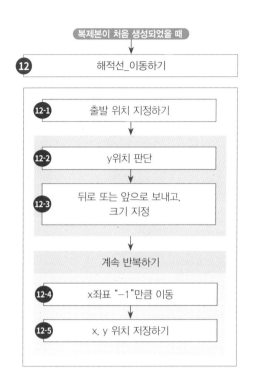

⑫ [해적선_이동하기] 함수를 코딩합니다.

⑫-1 [해적선]은 오른쪽 화면 밖에서 시작해서 왼쪽으로 이동합니다. [해적선]이 같은 위치에서 출발하지 않도록 y좌표를 "−50∼100" 사이의 무작위 위치로 지정합니다.

⑫-2 [해적선]의 원근감을 표현하기 위해 y좌표가 "10"보다 큰지 판단합니다.

⑫-3 [해적선]의 y좌표가 "10"보다 크면 [해적선]은 [대포]에서 멀리 떨어진 것으로 판단할 수 있으므로, 가까이 있는 [해적선]과 겹치지 않도록 뒤로 보내고 크기를 "20"으로 정합니다. [대포]와 가까운 [해적선]은 앞으로 보내고 크기를 "30"으로 설정합니다.

⑫-4 [해적선]이 오른쪽 벽에서 출발하여 왼쪽으로 "−1"만큼 반복해서 움직입니다.

⑫-5 [해적선]이 [포탄]에 닿으면, 점수 표시를 위해 [해적선 x좌표], [해적선 y좌표]에 [해적선]의 현재 위치 값을 저장합니다.

## [해적선_포탄에 닿거나 왼쪽 벽에 닿으면 삭제하기] 함수

13번 함수(해적선_포탄에 닿거나 왼쪽 벽에 닿으면 삭제하기)는 [해적선] 복제본을 삭제하는 함수입니다. [복제본이 처음 생성되었을 때] 반복 실행합니다.

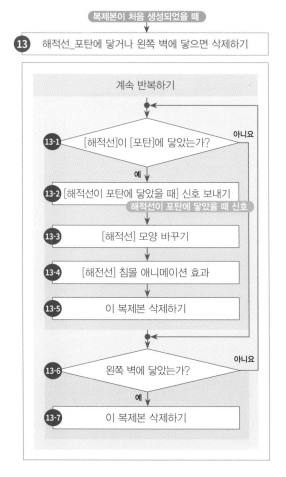

⑬ [해적선_포탄에 닿거나 왼쪽 벽에 닿으면 삭제하기] 함수를 코딩합니다.

⑬-1 [해적선]이 [포탄]에 닿았는지 판단합니다.

⑬-2 [포탄]에 닿았다면 [해적선이 포탄에 닿았을 때] 신호를 보내 [해적선]의 현재 위치에 점수를 표시합니다. 참고로 [해적선 무작위 점수값 글상자] 오브젝트를 클릭하면 점수 표시 동작을 확인할 수 있습니다.

⑬-3 [해적선]이 [포탄]을 맞은 상태이므로, 모양을 1초 간격으로 바꿉니다.

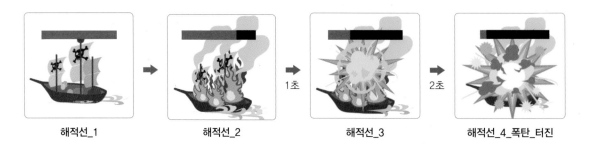

**13-4** [해적선]이 투명해지면서 크기가 커지는 애니메이션 효과를 줍니다.

**13-5** [해적선]이 [포탄]에 맞은 상태이기 때문에 더 이상 복제본 오브젝트는 사용하지 않습니다. 따라서 복제본을 삭제합니다.

**13-6** [해적선]이 [포탄]에 맞지 않고 왼쪽 벽에 닿았는지 판단합니다.

**13-7** [해적선]이 왼쪽 화면 밖으로 이동하면 더 이상 복제본 오브젝트는 사용하지 않습니다. 따라서 복제본을 삭제합니다.

## 3.6 해적선 포탄 오브젝트

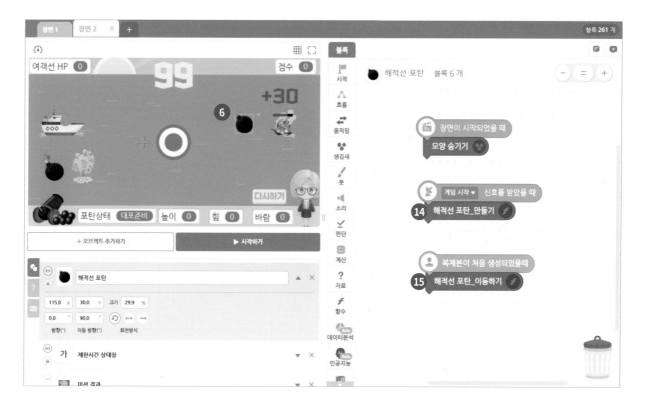

## [해적선 포탄_만들기] 함수

14번 함수(해적선 포탄_만들기)는 [해적선 포탄]을 만드는 함수입니다. [게임 시작] 신호를 받으면 반복 실행합니다.

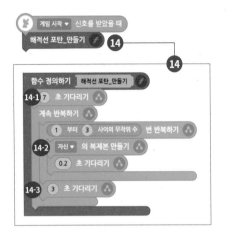

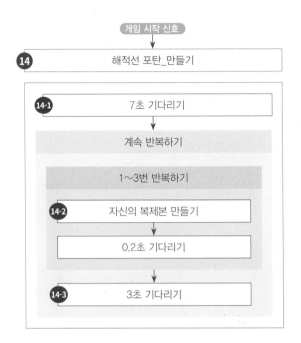

⑭ [해적선 포탄_만들기] 함수를 코딩합니다.

⑭-1 [게임 시작] 신호를 받으면 7초 기다립니다.

⑭-2 1~3 사이의 무작위 수만큼 반복해서 [해적선 포탄]을 만듭니다.

⑭-3 무작위 수만큼 반복 후 3초를 기다립니다.

## [해적선 포탄_이동하기] 함수

15번 함수(해적선 포탄_이동하기)는 [해적선 포탄]이 [여객선] 방향으로 이동하는 함수입니다. [복제본이 처음 생성되었을 때] 실행합니다.

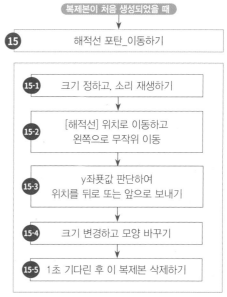

**15** [해적선 포탄_이동하기] 함수를 코딩합니다.

**15-1** [해적선 포탄] 크기를 "5"로 설정하고 (총 소리)를 재생합니다.

**15-2** [해적선 포탄] 위치를 [해적선] 위치로 이동하고, [여객선] 방향으로 무작위로 이동합니다. [해적선 포탄]은 [여객선]과 거리가 멀기 때문에 정확한 조준이 힘듭니다. 따라서 [여객선]을 포함한 근처로 [해적선 포탄]이 떨어지도록 합니다.

**15-3** 만일 [해적선 포탄]이 [여객선]보다 위에 있다면 [해적선 포탄]을 [여객선] 뒤로 보내 보이지 않게 합니다. [해적선 포탄]이 [여객선]보다 아래에 있다면 [해적선 포탄]을 [여객선] 위에 보이도록 앞으로 보냅니다.

**15-4** [포탄]이 지정한 위치만큼 이동했기 때문에 [해적선 포탄]의 크기를 "15"로 설정하고 (물보라) 모양으로 변경합니다.

**15-5** 더 이상 [해적선 포탄] 복제본을 사용하지 않기 때문에 1초 기다린 후, 이 복제본을 삭제합니다.

# 💬4 게임 동작 확인

이 장에서는 [NPC]를 코딩했습니다. [NPC]는 게임의 시나리오를 진행하는 중요한 역할을 하며, {장면 1}, {장면 2}의 시나리오가 자연스럽게 진행될 수 있도록 스토리를 연결해 줍니다. {장면 1}에서는 게임의 진행 방법을 설명하고, {장면 2}에서는 [여객선]의 상태를 알려 줍니다.

함수의 블록 코딩이 모두 완료되었다면, 엔트리를 실행합니다. [여객선]을 지키기 위해 [조준경]을 이동하여 [해적선]에 대포를 발사합니다. [시간]이 0이라면 게임은 종료되고 미션 결과를 알려 줍니다.

https://youtu.be/Jmk_jOpVKSk

# ⑤ 생각하기

게임의 재미를 위해 다음과 같이 [여객선]의 상태를 확인할 수 있는 HP 바를 표시해 봅니다. 여객선 HP바
는 아무것도 없는 오브젝트를 사용해 만듭니다.

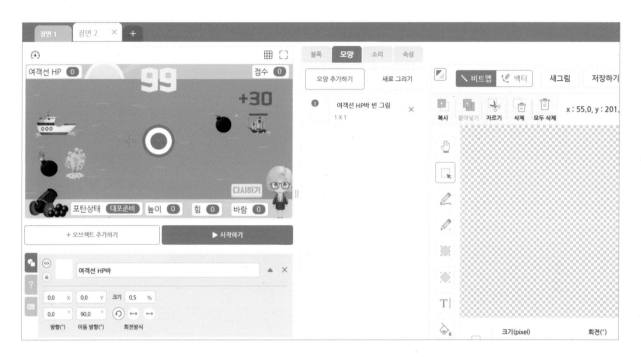

**MEMO**

# 엔트리와 아두이노로 만나는
# 게임 학교

**1판 1쇄 발행** 2023년 6월 30일

저 자 | 로니킴
**발행인** | 김길수
**발행처** | ㈜영진닷컴
주 소 | 서울특별시 금천구 가산디지털1로 128
STX-V타워 4층 401호 (우)08507
등 록 | 2007. 4. 27. 제16-4189호

ⓒ 2023. ㈜영진닷컴
ISBN | 978-89-314-6917-2

YoungJin.com **Y.**
영진닷컴

# 영진닷컴 SW 교육

영진닷컴은 초, 중학생들이 SW 교육을 쉽게 배울 수 있도록 언플러그드, EPL,
피지컬 컴퓨팅 등 다양한 도서를 구성하고 있습니다. 단계별 따라하기 방식으로 재미있게
설명하고, 교재로 활용할 수 있도록 강의안과 동영상을 제공합니다.

## 인공지능,
## 언플러그드를 만나다

홍지연 저 | 202쪽
16,000원

## 인공지능,
## 스크래치를 만나다

홍지연 저 | 152쪽
14,000원

## 인공지능,
## 엔트리를 만나다

홍지연 저 | 184쪽
16,000원

## 인공지능,
## 엔트리 수학

홍지연 저 | 152쪽
15,000원

## 메이커 다은쌤의
## TINKERCAD
## 2nd Edition

전다은 저 | 176쪽 | 13,000원

## 코딩프렌즈와 함께 하는
## 스크래치 게임 챌린지

지란지교에듀랩, 이휘동 저
200쪽 | 13,000원

## 코딩프렌즈와 함께 하는
## 엔트리 게임 챌린지

지란지교에듀랩 저 | 216쪽
13,000원

## 언플러그드 놀이
## 교과 보드게임

홍지연, 홍장우 공저 | 194쪽
15,000원

## 즐거운 메이커
## 놀이 활동
## 언플러그드

홍지연 저 | 112쪽 | 12,000원

## 즐거운 메이커
## 놀이 활동
## 마이크로비트

홍지연 저 | 112쪽 | 12,000원

## 아두이노, 상상을
## 현실로 만드는
## 프로젝트 입문편

이준혁, 최재규 공저 | 296쪽
18,000원

## 마이크로비트, 상상을
## 현실로 만드는
## 프로젝트 입문편

이준혁 저 | 304쪽 | 18,000원